高等职业教育旅游与酒店管理类专业"十二五"规划系列教材
江苏省高等学校"十二五"重点教材

餐饮服务与管理实务

（第2版）

主　编　王志民　许　莲

副主编　李占旗　王小琴　程善兰

参　编　张　华　常广丽

主　审　叶伯平

东南大学出版社
·南京·

内 容 提 要

《餐饮服务与管理实务》针对职业院校教学的特点和餐饮行业的实际需要出发,以管理理论为指导,以强化应用为教学重点,根据餐饮服务与管理的客观规律,以餐饮实际业务经营活动为基础,以餐饮部岗位划分为模块,按其业务流程服务内容划分为若干工作任务,以工作过程为逻辑关系,将有关餐饮管理知识技能化、实务化,具有"实用"和"实践"两大特点,既培养了学生的服务技能,又为学生将来的发展奠定了理论基础。

《餐饮服务与管理实务》主要包括餐饮行业与职业认知,餐饮服务流程与操作技能,菜单设计与制作,餐饮营销管理,餐饮成本管理,厨房生产管理,餐饮服务质量管理以及餐饮经营管理创新等八个项目。通过本课程的学习,能使学生掌握中级以上餐饮服务员及餐饮部基层管理人员所必需的基本知识及业务内容、工作标准,具备餐饮服务意识与管理意识,具备餐饮企业主要岗位基层督导和管理的素质和能力。

本书可作为高等职业院校旅游专业的教学用书,也可作为旅游服务行业人员培训和工作参考用书。

图书在版编目(CIP)数据

餐饮服务与管理实务/王志民,许莲主编. —2版. —南京:东南大学出版社,2014.9(2017.10重印)
ISBN 978-7-5641-5089-1

Ⅰ.①餐… Ⅱ.①王…②许… Ⅲ.①饮食业—商业服务—高等职业教育—教材②饮食业—商业管理—高等职业教育—教材 Ⅳ.①F719.3

中国版本图书馆 CIP 数据核字(2014)第 170943 号

餐饮服务与管理实务

出版发行	东南大学出版社
社　　址	南京市四牌楼2号　邮　编　210096
出 版 人	江建中
网　　址	http://www.seupress.com
电子邮箱	press@seupress.com
经　　销	全国各地新华书店
印　　刷	大丰科星印刷有限责任公司
开　　本	787mm×1 092mm　1/16
印　　张	14.5
字　　数	390 千
版　　次	2014 年 9 月第 2 版
印　　次	2017 年 10 月第 2 次印刷
书　　号	ISBN 978-7-5641-5089-1
定　　价	28.00 元

本社图书若有印装质量问题,请直接与营销部联系。电话(传真):025-83791830。

出 版 说 明

当前职业教育还处于探索过程中,教材建设"任重而道远"。为了编写出切实符合旅游管理专业发展和市场需要的高质量的教材,我们搭建了一个全国旅游管理类专业建设、课程改革和教材出版的平台,加强旅游管理类各高职院校的广泛合作与交流。在编写过程中,我们始终贯彻高职教育的改革要求,把握旅游管理类专业课程建设的特点,体现现代职业教育新理念,结合各校的精品课程建设,每本书都力求精雕细琢,全方位打造精品教材,力争把该套教材建设成为国家级规划教材。

质量和特色是一本教材的生命。与同类书相比,本套教材力求体现以下特色和优势:

1. 先进性:形式上,尽可能以"立体化教材"模式出版,突破传统的编写方式,针对各学科和课程特点,综合运用"案例导入"、"模块化"和"MBA 任务驱动法"的编写模式,设置各具特色的栏目;内容上,重组、整合原来教材内容,以突出学生的技术应用能力训练与职业素质培养,形成新的教材结构体系。

2. 实用性:突出职业需求和技能为先的特点,加强学生的技术应用能力训练与职业素质培养,切实保证在实际教学过程中的可操作性。

3. 兼容性:既兼顾劳动部门和行业管理部门颁发的职业资格证书或职业技能资格证书的考试要求,又高于其要求,努力使教材的内容与其有效衔接。

4. 科学性:所引用标准是最新国家标准或行业标准,所引用的资料、数据准确、可靠,并力求最新;体现学科发展最新成果和旅游业最新发展状况;注重拓展学生思维和视野。

本套丛书聚集了全国最权威的专家队伍和来自江苏、四川、山西、浙江、上海、海南、河北、新疆、云南、湖南等省市的近60所高职院校优秀的一线教师。借此机会,我们对参加编写的各位教师、各位审阅专家以及关心本套丛书的广大读者致以衷心的感谢,希望在以后的工作和学习中为本套丛书提出宝贵的意见和建议。

高等职业教育旅游与酒店管理类专业"十二五"规划系列教材编委会

高等职业教育旅游与酒店管理类专业"十二五"规划系列教材编委会名单

顾问委员会(按姓氏笔画排序)

  沙 润 周武忠 袁 丁 黄震方

丛书编委会(按姓氏笔画排序)

主 任	朱承强	陈云川	张新南		
副主任	王春玲	支海成	毛江海	张丽萍	邵万宽
	周国忠	董正秀			
编 委	丁宗胜	马洪元	马健鹰	王 兰	王志民
	方法林	卞保武	朱云龙	刘江栋	朱在勤
	任昕竺	汝勇健	朱 晔	刘晓杰	李广成
	李世麟	邵 华	沈 彤	陈克生	陈苏华
	陈启跃	吴肖淮	陈国生	张建军	李炳义
	陈荣剑	杨 湧	杨海清	杨 敏	杨静达
	易 兵	周妙林	周 欣	周贤君	孟祥忍
	柏 杨	钟志慧	洪 涛	赵 廉	段 颖
	唐 丽	曹仲文	黄刚平	巢来春	崔学琴
	梁 盛	梁 赫	韩一武	彭 景	蔡汉权
	端尧生	霍义平	戴 旻		

修订前言

本教材是在 2007 年东南大学出版社出版的《餐饮服务与管理》的基础上进行的全新修订。

一、修订的主要工作

1. 重组、整合原有教材内容。更加注重学生餐饮服务技能与基层督导管理能力的培养、必要理论知识的掌握，更为契合高等职业教育对人才的培养要求。以餐饮部岗位划分为模块，按其业务流程服务内容划分为若干工作任务，形成 8 个项目、17 个模块和 55 个工作任务的以工作过程为逻辑关系和以岗位为层次的网状结构。其中，根据"教、学、做"一体化的教学需要和餐饮企业岗位所需的能力要求，将有关餐饮管理知识技能化、实务化，再度创新并提升了现有高职高专教材对相关专业教学内容的处理理念和编写技术。

2. 优化原有教材的体例。采用项目课程、任务驱动教学法，项目由若干"模块""学习目标"、"项目导读"，模块中设置"任务导入"和若干"工作任务"，工作任务中设置"基础知识"与"实践操作"主栏目，再配合"特别提示"、"案例分析"等辅助栏目，切实贯彻"现行后知、知行合一"的职业教育课程改革的要求。

3. 强化学生课内与课外实训。通过"课内实训"、"小组讨论"和"课外拓展"等实践活动的组织安排，更侧重于对学生实际操作能力、应用能力及社会实践能力和职业岗位能力的培养。

4. 注重与行业的紧密结合。把握国内外餐饮业的最新发展趋势，将行业新技术、新工艺和新方法引入教材。融入与国家职业技能鉴定（中、高级餐厅服务员）考核标准相匹配的内容，更突出其适用性。

二、教学建议

1. 本教材建议教学课时为 108 课时，由于各地区、各院校情况不同，在进行本课程的教学时可根据实际情况，合理安排教学课时和教学进程。建议充分利用学生的业余时间，完成相应的工作任务，如专业考察、资料收集、项目设计、小组讨论等。

2. 本教材采用任务驱动教学法，要求学生在一个个典型工作任务驱动下展开教学互动，在完成任务的过程中，培养分析问题、解决问题的能力。因此，任务设计的质量直接影响到教学效果，教师须精心设计每一个工作任务、组织每一次教学活动，让不同项目、不同性质的工作任务活动设计多样化、教学方法丰富化，以获得良好的教学效果。

3. 教师必须具备较为丰富的行业背景知识与职业教学经验，深入酒店一线，与行业保持紧密联系，把握餐饮业发展趋势；积极投身到职业教育课程改革的实践中去，不断探索课程改革的经验。

4. 学校校内需配有相应的实训基地，中餐实训基地、西餐实训基地、实习餐厅等，同时要有校外实训基地（酒店）。也可充分利用校园场所如教学楼、宿舍等模拟工作场景，开展教学活动。

二、修订人员及鸣谢

本书由镇江高等专科学校王志民担任主编，负责制定教材大纲、内容的修订及统稿工作。金陵润扬大桥酒店餐饮部经理常广丽，镇江国际饭店副总经理（原餐饮部经理）张华，苏州经贸职业技术学院许莲、程善兰及镇江高等专科学校李占旗、王小琴老师参与了教材的修订工作，上海师范大学旅游学院叶伯平老师对全书进行了认真审定，并略作了修改与补充。

本书的修订过程中，得到了南京旅游职业学院支海成老师、常州明都大饭店总经理刘为民先生、镇江国际饭店人力资源部经理孟欣女士、苏州新城花园大酒店人力资源部总监罗晓燕女士等知名酒店行业专家的指导和帮助，编者所在学校及东南大学出版社也给予了热情的帮助和支持，一些专家的最新论著及相关网站的文献资料也为我们的写作提供了很大帮助，在此一并表示衷心感谢。

由于编者水平所限，本教材难免存在许多不当之处，敬请读者不吝赐教，以期不断完善。

编　者
2014 年 6 月

目 录

项目一 餐饮行业与职业认知 ······ 1
  模块一 餐饮行业认知 ······ 1
    工作任务一 餐饮业认知 ······ 2
    工作任务二 餐厅环境认知 ······ 5
    工作任务三 餐厅设备和用品配备 ······ 10
  模块二 餐饮职业认知 ······ 12
    工作任务一 餐饮企业组织结构设置 ······ 13
    工作任务二 餐饮部岗位职责设立 ······ 16
    工作任务三 餐饮从业人员职业素质培养 ······ 19

项目二 餐饮服务流程与操作技能 ······ 25
  模块一 餐饮服务基本技能训练 ······ 25
    工作任务一 托盘 ······ 26
    工作任务二 铺台布 ······ 28
    工作任务三 餐巾折花 ······ 30
    工作任务四 摆台 ······ 36
    工作任务五 酒水服务 ······ 42
    工作任务六 点菜 ······ 44
    工作任务七 上菜和分菜 ······ 46
    工作任务八 撤换工作 ······ 52
    工作任务九 餐具洗涤与维护 ······ 53
  模块二 各类餐饮服务流程 ······ 54
    工作任务一 中餐零点服务 ······ 54
    工作任务二 中餐宴会服务 ······ 56
    工作任务三 西餐服务 ······ 61
    工作任务四 团体包餐服务 ······ 65
    工作任务五 自助餐服务 ······ 66
    工作任务六 会所式餐饮服务 ······ 67
    工作任务七 日本料理服务 ······ 69

项目三　菜单设计与制作 ······ 74
模块一　菜单设计基础工作 ······ 74
  工作任务一　菜单认知 ······ 75
  工作任务二　菜单定价 ······ 77
模块二　菜单设计与制作 ······ 80
  工作任务一　菜单设计 ······ 81
  工作任务二　菜单制作 ······ 86
  工作任务三　菜单调整 ······ 89

项目四　餐饮营销管理 ······ 95
模块一　餐饮营销管理认知 ······ 95
  工作任务一　餐饮消费需求 ······ 96
  工作任务二　餐饮营销策略 ······ 99
  工作任务三　客户关系管理 ······ 103
模块二　餐饮市场推广策划 ······ 105
  工作任务一　美食节策划 ······ 105
  工作任务二　餐饮促销 ······ 111

项目五　餐饮成本管理 ······ 118
模块一　餐饮原料管理 ······ 119
  工作任务一　原料采购管理 ······ 119
  工作任务二　原料验收管理 ······ 126
  工作任务三　原料库存和发放管理 ······ 128
模块二　餐饮成本控制 ······ 133
  工作任务一　餐饮成本核算 ······ 133
  工作任务二　餐饮成本控制 ······ 139
  工作任务三　餐饮成本分析 ······ 142

项目六　厨房生产管理 ······ 147
模块一　厨房环境布局设计 ······ 147
  工作任务一　厨房环境设计 ······ 147
  工作任务二　厨房布局设计 ······ 149
模块二　厨房生产与控制 ······ 152
  工作任务一　制定菜品质量标准 ······ 152
  工作任务二　菜品生产流程 ······ 155
模块三　厨房卫生安全管理 ······ 157
  工作任务一　厨房卫生管理 ······ 158
  工作任务二　厨房安全管理 ······ 163
  工作任务三　防范火灾 ······ 166

项目七 餐饮服务质量管理 170
模块一 餐饮服务质量管理流程 170
工作任务一 餐饮服务质量构成 171
工作任务二 餐饮服务质量控制 173
模块二 餐饮风险防范与危机管理 177
工作任务一 餐饮风险防范 177
工作任务二 宾客投诉处理 183

项目八 餐饮经营管理创新 189
模块一 餐饮经营创新 190
工作任务一 餐饮经营模式创新 190
工作任务二 餐饮品牌设计与维护 194
工作任务三 餐饮企业核心竞争力 199
模块二 餐饮产品创新 202
工作任务一 餐饮出品创新 203
工作任务二 餐饮服务创新 205
工作任务三 餐饮氛围创新 209

参考网站 219

参考书目 220

项目一 餐饮行业与职业认知

学习目标

- 了解餐饮业的概念特征、餐饮业发展趋势、餐厅种类、餐厅设备和用品。
- 理解餐饮部功能、餐饮组织机构设置的原则、餐饮服务环境布局的要求。
- 掌握餐厅设备和用品配备、餐饮部岗位设置以及餐厅服务员职业行为能力要求。
- 应用餐饮认知理论,完成对当地高星级酒店餐厅布局和氛围的调查报告,并为本地高星级酒店餐饮部设计一份组织结构图。

项目导读

本项目主要包括餐饮业发展、餐厅布局、餐饮部组织结构与业务运作及餐饮从业人员职业资质等内容。本项目为全书的开篇,旨在让学生从了解行业特征开始,把握餐饮业发展趋势,熟悉餐饮职场环境,掌握餐饮从业人员必须具备的职业素养和职业能力,为学习餐饮服务与管理知识,掌握餐饮服务基本技能奠定基础。本项目要点内容如表1-1所示。

表1-1 本项目要点内容阅读导引表

餐饮行业认知	餐饮职业认知
餐饮业特征、发展	餐饮企业组织架构
餐厅环境的设计	餐饮部岗位职责
餐厅设备和用品配备	餐饮从业人员职业素质/职业能力

模块一 餐饮行业认知

任务导入

餐饮行业认知——理解餐饮业特征、把握餐饮业发展趋势、熟悉餐厅环境及其设施配备

1. 教师通过播放酒店特色餐饮活动视频,使学生了解餐饮业,激发学生学习本课程的兴趣。
2. 学生以小组为单位,参观考察本地餐饮企业,了解餐厅类型和餐厅功能布局及设备用品。
3. 以"走进餐厅"为题,每小组制作PPT课件,小组代表在课堂演示介绍。
4. 教师点评,讲解相关知识点。

工作任务一　餐饮业认知

基础知识

一、餐饮业的概念和分类

1. 餐饮业的概念

餐饮一词,在《辞海》中的解释是:餐为"饮食",饮为"饮料",餐饮也就是指"吃食物,喝饮料(含酒水)"。餐馆(Restaurant)一词,按照法国百科大辞典的解释,是使人恢复精神与气力的意思。即可以帮助人恢复精神与消除疲劳的方法,不外乎进食和休闲。于是人们以Restaurant为名称,在特定场所提供餐食、点心、饮料,使客人在此场所中得到充分休息以恢复精神,在这种方式下获利,就是西方餐饮的雏形。由上可知,餐饮业是利用餐饮设备、场所和餐饮产品为社会生活服务的生产经营性服务行业。

餐饮业概念的内涵应包括三个要素:

(1) 要有食品或饮料提供。

(2) 有足够令人放松精神的环境或气氛。

(3) 有固定场所,能满足顾客差异性的需求与期望,并能实现既定的经营目标和利润目标。

2. 餐饮业的分类

餐饮业主要包括三大类:第一类是宾馆、酒店、度假村、公寓、娱乐场所所属的餐饮部。第二类是各类独立经营的餐饮服务机构,包括社会餐厅、餐馆、酒楼、快餐店、茶馆、酒吧等。第三类是企事业单位餐厅及一些社会保障与服务部门的餐饮服务机构。

中国现代餐饮业态有十大形式,这就是:酒店餐厅、高档酒楼、家庭餐馆、火锅店、快餐厅、食街小吃、团体供餐、西餐厅、饮食店、茶餐厅。

二、餐饮业的特征

1. 生产特征

餐饮生产属个别定制生产,产品规格多、批量小;餐饮生产基本上是现点、现做、现消费;餐饮生产量难以预测;餐饮原料、成品容易变质;餐饮生产是手工操作,其管理难度较大。

2. 销售特征

餐饮销售量受餐饮经营空间大小的限制;餐饮销售量受餐饮就餐时间的限制;餐饮经营毛利率较高,资金周转较快;餐饮经营中固定成本占有一定比重,变动成本的比例则更大。

3. 产品特征

(1) 综合性。餐饮产品由两部分组成,实物形态的"硬件",即有形的食品;心理形态的"软件",即无形的服务。"硬件"要对顾客具有吸引力,一是产品要有风味特色;二是酒店的设施设备要完善、完好,具有使用功能;三是有优雅的环境氛围,满足客人的安全感、舒适感与方便感。餐饮服务在标准化服务的基础上要富有人情味,使客人产生亲切感、自豪感与新鲜感,包括服务态度、服务项目、服务效率、服务程序、服务礼仪与服务技巧。

(2) 体验性。餐饮产品从本质上说是一种"经历"产品、"体验"产品。顾客购买餐饮产品不仅要吃到美味佳肴,更是购买一次舒适、方便的享受,体验一次美好、愉快的经历。作为物质产品的具体形态会随着时间的推移,导致物质形态的产品耗损毁坏;而精神产品就其情感体验而言,却能"经久耐用",能使人"回忆重温",产生深刻而长久的印象。人的情感体验具有强烈的主观感受与主观评价特点,因此服务产品缺乏客观的细化与量化的标准,对产品的生产与评价会带来个体特性的主观色彩。情感具有无形的特点,餐饮服务在购买餐饮产品前顾客不能看到、感觉与触摸到,其质量的优劣是以客人的主观满意程度来衡量的。因此,餐饮企业不仅要使餐饮产品有形化,如通过实物展示、生产过程展示、营造适宜的就餐环境等方式,让顾客在购买决策时减少不确定的心理因素。而且更要提供标准化、情感化、个性化的服务,提高顾客的满意度。

(3) 即时性。绝大多数的餐饮出品尤其是餐饮服务,其生产、销售、消费几乎是在同一个时空条件下发生的,员工一边生产销售,顾客一边消费享受。因此,产品只能当次使用、当场享受。餐饮出品尤其是服务都是不可提前制作,不可保存待售。这种特性,使得客人在决定购买和消费服务产品之前无法检查与验证其产品的质量,导致购买决策时会产生很大的风险与疑虑。即时同步性的特征,也决定了服务环境的文化品位和自然气息,设施设备的完善、便利、舒适程度和档次高低,服务员工的形象、态度、技能与效率,服务项目的多寡与细腻,都会影响客人对产品质量的感受。

(4) 参与性。由于顾客消费或多或少,甚至是全部参与到产品的生产过程中,因此产品以什么样的方式或程序进行生产就会直接影响顾客的身心感受。现代客人不再满足于当感官上的享受者,更要当全身心的参与者;不再满足于单感官(或眼看,或耳听,或口尝)的静态参与,更希望多感官(眼看、耳听、口尝、身体力行)全身心的动态参与;不再满足于"坐在剧场里看戏",当看的人、当观众,还要"登上舞台来表演",当演员;不再满足于享用与观赏性的经历,而需要操作和表现性的经历;不再是"请坐下,听我讲故事",而是"请起立,让我们一起做游戏";总之,这种经历与体验,不仅要有东西可看,更要有事情可干;不仅旁观,更要参与;不仅领受,更要奉献。

(5) 差异性。餐饮业的差异性主要表现在两个方面:一方面,餐饮服务员由于受年龄、性别、性格、受教育程度、培训程度及工作经历不同等条件限制,从而影响了他们为就餐者提供的服务质量;另一方面,同一名服务员在不同的场合、不同的时间和不同的情绪中,其服务方式、服务态度等也会出现一定的差异。

因此,餐饮企业应根据行业服务标准制定本企业的餐饮服务质量标准和操作规范,加强员工的培训教育,使员工的服务工作尽可能规范化、标准化,同时在管理上做到制度化。

(6) 手工性。餐饮产品基本是手工生产、手工劳作,这就导致生产、服务人员劳动强度大,易疲劳,同时容易引发事故。直接导致生产和服务操作标准的因人而异,给餐饮质量规范化、标准化管理带来诸多不便。手工操作的随时性、随意性、繁复性活动,很难保证卫生达标,安全可靠。员工的操作技能、人际交往的技巧都决定了产品质量的高低。

三、餐饮业发展趋势

人类饮食的发展同人类本身的发展一样历史悠久,经历了从简单到复杂、从蒙昧到文明的过程。伴随着这个过程,饮食中的礼仪、礼节、观念和习俗也同时应运而生,饮食也从人类的自然行为逐渐演变成为一种经济业态——餐饮业。随着社会和经济的发展，餐饮业的经营形式和管理方式也在不断变化。餐饮经营者必须适应这种变化，在产品、经营方式等方面不断创新才能赢得市场。

1. 转型创新

随着科技进步和经营理念的发展，越来越多的餐饮企业家和服务解决方案供应商开始思考跳出传统框架，以改善客户体验，增强自身竞争力。通过创新，餐饮业主不仅可以降低成本，为客户提供更好的服务并获得额外的收入，顾客也会感到更加满意。在产品创新中，菜肴应满足现代人对营养与健康的需求，开发轻油、轻盐、轻糖、轻脂肪、轻调味品等"五轻"食品；不断开发原料品种和菜肴新品种，并重视菜肴的组合，形成特色菜谱和主题菜谱；就餐环境更多地借助人员服饰、服务礼仪和文娱活动来烘托主题。在餐饮经营中，将出现许多新的餐饮模式，如餐饮超市、无店铺经营、直营餐饮连锁等。

【例 1-1】

某市一家中等规模的民营餐厅，在厨房内部管理中有着良好的运作机制。鼓励厨师创新，创新菜肴只要顾客认可，餐厅每月会根据点菜率情况，给予该厨师一定的奖励。餐厅每年还定期举行创新菜比赛。走进这家餐厅的客人常常会品尝到一些新鲜菜品，以至于每天餐厅门庭若市，十分红火。

2007年，该餐厅推出了健康蔬菜餐，引进无公害营养蔬菜，以增加餐厅特色，满足当代人健康养生的消费需求。引进的时蔬有银丝菜、朝鲜茼蒿、牛油生菜、新西兰菠菜、富贵菜、辣椒叶、人参叶、田七叶等。这些蔬菜既有软滑清香的口感，又富含维生素及其他营养元素。

可见，创新是餐饮企业生存和发展的根本要求，是企业适应市场竞争的必然选择，是餐饮企业提高经济效益的重要途径。

2. 市场细分

为了适应社会的需求，餐饮经营势必走向两极分化的趋势。一种是注重气氛与突出服务规格的高档次餐厅。现代社会的消费者，在进行消费时往往带有许多感性的成分，非常注重进食时的环境与氛围，要求进食的环境"场景化"、"情绪化"。在保留传统精华的基础上，引进先进的设备，在软硬件的配套和管理上下真功夫，营造高雅的文化气氛，展现整体和谐的饮食文化品位，迎合一批高层次人群的餐饮需求，引导高档消费。另一种是强调制作迅速、服务简单的餐厅，它包括大众餐厅、快餐厅。开发一些适合低档消费群体的普通菜、家常菜。在保证食品质量的同时，尽量降低运行成本，适应工薪阶层和大众消费的需求。

3. 连锁经营

连锁经营已成为餐饮业普遍应用的经营方式和组织形式，形成了一定的规模，显示出强大的生命力和发展潜力。我国餐饮百强企业，基本都采用了连锁经营的模式。连锁化经营模式也在不断发展，我国一些老字号企业和名店、特色店正积极推广使用直营和特许经营连锁等形式。

4. 绿色安全

消费者们意识到，吃健康比吃美味更重要了。消费观念的更新使绿色餐饮兴起，并成为餐饮业的发展方向。餐饮企业将绿色作为自己的卖点，尽可能为消费者提供简朴自然的餐饮服务。绿色餐饮可以增强人们的环境保护意识，控制、减少污染，净化我们赖以生存的生活空间；可以节约资源，让有限的资源为人类创造尽可能多的产品和财富；由于食品加工生产方法更加科学合理、经济简洁,可以激发和保护原料自身的营养,减少、杜绝对人体的伤害。

5. 智慧餐饮

随着当今科技的迅猛发展,未来餐饮业中电脑、互联网的广泛运用也将成为必然。基于大数据生态环境,寻求餐饮产业模式创新,以市场需求为导向通过互联网数据进行垂直整合提供云服务平台,围绕移动互联网、家庭智慧云终端等产品模式进行餐饮经营与管理的应用推广。在目前电脑设备、自动化设备(服务员工作站、工作站点打印机、携带型个人电脑点菜器、餐用收款机等)和信息网络的运用基础上,涵盖餐饮促销、订货、库存和发放管理、销售分析、客户分析、营业数据、财务结算及员工考核等多个方面的功能。可以大大降低人工费用,提高产品的标准化程度,减少污染,保护环境,形成以电脑网络及计算机控制程序为生产和销售的科学化餐厅。网上预订、云端支付。传统餐饮行业因其餐店的规模和服务特点的限制基本上还保留着电话＋纸笔预订的形式。现在在线订餐模式开始逐渐流行,很多第三方网络预订服务不断涌现。未来的趋势是店内点餐系统全面接入互联网和移动互联网,通过微信进行远距离的点菜下单。餐馆采用无线通信设备,来完成从点菜、催单到最后算账、结账的全部流程。iPhone、Pad 结合下单应用程序、触屏和互动投影是如今最潮的解决方案。通过新技术的集成使订餐和支付流程更简单、更方便也是一大趋势。2013年1月星巴克推出"刷"手机点餐计划,让顾客事先上网订购饮料然后通过特定应用程序线上结账,之后到任何一家星巴克在柜台上扫描手机代码点餐取餐,减少排队结账人潮。英国餐饮连锁店"拉面道"Wagamama 向用户提供通过 iPhone 程序订餐并付款。顾客甚至可以定义自己的菜品,添加和删除成分。下单后信息被直接联到厨房,最新状态报告会让顾客准确掌握取餐时间。顾客还可以通过应用程序实现安全付款,选项包括借记卡和信用卡。全球餐饮业的智慧经营与管理的发展趋势,将大大提升餐饮企业的运行效率,并将最终改变餐饮行业的面貌。

工作任务二　餐厅环境认知

基础知识

餐厅的类型

饮食是一种文化,餐饮环境也应具有较高的文化氛围。现代餐饮场所不仅仅是吃喝的场所,还兼容了社会交往、娱乐以及精神享受等多种功能。根据顾客的需要设计布置适宜的服务环境,能使顾客有一个好的就餐心情,可以促进餐饮消费。

不同种类的餐厅服务对象不同,消费者的进餐需求也不同,为了更好地满足不同类型和档次客人的需要,应设计和布置不同种类的餐厅。餐厅的分类方法较多,本项目主要介绍两种分类方法。

1. 按供餐方式分类

(1) 零点餐厅。零点餐厅即点菜餐厅,是指客人随意点菜、按消费金额结账、自行付款的餐厅,是饭店最主要的餐厅类型。零点餐厅的用餐客人组成比较复杂,要求不一,而且零点餐厅供应的菜品品种比较多,加上用餐时间交错,工作量大。因此,零点餐厅的服务管理要把握好领座、点菜、上菜和收款等几个环节,做到迅速、准确、有序地服务。

(2) 团体餐厅。团体餐厅是指以接待团队和会议团体为主的餐厅,其最主要的特点是用餐标准固定、用餐时间集中。团体餐服务应注意菜式的搭配合理和分量的充裕。

(3) 风味餐厅。风味餐厅是饭店根据自身特点向客人提供有代表性的地方风味菜肴的餐厅。风味餐厅除菜肴具有独特风格外,在餐厅的陈设布置等方面往往各具特色,并配以独特的服务方式,给客人留下深刻印象。

(4) 自助餐厅。自助餐厅的特点是向客人提供预先准备好的中、西菜点,由客人自由选择,它供应迅速、快捷,可以使客人花费较少的时间吃到品种丰富不同风味的菜点。

(5) 咖啡厅。咖啡厅实际上是小型的西餐厅。除供应咖啡外,还提供简单的西式菜点和酒水。作为西餐厅的一种,它的服务比较迅速,营业时间也较长,而价格往往比正规的西餐厅便宜。

(6) 宴会厅。酒店宴会厅是为客人提供大型宴会的场所。宴会厅接受客人的委托,组织各种类型的宴会、酒会、招待会、茶会等活动,它要求面积较大,并能根据客人的要求布置厅堂、制定菜单等,有些宴会厅备有现代化的灯光、音响视听设备,为客人提供更完善的宴会服务。

2. 按供餐品种分类

(1) 中餐厅。提供中式菜点和服务的餐厅。中餐厅大多采用圆桌,客人围桌而坐。

(2) 西餐厅。提供西式菜点和服务的餐厅。西餐厅一般用方桌,桌上都铺有台布,每张桌上放置鲜花,晚餐时要在桌上放烛台,客人入座时点燃蜡烛。

(3) 其他餐厅。主要提供除中餐、西餐以外的世界其他国家民族风格和我国民族风味的餐厅。如日本料理、韩国餐、印度餐等餐厅。

实践操作

一、餐厅功能布局

餐厅的空间布局会影响餐厅的档次、气氛、情调。餐厅布局得宽松,就会显现静谧、高雅,适宜接待隐私性强的、高档次的顾客;餐厅布置得紧凑,就会显得快捷,适合快餐或者工作用餐;餐厅布局还会影响餐厅的服务质量。因为空间布局不同,顾客和服务人员的动线就不相同,是否形成良好的动线以及能否通过合理的布局使顾客和服务提供者形成良好的互动,都是空间布局的作用体现。因此,空间布局也是提供服务、保证质量的重要因素和环节。

1. 就餐区域

就餐区域在设计时主要考虑桌椅之间的空间、餐桌之间的空间、就餐时顾客与顾客之间的空间等。餐台大小的选择要慎重。通常留给顾客的就餐活动空间为 30 cm,加上餐位深度 50 cm 和行进通道的距离 80 cm,再乘以 2,就是最终的活动空间距离即 3.6 m,若摆 1.8 m 直径的十人台的话,那么一个包厢至少要 5~5.4 m 的宽度,如果少于这个宽度就要考虑减少餐台直径,以免顾客感觉局促,减低了包厢的档次和舒适度。

2. 公共区域

公共区域包括走廊、通道、卫生间、休息区域等。餐厅的入口应该宽敞整洁。餐厅的入口要满足穿衣、接待、等候等功能,餐厅的入口应该宽敞整洁,以避免人流阻塞,入口的通道一般直通包厢,便于服务员引导顾客进入用餐区。大面积包厢里一般采用软性区隔的方法,将用餐区域和外边的过道一分为二。高档包厢还设有卫生间,一般要离客席稍远,位置安排既要明显,又不可过于强烈。包厢内如设沙发休息区,宜放在入口附近一侧。

3. 服务区域

服务区域设计时要考虑收银台区域的大小、备餐柜的布置摆放、还有一些小型舞台等。包间的空间布局讲究以客为尊,不能因为提供服务而干扰顾客。工作柜尽量靠墙摆放,这样不影响顾客过多的空间,也不影响通道的顺畅。有些餐厅为了弥补包厢内宽度的不足,在墙上开出传菜窗口,在备餐台上设置了一个可以上下拖拉活动的玻璃镜,如果某道菜品做好了,传菜人员将菜品通过这个玻璃窗放在备餐台上,玻璃窗就闭合了,既不会影响顾客,也不会因为开窗户而让外面的人对雅间的情况一览无余。

二、餐厅内环境设计

1. 温度、湿度和气味

餐厅不但是供客人就餐和休息的地方,还是客人休闲的一种生活方式,因此对于餐厅的温度、湿度及气味都有着很高的要求。

基本要求应该是冬季温暖舒适,夏季凉爽宜人。一般餐厅室内温度最佳值为20～22℃(冬季)、22～25℃(夏季);相对湿度为30%～50%(冬季)、50%～65%(夏季)。

餐厅应该经常通风换气,也可以通过空气清新剂来使室内的空气保持清新感,给顾客留下好的印象。

2. 光线与色彩

餐厅的光线有自然光、装饰光、照明光三种。自然光的光线对于餐厅来说除了有限以外,大多数情况下不能营造餐厅特有的就餐氛围,一般采用的时间有限,因此餐厅大部分的光线还是主要来源于装饰光和照明光。

灯光的功能与顾客的味觉、心理有着潜移默化的联系,与餐饮企业的经营定位也息息相关。灯光作为一种物质语言,能够衬托出餐厅的个性风格。因此,餐饮企业的灯光布置是一个整合的过程,要正确处理明与暗、光与影、实与虚等关系,调动顾客的审美心理,从而达到饮食之美与环境之美的统一。

麦当劳、肯德基等西式快餐在中国作为一种休闲餐饮,就餐的对象多为妇女、儿童,光源以明亮为主,有活跃之意。传统的咖啡厅、西餐厅是最讲究情调的地方,灯饰喜用以沉着、柔和为美。不同的国家有不用的情调,英式的古典庄重、法式的活泼开朗、美式的不拘一格等都需要灯光的配合。根据中国传统的就餐心理,中餐厅应该是灯火辉煌,兴高采烈,布光热闹而有气氛。

三、各类餐厅环境设计

1. 中餐厅环境设计

中餐厅的布置应突出表现中国风格和特点。根据中国传统的进餐心理,宴请时要求灯火辉煌,喜气洋洋。最好采用热烈兴奋、强烈明亮的颜色,画栋雕梁、沥粉彩画、朱红大漆圆柱、宫灯、圆洞门、漏窗等传统装修来渲染热烈喜庆的气氛。墙上悬挂名人书法,配置仿古式的桌椅，桌上置山石盆景，女服务员穿着大襟中式丝绸旗袍，使整个餐厅光色明亮温暖。如图 1-1 为中式餐厅设计效果图。

图 1-1　中餐厅

2. 西餐厅环境设计

西餐厅的装饰布置，可按照欧美人的生活习惯进行布置，如厅内四壁镶着玻璃，屋顶悬挂帷幔。餐厅摆着烛盏可点蜡烛，气氛舒适，情调高雅。还应从进餐心理出发来考虑室内空间气氛与情调。为了使宾客在用餐时有某种安全感，宜使餐厅空间尺度在视觉上感到小而亲切些。在灯光上，应使餐桌上的亮度强于餐厅本身的亮度，光色温暖，光线偏暗。要善于运用内部装修的一切手段，创造适于人们休息、交谈的宁静气氛，并且力求表现出特色，给人以良好的印象。如图 1-2 为西式餐厅设计效果图。

图 1-2　西餐厅

3. 咖啡厅环境设计

咖啡厅一般供应咖啡与其他饮料,有的还供应快餐或自助餐以及茶点。其面积指标是 1.5～1.8 m²/座。咖啡厅是半公开性的活动场所,其座位设置形成分散的小空间。车厢桌和 2～4 人的小方桌或小圆桌合理布局。咖啡厅的布置整体上要求活泼、甜美,室内桌椅应

图 1-3 咖啡厅

给人轻松优美的感觉。玻璃柜摆设的样品整洁,隔板上陈列的物品生动有趣。咖啡厅也可在门口或室中央摆放几类装饰物,如帆船、鱼虾、动物、花草等进行点缀,烘托气氛。咖啡厅使用最普遍的色彩是金黄色、粉红色、奶油色、咖啡类色和白色。如图 1-3 为咖啡厅设计效果图。

4. 风味餐厅环境设计

各种风味餐厅的布置应该以其风格迥异、鲜明的地方性为特征。如广东餐厅应突出热带气氛,上垂吊兰,下置盆栽,墙面及家具均以绿色为主调,加以东南两面外窗竹帘低垂,凸显南国意境。淮扬餐厅的格调应以端庄为宜,不等边六角形平面的周边布置固定的小餐位,围绕中心两组大圆桌;顶棚上相应悬挂两组晶体吊灯,光彩照人,厅内鲜花盛开,香气袭人;地面、墙面及家具均用暖色调,烘托出江淮的情调。如图 1-4 为风味餐厅设计效果图。

图 1-4 风味餐厅

工作任务三　餐厅设备和用品配备

基础知识

餐厅设备、餐具是保证营业接待工作正常开展的必要物质条件。餐厅的餐具、设备种类繁多，数量很大。能否正确地使用与保管，将直接关系到其使用寿命，同时也会直接影响餐厅的服务质量和饭店的管理水平。

一、餐厅设备

1. 餐厅电器设备

现代化的餐厅，餐厅内配备的电器主要有空调、电视机、灯具、音响、吸尘器、制冰机、电开水器、毛巾保温箱、洗杯器、地板磨光机等。空调使用时应将冷暖档控制在人体感到舒适的位置，即保持室内恒温 21~24℃。由于饭店规格档次不同，空调设施也不尽相同，在许多大饭店内各个餐厅采用的都是中央空调系统，在有的小型饭店内则采用各自独立的空调器来调节温度。

2. 餐厅家具

餐厅家具主要包括餐桌、转台、备餐台、餐椅、沙发、茶几等。圆形餐桌桌面直径的大小应与服务的客人数相当，直径为 120 cm 的桌面是为 4~6 人宾客准备的，直径为 180 cm 的桌面是为 10 人宾客准备的，直径为 200 cm 的桌面是为 12 人宾客准备的，每位宾客所占宽度应为 50 cm。

3. 服务车

（1）工作车。主要用途是在餐前摆台时盛放餐具，在开餐时摆放从宾客餐桌上撤下的各种餐具。工作车的形状较多，其主要规格是高 80~85 cm，宽 45 cm 左右，长 80 cm 左右。工作车一般有两层，也有分三层。工作车一般为铝制或不锈钢制的。

（2）烹调车。餐厅用烹调车一般配备在有客前烹制服务的餐厅里，大都是西式餐厅，这种车有专门放置小型液化气炉的位置，有放置调味品的位置，这种车通常分为两层，规格大小与工作餐车一致。

4. 地毯

地毯是餐厅比较高档的设施之一，具有保暖、装饰、隔音、舒适等作用。

二、餐厅客用物品

1. 餐具

餐具可分为餐厅餐具与厨房餐具，餐厅客用餐具包括菜盘、餐盘、汤碗、汤匙、筷子、餐刀、餐叉、杯具、咖啡具等。餐具按制作材料可分为金属器具、陶瓷餐具、玻璃器皿和竹木制品等种类；按饮食习惯可分为中餐餐具和西餐餐具。

2. 酒具

绝大多数餐厅酒具基本都是玻璃材质。中餐厅常用的酒杯有水杯、红酒杯、白酒杯等；

西餐厅玻璃杯按其用途又有香槟酒杯、水杯、波尔多酒杯、白兰地酒杯、阿尔萨斯酒杯、伏特加酒杯、威士忌酒杯、鸡尾酒酒杯等多种。

3. 布件

（1）台布。台布有各种颜色和图案，但传统、正规的台布是白色的。对于主题性餐饮活动，台布的颜色和风格的选择可以多样化。

（2）装饰布。装饰布是指铺在正常台布上的附加布巾，装饰布的作用是装饰美化台面，烘托餐厅气氛，还能保持台布的整洁。

（3）餐巾和围嘴。餐巾和围嘴都是餐桌上的保洁布件用品。餐巾的颜色可根据餐厅和台布布置装饰的主色调选用，力求和谐统一。

（4）台布垫。铺设在台布下面，可使桌面显得柔软，放置杯盘不会发出声音。

（5）桌裙。对于高档宴会的餐桌、宴会酒吧、服务桌、展示台等必须围设桌裙。桌裙款式风格各异，群褶主要有三种类型，即波浪型、手风琴褶形和盒形。

【特别提示】

布件是管理费用中比较大的一项开支，加强对布件的控制具有重要意义。一般酒店的做法是采用一定数目库存、相同数目换洗的方法。

实践操作

不同档次、不同类型的餐厅，设备和客用物品配置的种类、规格是不同的。餐厅应根据自身的情况及有关行业标准，合理进行配置。

配备餐厅设备和用品（如表1-2所示）

表1-2　中餐厅包厢设备和用品的配备（10人）

摆放位置	物品名称	数量	摆放要求
包厢内墙壁上	壁画	1	醒目、美观
摆放在壁画的下方	沙发	1	不影响走动
沙发左右两边	落地灯	2	美观
包厢墙壁、面对餐桌	电视机	1	受视面广
餐桌后面	装饰柜	1	靠墙
临近包厢	工作间	1	工作间有3个抽屉，一个抽屉摆放服务汤勺，摆放分菜勺；一个摆放汤碗、饭碗、味碟、小汤勺；另外一个摆放牙签、火柴、烟缸
	工作柜	1	摆放水杯、茶壶、骨碟、台布、口布、酱油、醋壶、茶叶罐
	分菜勺	12	干净、整齐、无破损、无油迹、归类摆放
	汤碗	12	
	饭碗	12	
	味碟	12	
	小汤勺	12	
	水杯	12	
	茶壶	1	

续 表

摆放位置	物品名称	数量	摆放要求
临近包厢	骨碟	30	干净、整齐、无破损、无油迹、归类摆放
	台布	1	
	口布	10	
摆放在包厢的中间	餐桌	1	根据包厢餐位位置进行摆放
	餐椅	10	
餐桌	大垫盘	10	垫盘要与桌子边缘距离1.5 cm
	小骨碟	10	骨碟摆放在垫盘的中间
	味碟	10	各种用品摆放要整齐美观，方便客人取用
	汤碗	10	
	小汤勺	10	
	筷架	10	
	筷子	10	
	牙签	10	
	银勺	10	
	红酒杯	10	
	饮料杯	10	
	烟缸(含垫、火柴)	4	
	口布	10	叠盘花，主人位与其他口布折叠花型和颜色区分开，突出主人位
	台布	2	台布的大小应与餐桌相配，正方形台布四边垂下部分的长度以20~30 cm为宜
	转盘	1	

模块二　餐饮职业认知

任务导入

餐饮职业认知——掌握餐饮企业组织结构、餐饮部岗位职责、餐饮从业人员职业素质

1. 学生以小组为单位，利用课余时间，选择1~2个餐饮企业进行调查和访问。要求：(1)在调查之前，每组需根据课程所学知识经过讨论制订调查访问的提纲，包括调研内容与具体安排。(2)调研内容为餐饮企业组织机构的构成；访问一位基层管理者，了解其职位、工作职能、胜任该职务所必须具备的管理技能。(3)每人完成一份简要的调研报告。(4)每人完成四星级以上酒店餐饮部组织结构设置图。
2. 就本次调查和设计组织课堂交流讨论，教师和学生共同评价。
3. 教师讲解餐饮部组织设置与岗位职责的知识点。

工作任务一　餐饮企业组织结构设置

基础知识

一、餐饮部管理目标

餐饮部是酒店的重要组成部分，其管理目标与酒店的总目标是一致的，即追求理想的经济效益和社会效益。

1. 适应多种需求，提供优质服务

餐厅的客人来自五湖四海，消费层次复杂。建立良好的对客关系，根据客人的身份、地位、饮食爱好、消费特点和支付能力，研究不同客人的消费需求和消费心理，在产品上坚持多样化、档次合理；在产品质量上突出风味特点，注重色、香、味、形和原料的选择；在服务上坚持一视同仁，热情、主动、礼貌、耐心、细致、周到，以满足客人多层次的物质和精神生活需要，有针对性地提供优质服务。

2. 控制食品卫生，确保客人安全

严格执行《食品卫生法》，从食品原材料的采购、验收、储藏、发料到加工、切配、烹饪、装碟和销售都要建立一套严格的卫生制度，开展经常性的安全保卫、防火教育，确保宾客安全和餐厅、厨房及库房的安全。

3. 增收节支创利，实现经营目标

正确执行餐饮价格政策，区别不同情况，如不同菜式、市场竞争价等，制定毛利率标准。既要发挥市场调节的作用，又要维护供求双方的利益；定期研究新菜，推出新菜单；有针对性地进行各项促销活动。

控制餐饮部门各项支出，制定采购和盘点工作制度，进行有效的成本控制。如部门工资总额不得超过营业总额的15%，餐茶酒具破损率不得超过3‰，杜绝长流水、长明灯的现象等。

餐厅的出品一经做好后保存时间短，需尽可能快地卖与客人，以保证新鲜与质量，避免浪费。餐饮部必须根据订餐情况、市场环境、历史资料、当地气候、天气预报、节假日变化等情况，做好就餐客人数量和对产品品种要求的预测分析，并据此安排食品原材料供应和生产过程的组织，保证客人消费需求和业务活动的正常开展。

二、餐饮组织机构设置的原则

餐饮组织机构是指为了实现管理目标，由一些相互联系、彼此合作的部门和人员，共同形成的一个有机的整体。现代餐饮企业中管理工作范围广、内容多、工作量大，而且员工人数多，文化程度和年龄层次差异大，因此必须根据分工合作的原则，合理设置必要的职能机构，保证餐饮部的正常运转。

1. 按需设岗，精干高效

组织结构是为生产活动服务的，影响着酒店经营与管理的效率和间接成本。员工人数多少直接与工资、奖金、福利及培训费挂钩，人员的素质又直接影响设备的运行和工作质量与效率。酒店管理的发展趋势是组织机构扁平化、岗位设置多能化,争取"2个人拿3个人的报酬,做4个人的工作"。宴会部组织结构应做到精简与效率相统一,职责分工明确,信息沟通顺畅,工作效率提高,经营成本降低。要根据酒店的档次规模、经营目标、人员素质、设施设备、厨房布局等实际情况合理设置组织机构和岗位,应尽可能缩短指挥链,减少管理层,用最少的人力去完成最多的任务,不应有任何不必要或可有可无的职位,每人有满负荷的工作量,既不能人浮于事,又不能有事无人做。

2. 统一指挥,责权相应

企业组织层次的结构、平均管理幅度、授权的范围与程度都影响管理任务的完成。管理层次与管理权责要一致。责任是权力的基础,权力是责任的保证。权力大小能够保证任务的顺利完成,责任分配有利于各级管理人员和各岗位之间的协调与配合。目前,由于高科技的运用,一般趋向与减少管理层次,增加管理幅度,使企业达到高效运转。组织结构设置要做到逐级授权、分级负责、责权分明,以保证各项业务活动有条不紊地进行。宴会组织必须统一指挥形成一个有序的指挥链,保证信息畅通,步调一致,不得越级指挥与多头指挥,克服和减少摩擦与混乱,使各种指令得以顺利贯彻实施。要职责清晰,分工协作,使每一位员工了解宴会部各岗位的地位、责权及相互关系;了解本岗位的职能、工作目标及发展方向,以保证各项业务活动有条不紊地进行。各级管理者必须放手让下属履行职权,而不应事事干涉、样样插手,但要加强督导,最终对下属的行为负责。

二、餐饮企业组织机构的类型

1. 小型酒店餐饮部组织机构

这种形式的餐饮机构餐厅数量少、类型单一,大多只经营中餐,结构简单,分工也不细。如图1-5所示。

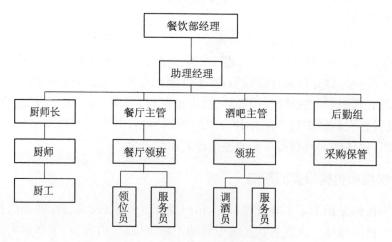

图1-5 小型酒店餐饮部组织机构

2. 中型酒店餐饮部组织机构

这种形式的餐饮机构餐厅数量比小型酒店多、类型比较全,结构相对复杂,分工也比较细。如图1-6所示。

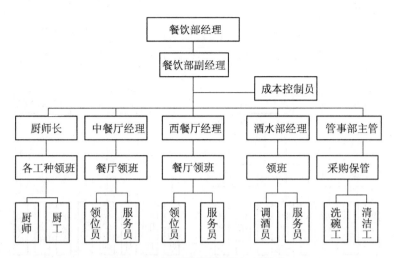

图 1-6 中型酒店餐饮部组织机构

3. 大型餐饮企业组织机构

大型酒店的餐饮部一般有 5 个以上的餐厅，多的达 10~20 个。各餐厅都单独配有厨房，分工明确，专业化程度高。如图 1-7 所示。

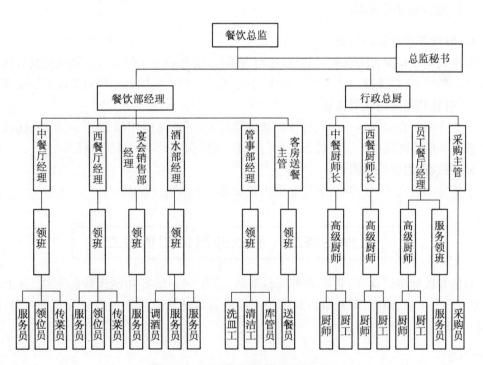

图 1-7 大型酒店餐饮部组织机构

4. 独立经营的餐饮企业组织机构

这种形式的组织机构设置简单。如图 1-8 所示。

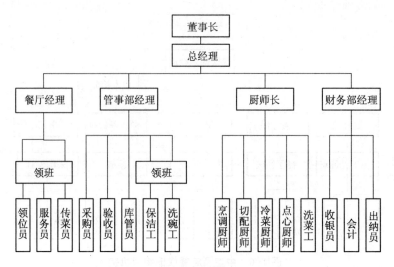

图 1-8 独立经营的餐厅组织机构

实践操作

设计餐饮部组织机构

1. 餐饮部职能部门划分

学生利用互联网查阅资料,同时以小组为单位,选择一家4星级以上酒店对其餐饮部进行走访,了解酒店餐饮部职能部门的构成,确定需要编制的餐饮部组织机构图的职能部门。

2. 餐饮职能部门职责描述

学生在网上查阅资料并访问餐饮部基层管理者,了解部门职位、工作职能、胜任该职务所必须具备的管理技能。了解餐饮各部门职责。(样例参见本项目工作任务二)

3. 餐饮部组织机构图设计

学生分小组完成一份四星级以上酒店餐饮部组织结构设置图。

工作任务二 餐饮部岗位职责设立

酒店餐饮部岗位众多,要明确各岗位职责,首先应弄清各功能模块的职能,分清层次(总监、经理、主管、领班、服务员),具体的岗位职责描述从总体来说应包含三个内容:管理层级、主要职责、工作内容。

基础知识

一、餐饮部各功能模块及其职能

1. 餐厅职能

(1) 按规定的标准和规格程序,用娴熟的服务技能、热情的态度,为宾客提供餐饮服务,同时根据客人的个性化需求提供针对性的服务。

(2) 扩大宣传促销,强化全员促销观念,提供建议性销售服务,保证经济效益。

(3) 加强对餐厅财产和物品的管理,控制费用开支,降低经营成本。

(4) 及时检查餐厅设备的使用状况,做好维修保养工作,加强餐厅安全和防火工作力度。

2. 厨房职能

(1) 根据宾客需求,向其提供安全、卫生、精美可口的菜肴。

(2) 加强对生产流程的管理,控制原料成本,减少费用开支。

(3) 对菜肴不断开拓创新,提高菜肴质量,扩大销售。

3. 宴会部职能

(1) 宣传、销售各种类型的宴会产品,接受宴会等活动的预订,提高宴会厅的利用率。

(2) 负责中西餐宴会、冷餐酒会、鸡尾酒会等各种活动的策划、组织、协调、实施等项工作,向客人提供尽善尽美的服务。

(3) 从各环节着手控制成本与费用,增加效益。

4. 管事部职能

(1) 根据事先确定的库存量,负责为指定的餐厅和厨房请领、供给、存储、收集、洗涤和补充各种餐具,如瓷器、玻璃器皿及服务物品等。

(2) 负责洗涤机器设备的正常使用与维护保养。

(3) 负责收集和运送垃圾。

(4) 负责餐饮部各种饮料空瓶的收集和处理。

(5) 控制餐具的消耗及各种费用。

5. 酒水部职能

(1) 保证整个酒店的酒水供应。

(2) 负责控制酒水成本。

(3) 做好酒水的销售工作,增加收入。

二、岗位职责的内容

1. 岗位名称

组织机构中的每个岗位都应有其专用的名称,每个员工都有其明确的职务。岗位名称应能准确反映该岗位的的性质和基本职责,如"迎宾员"。岗位名称还需符合行业和多数人的习惯。

2. 管理层级关系

酒店实行严格的统一指挥和层级管理制度,在描述岗位职责时,必须说明各个岗位的直接上级和下级,必要时还应说明与之有直接业务联系的相关部门和岗位。

3. 基本职责

基本职责是指某岗位在组织中扮演何种角色,主要承担什么责任,有哪些权力等。

4. 工作内容

工作内容指各工作岗位在其责任及权力范围内所应承担的具体工作任务。

5. 任职资格

很多酒店在职责描述中还有任职资格的说明。任职资格是指担任某个职位必须具备的条件。

实践操作

描述餐饮部岗位职责

由于餐饮部岗位较多,若对餐饮部所有岗位职责都进行描述,需占大量篇幅,也无必要,本项目分别提供管理岗位与员工岗位作为范例,供学习和参考。

1. 餐厅领班岗位职责

(1) 岗位名称

餐厅领班(captain)

(2) 管理层级

直接上级:餐厅主管

直接下级:餐厅服务员

(3) 岗位职责

有效地督导本组服务员,优质高效地完成对客人的各项餐饮服务。

(4) 工作内容

检查本班组员工的仪表、仪容及出勤状况并布置任务,进行分工。开餐前,带领本组员工做好各项准备工作:摆台并检查摆台是否符合标准;督导完成餐厅情节工作,保证银器、瓷器、玻璃器皿干净、无破损,保证桌椅及转盘干净,保证餐厅内其他用具干净;补充服务台内的餐具及用具;按预定要求摆宴会台。

① 了解当日厨师长特荐及厨房供应情况,与传菜组协调合作。

② 营业时间内督导本组员工为客人提供高质量、高效率的服务,确保本组服务员按照服务程序与标准为客人提供服务。

③ 全面控制本服务区域的客人用餐情况,及时解决客人问题,并适当处理客人投诉。

④ 了解客人姓名及特殊要求,同客人建立良好关系。

⑤ 餐厅营业结束后,要检查餐厅摆台、服务台清洁工作及做好所有收尾工作,并与下一班做好交接工作。

⑥ 定期对本班组员工进行绩效评估,向主管提出奖惩建议并组织实施本班组员工培训。

(5) 任职条件

① 仪表端庄,身体健康,精力充沛。

② 熟悉餐厅管理和服务方面的知识,具有熟练的服务技能。

③ 熟记餐厅酒单和菜单的全部内容名称和价格,熟悉本餐厅餐饮服务的工作程序。

④ 有能力督促下属员工按标准进行工作。严格要求自己,认真完成每项工作,为员工作出表率。

⑤ 旅游大专毕业或具有同等学历,二年以上餐饮工作经验。

2. 餐厅迎宾员岗位职责

(1) 岗位名称

迎宾员(reception waiter)

(2) 管理层级

直接上级:餐厅领班

（3）岗位职责

接听电话、接受预订，欢迎并引领客人到位。

（4）工作内容

① 保管餐厅钥匙，每天上班前去餐饮部取回钥匙，并打开所有的餐厅门。

② 按标准接听电话，向客人推荐并介绍宴会菜单。接受预订后，做好记录并通知厨房准备，通知餐厅当班领班按预订摆台。

③ 营业时间内，在餐厅门口欢迎客人，并指引客人到位。

④ 通知餐饮部秘书，为客人打印中英文宴会菜单。

⑤ 为宴会客人预订鲜花，做指示牌及满足宴会客人的各项特殊要求。

⑥ 当营业高峰没有空位时，向客人认真解释，并先请客人坐下等候。

⑦ 随时与餐厅服务员沟通，密切合作。

⑧ 客人用餐结束后，欢送客人，并欢迎客人再次光临。

⑨ 当班结束后，与下一班做好交接工作，营业结束后，做好收尾工作。

（5）任职条件

① 仪表端庄，身体健康，气质较好。

② 熟悉餐厅特色，了解酒店餐饮服务设施，具有一定的公关和社交知识。

③ 具有较好的语言表达能力，讲话口齿清楚，反应灵敏，有较强的沟通技巧。

④ 具有高中以上文化程度，具有初级餐厅英语会话能力。

工作任务三　餐饮从业人员职业素质培养

基础知识

一、职业素质的含义

餐饮从业人员的职业素质是做好接待工作的基础。素质是在社会实践中逐步发育和成熟起来的，可以通过学习不断提高。职业素质是指劳动者在生理和心理条件的基础上，通过专业（职业）教育（培训）、职业实践和自我完善等途径而形成和发展起来的，在职业活动中起着重要作用的内在基本品质。餐饮行业的职业素质，是餐饮从业人员在工作中必须遵守的行为规范，是职业内涵在工作中的外在表象。餐饮从业人员职业素质的培养应从职业道德、职业意识、职业行为习惯、职业技能等方面进行。专业知识和技能是职业素质培养中最具特色的内容。

二、职业素质的构成

1. 职业道德

所谓职业道德，是指从事一定职业的人在职业活动的整个过程中必须遵循的职业行为规范。职业道德是社会道德的有机组成部分，是社会道德原则和道德规范在职业生活中的具体表现。

（1）职业态度。作为餐饮服务人员，首先要有正确的工作态度。它来源于正确的工作动机，建立在正确的人生观、世界观和价值观的基础上。餐饮服务人员应以国家、民族利益为立足点，充分认识自己的社会责任，真正树立全心全意为人民服务的思想。

（2）专业思想。长期以来，由于世俗的偏见，餐厅服务工作被人认为是伺候人的低档工作，餐厅服务人员也得不到社会的认可和尊重。著名的饭店业鼻祖里兹先生有一句名言："we are ladies and gentlemen who serve the ladies and gentlemen（我们是为女士和先生们服务的女士和先生）"。作为饭店企业和餐饮服务员应该共同努力把员工造就成"ladies and gentlemen"，培养稳固的专业思想。

（3）职业道德修养。餐饮服务道德修养与其他职业的道德修养本质上是一致的，但餐饮服务工作又有其特殊性，具体表现在以下两个方面：一是要有热忱的服务态度。主要体现在"主动、热情、耐心、细致"地为宾客服务。二是要有文明礼貌的职业风尚。文明礼貌是服务人员本身素质的表现，反映了餐厅的管理水平，彬彬有礼可弥补服务上的不足。

2. 身心素质

餐饮服务人员的身心素质包括身体素质和心理素质。具体表现为：

（1）健康的体格。"日行百里不出门"，无论是前台，还是迎宾员、传菜员等，其在服务工作中的站立、行走、托盘、上菜等，都需要一定的腿力、臂力和腰力，必须有健康的体格才能胜任餐饮服务工作。

（2）敏捷的思路。在餐饮服务第一线，由于宾客的就餐需求、心理状态等各不相同，会出现各种各样的问题，需要餐饮服务人员有清醒、敏捷的思维能力，及时处理各种问题。

（3）良好的心理素质。餐饮工作要同各式各样的人打交道，并且始终要坚持"顾客是上帝"的理念，餐饮服务人员应具有稳定良好的心理素质。

3. 服务知识

（1）基础知识。主要包括员工守则、服务意识、礼貌礼节、职业道德、外事纪律、安全与卫生知识、服务心理学、外语知识等。

（2）专业知识。主要有岗位职责、工作程序、餐厅经营运转表格、管理制度、设施设备的使用与保养、餐厅的服务项目、沟通技巧等。

（3）相关知识。包括文化知识、语言知识、礼仪知识和民俗知识等。

【例1-2】

"王品台塑牛扒"店之所以为消费者喜爱，就是源于经典的服务标准和周到的服务意识。做餐饮服务的准确性是非常重要的，但也是非常难以把握的一个环节。北京"王品台塑牛扒"是这样做的："王品"对于牙签的摆放有自己的规定，要求所有牙签摆放一定要看出是一个五边形，"王品"的字样朝上，其中的一组牙签要稍稍高于其他牙签，方便客人的使用。这些服务细节已经成为"王品"标准化服务的内容。

记住每个"特殊"客人。对于在"王品"就餐的每一位客人，尤其是就餐习惯比较特殊的客人，"王品"都会有他的外形特质、职业爱好、口味特点等的登记和记录。培训有"价值"的服务员。"王品"最看重服务员的是"为客人服务的那颗心"，餐厅在选人的标准上最看重的是有一颗"全心全意为客人服务"的心，就是非常难能可贵的。特色服务"细节中见精神"。"王品"的服务原则是"让顾客感动！"（move to tear），店里有这样的口号——"让顾客感动到痛哭流涕"。王品最有特色也是非常有意思的一个服务项目叫"珍藏时光"，像客人的结婚纪念日、生日都会准备一些活动。在顾客的结婚纪念日时,我们会让客人互许心愿、互送戒指,让我们的同事一起给他们唱歌,为他们送去祝福,给他们一种朋友般的感受。这些服务项目确实为"王品"带来了人气。正所谓金牌服务创造忠诚顾客。

4. 职业能力

(1) 交际能力。人际交往所产生的魅力是非常强大的,它使顾客对服务人员乃至酒店产生非常深刻的印象,而良好的交际能力则是服务员在服务中实现这些目标的重要基础。

① 服务员在与客人的交往中,首先要把顾客当作"熟悉的陌生人",这样,服务员在提供服务时,便会摆脱过于机械的客套和被动的应付状态,使顾客感觉到一种比较自然的但又出自服务人员真心诚意的礼遇。

② 在心理学上,人际关系中的"首因效应"是非常重要的。而仪表、仪态的优美,真诚的微笑,无微不至的礼貌则是给顾客留下美好的第一印象的关键。

③ 人际关系的建立还应当有始有终,持之以恒。让顾客在进入餐厅后的每一个地方、任何时间都能感受到良好的人际关系。

(2) 语言能力。顾客能够感受到的最重要的两个方面就是服务员的言和行。语言是服务员与顾客建立良好关系、留下深刻印象的重要工具和途径。服务员语言能力要求做到以下几点:

① 语言表达亲切、清晰。语句成分的结构搭配准确无误,逻辑关系清楚,语言言简意赅,清晰易懂,使客人很清晰地了解服务员所要表达的核心思想。服务员在表达时,还要注意语气的自然流畅、和蔼可亲,在语速上保持匀速表达,任何时候都要心平气和,礼貌有加。多使用那些表示尊重、谦虚的语言词汇常常可以缓和语气,如"您、请、抱歉、假如、可以"等等。

② 身体语言。服务员在运用语言表达时,应当恰当地使用身体语言,如运用恰当的手势、动作,与口头表达语言联袂,共同构造出让顾客感到易于接受和感到满意的表达氛围。

③ 表达时机和表达对象。即根据不同的场合和顾客不同身份等具体情况进行适当得体的表达。服务员应当根据顾客需要的服务项目、顾客身处酒店的地点、与顾客交际的时间、顾客的身份、顾客的心理状态,采用合适的语言。

(3) 记忆能力。服务员具有深刻的记忆能力,提供资讯的即时服务和实体性的延时服务,可使顾客所需要的服务能够得到及时、准确的提供;记住顾客的姓名、职业、籍贯、性格、兴趣、爱好、忌讳、饮食习惯等,并在与顾客的交往中恰当地表现出来,为顾客提供个性化的、有针对性的周到服务,使顾客从员工的细节记忆中感受到自己的重要性和被尊重。

(4) 观察能力。服务人员为顾客提供的服务有三种:第一种是顾客讲得非常明确的服务需求;第二种是例行性的服务,即应当为顾客提供的、不需顾客提醒的服务;第三种则是顾客没有想到、没法想到或正在考虑的潜在服务需求。能够善于把顾客的这种潜在需求一眼看透,这是服务员最值得肯定的服务本领。这就需要服务员具有敏锐的观察能力,善于观察人物身份、外貌;善于观察人物语言,从中捕捉顾客的服务需求;善于观察人物心理状态;善于观察顾客的情绪,并把这种潜在的需求变为及时的实在服务。

(5) 应变能力。服务规程是一种标准,对于服务人员来说,更为重要的是在服务规程的基础上根据客人的需求变化随机应变。如在服务的过程中受到客人投诉、服务操作不当、客人醉酒闹事、突然停电等,要求服务人员有较强的应变能力,遇事保持冷静,审时度势,妥善处理。充分体现饭店"宾客至上"的服务宗旨,尽量满足宾客的需求。

(6) 营销能力。餐饮产品的生产与销售具有同步性,因此服务即是推销。服务人员应根据客人爱好、习惯、消费能力和口味特点,运用推销技能灵活推销,从而提高餐饮部的经济效益,满足客人的需求。

(7) 协作能力。餐饮服务需要团队协作精神。餐饮服务同样遵循 $99+1=0$ 或 $100-1=0$ 的定律。个人是企业形象的代表,优质的工作是大家努力的结果。餐饮服务工作环节多,更是一个需要多个员工来共同完成的工作,任何一个环节出了问题都将影响到整个就餐服务过程的完美。因此,每位员工都应学会与同事间进行工作配合。

(8) 技术能力。技术能力是指餐饮服务人员在提供服务时显示的技巧和能力,它不仅能提高工作效率,保证餐厅服务的规格标准,更可给宾客带来赏心悦目的感受。因此,要想做好餐厅服务工作,就必须掌握娴熟的服务技能,并灵活、自如地加以运用。

实践操作

餐饮服务人员职业素质训练

1. 信息搜索

学生利用互联网、课程教材等资源,并参观考察餐饮企业,了解和搜集餐饮服务人员职业素质的要求。

2. 角色扮演

学生以小组为单位,设计餐厅工作场景,分配角色(角色包括餐厅服务员、相关人员和职业规范讲解员)并进行角色演练。

3. 评价提高

学生代表和教师对小组表演共同评价,并找出演示中待完善的职业规范,并演示正确的规范标准。

项目小结

餐饮业:餐饮业是利用餐饮设备、场所和餐饮产品为社会生活服务的生产经营性服务行业。

餐饮连锁经营:是指多单位组成的餐饮机构,通常采用统一的菜单,联合采购原材料和设备,并使用统一的经营管理程序,采用统一的执行标准的经营模式。

特许经营:连锁经营中的一种特殊形式。特许经营者向特许经营授权人支付一定的费用用以购买其商号、建筑物设计和经营管理方式的使用权。

绿色餐饮:是指餐饮企业将绿色作为自己的卖点,尽可能为消费者提供简朴自然的餐饮服务。目的是引导人们增强环境保护意识,净化我们赖以生存的生活空间;节约资源,让有限的资源为人类创造尽可能多的产品和财富;用科学合理、经济简洁的加工生产方法,激发和保护原料自身的营养,减少、杜绝对人体的伤害。

餐饮组织机构:餐饮组织机构是指为了实现管理目标,由一些相互联系、彼此合作的部门和人员,共同形成的一个有机的整体。

扁平式组织结构：打破了传统组织机构的职能划分，在管理层次大幅度减少的基础上根据组织成员对知识的掌握情况划分不同的能力团队，构成组织相对固定的框架；团队的成员可以为了实现一项任务以动态的方式临时组成一个团队，将分散的技术、人力和管理等资源迅速集成一个高效快捷的服务团队，实现优势互补和资源的高效利用。

职业素质：是指餐饮从业人员在工作中必须遵守的行为规范，是职业内涵在工作中的外在表象。包括政治道德素质、身心素质和职业能力素质。

检 测

一、案例分析

"热情过分"引起的思考

5月初的一天中午，李先生陪一位外宾来到某酒店中餐厅，找了个比较僻静的座位坐下。刚入座，一位女服务员便热情地为他们服务起来。她先铺好餐巾，摆上碗碟、酒杯，然后给他们斟满茶水，递上热毛巾。当一大盆"西湖牛肉羹"端上来后，她先为他们报了汤名，接着为他们盛汤，盛了一碗又一碗。一开始，外宾以为这是吃中餐的规矩，但当李先生告诉他用餐随客人自愿后，忙在女服务员要为他盛第三碗汤时谢绝了。这位女服务员在服务期间满脸微笑，手疾眼快，一刻也不闲着：上菜后即刻报菜名，见客人杯子空了马上添茶斟酒，见骨碟里的骨刺皮壳多了随即就换，见手巾用过后即刻换新的，见碗里米饭没了赶紧添上……她站在他们旁边忙上忙下，并时不时用一两句英语礼貌地询问他们还有何需要。

吃了一会，外宾把刀叉放下，从衣服口袋里拿出一盒香烟，抽出一支拿在手上，略显无奈地对李先生说："这里的服务真是太热情了，有点让人觉得……"这位女服务员似乎并没有察觉到外宾脸上的不悦。她见外宾手里拿着香烟，忙跑到服务台拿了个打火机，走到外宾跟前说："先生，请您抽烟。"说着，熟练地打着火，送到外宾面前，为他点烟。

"喔……好！好！好！"外宾忙把烟叼在嘴里迎上去点烟，样子颇显狼狈。烟点燃后，他忙点着头对这位女服务员说："谢谢！谢谢！"这位女服务员给外宾点了烟后又用公筷给李先生和外宾碗里夹菜。外宾见状，忙熄灭香烟，用手止住她说："谢谢，还是让我自己来吧。"听到此话，她却说："不用客气，这是我们应该做的。"说着就往他碗里夹菜。李先生和外宾只好连声说："谢谢！谢谢！"

见服务员实在太热情，外宾都有点透不过气来了，李先生只得对外宾说："我们还是赶快吃吧，这里的服务热情得有点过度，让人受不了。"听到此话，外宾很高兴地说："好吧！"于是，他们匆匆吃了几口，便结账离开了这家酒店。

分析：服务员应能充分了解客人的需求，实行无干扰服务。服务需求的随意性很大，标准化的规范是死的，而人的需求是活的，饭店服务必须满足客人形形色色的需求，才能上一个新台阶。

二、小组讨论

1. "饭店服务从根本上来说，只销售一样东西，那就是服务。"对此，你是怎样理解的？
2. 新形势下星级酒店餐饮业发展如何突破困境？

三、课内实训

1. 为所在城市一家五星级酒店餐饮部编制一份组织机构图。
2. 模拟拓展训练,培养学生的团队协作意识。

四、课外拓展

1. 调查你学校所在城市的大中小型饭店,了解其餐饮部组织机构的设置。
2. 参观酒店,了解餐饮部工作环境,并通过与餐饮服务人员访谈,了解餐饮服务人员应具备哪些素质?最重要的职业能力有哪些?

项目二 餐饮服务流程与操作技能

学习目标

- 了解餐饮服务基本技能理论知识。
- 掌握餐饮服务托盘、摆台、餐巾折花、斟酒等基本技能。
- 掌握中餐服务、西餐服务的服务流程与操作。

项目导读

要想成为一名优秀的餐厅服务员,首先应熟悉餐饮服务基本技能的相关知识,熟练掌握摆台、餐巾折花、斟酒、点菜、上菜、分菜、撤换餐具等基本技能。熟练掌握中、西餐等各类餐饮服务的基本程序和对客服务技巧。本项目要点内容如表2-1所示。

表2-1 本项目要点内容阅读导引表

餐饮服务基本技能训练	各类餐饮服务流程
托盘	中餐零点服务
摆台	中餐宴会服务
铺台布、餐巾折花	西餐服务
酒水服务	团体包餐服务
菜肴服务	自助餐服务
撤换餐具	会所式餐饮服务
餐具洗涤与维护	日本料理服务

模块一 餐饮服务基本技能训练

任务导入

餐饮服务人员基本技能——掌握餐饮服务的基本服务技能

1. 学生事先自学餐前准备的有关知识,熟悉托盘的种类及操作方法,了解餐巾折花的基本手法及注意事项,认识摆台所需要的各种餐具、酒具。

2. 教师播放托盘、餐巾折花以及中、西餐摆台视频,并分小组讨论操作过程中的注意事项。

3. 老师结合酒店实际需要，讲解并示范相关操作过程。
4. 学生分组训练，教师巡视并指导。

工作任务一　托　盘

基础知识

一、托盘的种类及用途

1. 托盘的种类

按托盘的制作材料分类，托盘可分为木质托盘、金属托盘、胶木托盘和塑料托盘等。按托盘的形状分类，托盘可分为长方形托盘、圆形托盘、椭圆形托盘和异形托盘等。按托盘的规格分类，托盘可分为大型托盘、中型托盘和小型托盘等。

2. 托盘的作用

根据托盘的形状、大小，不同类型的托盘用途也存在一定差别，如表 2-2 所示。

表 2-2　托盘类型及用途

托盘类型	用途
大、中方形托盘	主要用于托送菜点、酒水和盘碟等较重物品
大、中圆形托盘	主要用于摆、换、撤餐具、酒具以及斟酒、送茶水等
小型圆形托盘	主要用于递送账单、收款、递送信件等
异形托盘	主要用于鸡尾酒会或其他特殊庆典活动

二、托盘操作方法

托盘方法按照托运物品的重量、大小等，分为轻托和重托两种。

1. 轻托

轻托也称胸前托，主要用于托运份量较轻的物品，如用于上菜、斟酒等，托运重量一般在 5 kg 以内。轻托通常要求在客人面前操作，所以，服务员托盘的准确、熟练、优雅程度尤为重要，它也是评价餐饮服务人员服务水平高低的重要标准之一。

2. 重托

重托也称肩上托，主要用于托运份量较重的菜点、酒水和盘碟等，托运重量一般在 5～10 kg，多用于传菜员在厨房与餐厅之间传菜，在重托过程中，要求做到平、稳、松。目前，在餐厅托运重物时，大部分采用餐车推送，既安全又省力。

【特别提示】

在服务过程中，根据需要运用托盘托运、递送菜点、酒水等，不仅可以减轻劳动强度，而且可以提高服务质量，另外也体现了文明、礼貌的职业需求。托盘操作时，要求讲究卫生、稳重安全、走稳托平、汤汁不洒、菜形不变等。

实践操作

一、轻托操作实训(如表2-3所示)

表2-3 轻托操作步骤和要领

任务步骤	操 作 要 领	质量标准
理盘	(1) 将托盘清洗、消毒、擦干,在盘内垫上专用防滑垫(干净餐巾) (2) 盘巾四边与盘底对齐,力求美观整洁	根据需求选择合适托盘,做好防滑工作
装盘	(1) 将重物、高物摆在里面,轻物、低物摆在外面 (2) 先上物品放在外(上)面,后用物品放在里(下)面 (3) 重(大)物的放下面,轻(小)物的放上面	(1) 根据形状、体积、使用先后合理装盘 (2) 分布均匀
起托	(1) 左手五指自然分开,掌心向上置于托盘下部,手掌成凹形,用五指与掌根接触托盘,使"六个力点",成一平面,掌心不与盘底接触 (2) 左臂弯曲呈90度,即小、大臂成直角 (3) 托盘处于胸部下方和腰部上方的中间位置	保持托盘重心的平稳
行走	(1) 常步:步距均匀,主要适用于餐厅的日常服务 (2) 快步(疾行步):步距加大,步速较快,主要适用于托送火候菜肴,但不能表现为奔跑 (3) 碎步(小快步):步距小而快地中速行走,运用碎步,可以使上身保持平稳,避免汤汁溢出,适用于端送汤汁多的菜肴及重托物品 (4) 跳楼梯步:身体前倾,重心前移,用较大的步距,一步跨两级台阶,借用身体和托盘运动的惯性,既快又节省力气,适用于托送菜品上楼 (5) 垫步(辅助步):需要侧身通过时,右脚侧一步,左脚侧一步,一步紧跟一步的方法,适用于穿行狭窄通道或紧急避让	(1) 头正肩平,上身挺直,步伐轻盈、稳健,姿态美观大方,轻松自如 (2) 汤汁不洒,菜肴不变形
卸盘	(1) 托盘到达目的地后,用右手取用托盘内物品。取物品时应注意随时调节托盘重心 (2) 如需将托盘内物品放在工作台上,需用右手扶住托盘后屈膝成半蹲状,使盘面与台面处于同一平面,用右手轻推托盘至台面,放稳后开始取用盘内物品	从托盘两边交替取出物品

二、重托操作实训(如表2-4所示)

表2-4 重托操作步骤和要领

任务步骤	操 作 要 领	质量标准
理盘	清洗消毒	
装盘	(1) 上面的菜盘要平均搁在下面两盘、三盘或四盘的盘沿 (2) 叠放形状一般为"金字塔"形	(1) 合理装盘 (2) 分布均匀
起托	用双手将盘子的边移至台面外,用右手拿住托盘的一头,左手伸开五指托住盘底,掌握好重心后,用右手协助左手向上托起,同时向上弯曲左臂肘,向右后方旋转180度,擎托于肩外上方	(1) 托盘不晃动 (2) 身体不摇摆

续 表

任务步骤	操 作 要 领	质 量 标 准
行走	(1) 常步:步距均匀,主要适用于餐厅的日常服务 (2) 快步(疾行步):步距加大,步速较快,主要适用于托送火候菜肴,但不能表现为奔跑 (3) 碎步(小快步):步距小而快地中速行走,运用碎步,可以使上身保持平稳,避免汤汁溢出,适用于端送汤汁多的菜肴及重托物品 (4) 跳楼梯步:身体前倾,重心前移,用较大的步距,一步跨两级台阶,借用身体和托盘运动的惯性,既快又节省体力,适用于托送菜品上楼 (5) 垫步(辅助步):需要侧身通过时,右脚侧一步,左脚侧一步,一步紧跟一步的方法,适用于穿行狭窄通道或紧急避让	(1) 头正肩平,上身挺直,步伐轻盈、稳健,姿态美观大方,轻松自如 (2) 汤汁不洒、菜肴不变形
卸盘	站稳双脚,腰部挺直,双膝弯曲,手腕移动,手臂移动,呈轻托状后,再将托盘放于服务台上	

【特别提示】

在使用托盘对客服务过程中,应注意如下几点:
1. 随时调节托盘重心,以保持托盘的平稳。
2. 不可将托盘越过客人头顶。
3. 托盘用完后及时清洗、消毒。

工作任务二 铺 台 布

基础知识

一、台布的种类

(1) 按台布的颜色分。台布有白色、黄色、粉色、绿色、红色等,一般根据不同场合选择不同颜色的台布。
(2) 按台布的质地分。台布有化纤、塑料、纯棉、绒质等,其中纯棉台布吸水性好,使用较广。
(3) 按台布的形状分。台布有圆形、方形、异形等,一般根据餐桌形状选择台布。
(4) 按台布的图案分。台布有提花、散花、团花、工艺绣花等,其中提花图案台布使用较多。

【特别提示】

台布选择时应根据餐厅经营的特点与风格等要素,选择合适的颜色、质地、形状及图案等。

二、台布的规格

台布规格一般是根据餐桌大小来选择。由于餐桌的尺寸、形状的不同,台布规格也作相应调整。

1. 中餐圆台

180 cm×180 cm 的台布,适用于 4~6 人餐台;220 cm×220 cm 的台布,适用于 8~10 人餐台;240 cm×240 cm 的台布,适用于 10~12 人餐台;260 cm×260 cm 的台布,适用于 14~16 人餐台;280 cm×280 cm 的台布,适用于 16~18 人餐台;零点厅常使用 180 cm×180 cm 和 110 cm×220 cm 规格的台布;宴会厅多用 240 cm×240 cm 规格的台布。

2. 西餐长台

多选用 180 cm×360 cm 和 160 cm×200 cm 的台布。可根据西餐桌子的大小长短选择一块台布或选用多块台布拼接而成。

三、铺台布的基本方法

铺台布是摆台工作的基础工作,台布铺设的精确与否,直接影响餐具的布局与台面的美观。因此,在操作过程中,餐厅服务员应熟练掌握铺设台布的动作技巧,幅度适宜,并保证台布不能拖到地面。

1. 中餐台布的铺设方法

中餐铺台布的方法,通常有推拉式、抖铺式、撒网式和肩上抛等 4 种方法。推拉式多用于较小的餐厅,或在地方狭小的地方;抖铺式多用于较宽敞的餐厅或在周围没有顾客就座的情况下进行;撒网式多用于宽敞或服务技能比赛场合;肩上抛多用于表演或服务技能比赛。

2. 西餐台布的铺设方法

第一种方法:铺台时,餐厅服务员站立于餐台长侧边,将台布横向打开,双手捏住台布一侧边,将台布送至餐台另一侧,然后将台布从餐台另一侧向身体一侧慢慢拉,台布的正面向上,台布折叠线的凸线向上置于餐台的中心位置,四周下垂部分匀称。

第二种方法:餐厅服务员将主人处餐椅拉到右侧,站立在主人席前,距餐台约 30 cm,将选好的台布放于餐台上,用双手将台布打开后,贴着餐台平行推出去再拉回来。台布的正面向上,台布折叠的凸线向上置于餐台的中心位置,四周下垂部分匀称。最后将主人位的餐椅送回原位。

实践操作

一、推拉式铺台布实训(如表 2-5 所示)

表 2-5 推拉式铺台布操作步骤和要领

任务步骤	操作要领	质量标准
抖台布	正身站于主人位,左脚向前迈一步,靠近桌边,上身前倾,将台面正面朝上打开,双手将台布向餐位两侧打开	站立位置
拢台布	双手大拇指与食指分别夹住台布的边缘,其余三指抓住台布,台布沿着桌面向胸前合拢,身体微向前倾	手法规范
推台布	双手大拇指与食指不要松开,其余三指沿桌面把台布迅速推出	力度到位
台布定位	台布下落过程中,随时调整台布位置,并将台布缓慢拉至桌边靠近身体处	定位准确
放转盘	放上转盘,并测试转盘是否旋转正常	检查到位

二、撒网式铺台布实训(如表2-6所示)

表2-6 撒网式铺台布操作步骤和要领

任务步骤	操作要领	质量标准
抖台布	正身站于主人位,左脚向前迈一步,靠近桌边,上身前倾,将台布正面朝上打开,双手将台布向餐位两侧打开	站立位置
拢台布	将台布横折,双手拇指与食指分别夹住两端,食指与中指、中指与无名指、无名指与小指,按顺序从横折处夹起收拢身前,右臂微抬,呈左低右高式	手法规范
撒台布	抓住多余台布提拿起至左或右肩后方,上身向左或右转体,下肢不动并在右臂与身体回转时,手臂随腰部转动并向侧前方挥动,台布斜着向前撒出去,双手除捏握台布边角的拇指和食指外,其他手指松开,将台布抛至前方时,上身同时转体回位	动作协调
台布定位	台布上落时,拇指与食指捏住台布边角;当台布盖在台面上时,尚有空气未排出,台布会保持一会拱起,将台布平铺于台面,调整台布落定的位置	定位准确
放转盘	放上转盘,并测试转盘是否旋转正常	检查到位

【特别提示】

无论采取何种铺台布的方法,均要注意如下几点:

1. 台布正面朝上,一次打开,平整无皱折。
2. 台布的主(凸)线对准正(副)主人位。
3. 台布的四角下垂部分相等,遮住桌腿,不许搭地。
4. 多张台布中间折缝应成一直线,台布接缝处的压缝一律位于餐厅内侧,即从入口处看不到台布接缝。

工作任务三 餐巾折花

基础知识

一、餐巾的种类及作用

1. 餐巾的分类

(1) 按质地划分。餐巾可以分为全棉(麻)餐巾、化纤餐巾和纸质餐巾。全棉(麻)餐巾吸水性强、手感好,浆后挺括,易造型,但容易产生较多皱折。化纤餐巾有色彩鲜艳、挺括、洗涤方便、不褪色等特点,但价格较高,吸水性差。纸质餐巾多为一次性使用,成本较低,一般用在快餐厅和团队餐厅中。

(2) 按颜色划分。餐巾颜色有白色和彩色两种。白色餐巾给人清洁卫生、恬静优雅的感觉;彩色餐巾可以渲染气氛,如红色餐巾给人喜庆、热烈的感觉,黄色餐巾给人以高贵、典雅的感觉,湖蓝色给人凉爽、舒适的感觉。

2. 餐巾的作用

(1) 保洁作用。顾客用餐时将餐巾放在膝上或胸前,防止汤汁、油渍、酒水等弄脏衣物。

(2) 美化席面。不同造型的餐巾折花可以美化席面,给客人美的享受。

(3) 渲染气氛。不同造型的餐巾折花可以渲染气氛,突出宴会主题。

二、餐巾折花的分类

1. 按摆放工具分类

(1) 杯花。杯花特点是立体感强,造型逼真,一般用于中式餐会,但由于手法复杂,容易污染杯具及餐巾,且从杯中取出容易散形,平整度较低,皱折较多,所以目前杯花已较少使用,但作为一种技能,仍在餐厅服务或服务技能大赛中使用。

(2) 盘花。盘花可放在餐盘或其他盛器及桌面上,造型较好,成型后不会自行散开。常用于西餐厅等场所,由于盘花简洁大方,美观适用,所以是餐巾折花的主要发展趋势。

(3) 环花。环花是将餐巾平行卷好或折叠成型,套上餐巾环形成的餐巾造型。餐巾环有各种质地,有的餐巾环上有纹饰和徽记等装饰,或在餐巾环上配丝带和丝穗等,有时餐巾环也可以用丝带和丝穗代替。

2. 按外观造型分类

(1) 植物类。牡丹、马蹄莲、荷花、仙人掌、玉米花、冬笋、龙须草等。

(2) 动物类。驼背鸟、长尾欢鸟、三尾金鱼、四尾金鱼、圣诞火鸡、鸽子等。

(3) 实物类。帽子、折扇、花篮、帆船、皇冠、和服、领带、火箭等。

【特别提示】

餐巾折花是指餐厅服务员将餐巾折成符合需求的各种花型,并将折好的花型插入水(酒)杯,或者放置在餐盘内;它以无声语言、整洁面目、幽雅姿态,在宴会上烘托气氛,突出宴会主题,更可以体现餐饮服务人员的优质服务水平。当前餐巾折花的主要趋势为美观大方,造型简单。

实践操作

一、餐巾花基本技法训练

1. 叠

叠是最基本的餐巾折花基本手法,几乎所有的造型都要使用,叠有折叠、分叠两种。叠的基本要领是确定好角度,一次叠成。

叠就是将餐巾一折为二,二折为四,或折成三角形、长方形、菱形、梯形等形状,叠时要熟悉造型,看准角度一次成形,否则,会在餐巾上留下痕迹,影响美观。

2. 推

又称推折,是餐巾上打折的一种技法,使花型层次丰富,立体感强,造型更加美观、逼真。推折又可以分为直推和斜推两种。直推也称平行推,折裥的两头大小一样;斜推要求一手固定不会,另一手绕中点沿圆弧形方向推折,斜推的折裥一头大,一头小,形似扇形状。折裥时,用双手的拇指、食指分别捏住餐巾两头的第一个折裥,两个大拇指相对成一线,指面向外。两手中指按住餐巾,并控制好下一个折裥的间距;拇指、食指的指面握紧餐巾向前推折至中指;用食指将推折好的裥挡住,中间腾出去控制下一个折裥的距离。三个手指只有相互协调配合,才能使推折裥均匀整齐、距离相等。

3. 卷

卷分为直卷和螺旋卷两种,直卷餐巾两头要卷平,螺旋卷可以折成三角形,餐巾边要参差不齐。

卷是用大拇指、食指、中指三个手指相互配合,将餐巾卷成圆筒状。直卷有单头卷、平头卷,直卷要求餐巾两头一定要卷平,只卷一头或一头多卷另一头少卷,会使卷筒一头大,一头小。不管是直卷还是螺旋卷,餐巾都要卷得紧凑、挺括,否则会因松软无力、弯曲变形而影响造型。

卷的要领是注意大小适宜,自然美丽。

4. 翻

翻是在折花过程中,将餐巾折、卷后的部位翻成所需造型的一种方法。翻时要注意大小适宜,自然美观。

一般情况下,翻大都用于折花鸟造型,操作时,一手拿餐巾,一手将下垂的餐巾翻起一个角,翻成花卉或鸟的头颈、翅膀、尾等形状。翻花叶时,要注意叶子对称,大小一致,距离相等。翻鸟的翅膀、尾巴或头颈时,一定要翻挺,不要软折。

5. 拉

拉就是牵引,是指在翻的基础上,为使餐巾造型直挺而使用的一种手法。操作时要注意大小比例适当,整齐自然。

通过拉的手法,可以使餐巾线条曲直明显、花型挺括有生气。在拉的过程中,双手要配合好,松紧适度。在翻拉花卉叶子及鸟类翅膀时,要注意大小一致,距离相等,用力均匀,不要猛拉,否则会搞坏花型。

6. 穿

穿是用工具从餐巾的夹层折缝中穿过去,形成皱褶,使造型更加逼真美观的一种方法。操作时要注意穿的工具要光滑、洁净,穿好的褶裥要平、直、细小、均匀。

穿的时候,首先将餐巾先折好后攥在左手掌心内,用筷子一头穿进餐巾的褶缝里,另一头抵在自己身上,然后用右手的大拇指和食指将筷子上的餐巾一点一点向后拨,直到筷子穿出餐巾为止。穿好后先把餐巾花插入杯子内,然后再把筷子抽掉,否则容易松散。

7. 捏

捏是用于折鸟的头、嘴部造型的一种技法。捏时要做到棱角分明,头顶角、嘴尖角到位。操作时先将餐巾的一角拉挺做颈部,然后用大拇指、食指、中指三个指头捏住鸟颈的顶端,食指向下,将巾角尖端向里压下,用中指与拇指将压下的巾角捏出嘴状,作为鸟头。

8. 掰

掰是将餐巾做好的褶一层一层掰出层次的一种手法。操作时要注意层次分明,间距均匀。掰一般用于制作花束,将餐巾做好的褶用手一层一层掰出层次,成花蕾状。操作时不可以用力过大,掰出的层次或褶的大小距离要均匀。

二、餐巾花折叠训练

1. 杯花折叠练习

物品准备:餐巾10张、水杯1个、筷子1根。

杯花实例：见图 2-1～图 2-15。

图 2-1 孔雀开屏　　　　　图 2-2 圣诞火鸡　　　　　图 2-3 大鹏展翅

图 2-4 碧桃牡丹　　　　　　　　　图 2-5 飞蝶探花

图 2-6 仙人掌　　　　　图 2-7 舐犊情深　　　　　图 2-8 并蒂莲开

图 2-9　和平幼鸽　　　图 2-10　花开富贵　　　图 2-11　勇雀穿云

图 2-12　金鱼戏水　　　　　　图 2-13　单叶慈姑

图 2-14　采蝶纷飞　　　　　　图 2-15　花枝蝴蝶

2. 盘花折叠练习

物品准备：餐巾 2 张、餐盘一个。

杯花实例：见图 2-16、图 2-17。

图 2-16　莲花座　　　　　　图 2-17　贵妃扇

三、餐巾花型选择

餐巾是餐桌上的普通用品,餐巾折花则是一项艺术创作,它可以烘托宴会的气氛,增添宴会艺术效果,因此餐厅服务员要掌握餐巾花型的选择技巧。

1. 根据餐厅大小选择花型

大型餐厅一般选用一种或一类花型;小型餐厅可以在同一餐桌上摆放不同或复杂的花型,形成既多样又协调的布局。

2. 根据宴会主题选择花型

利用餐厅折花可以突出宴会主题,渲染宴请气氛,可以组成诸如鸟语花香、热爱和平、百花齐放、花好月圆、长命百岁、百年好合的台面。

3. 根据宴会规模选择花型

一般而言,大型宴会主宾位应选用折叠精细、造型美观的花型,其他桌可选用一种或一类花型;如果是单桌或2~3桌的小型宴会,在同一桌上使用不同种类的花型,或用2~3种花型相间搭配,使席面折花显得造型各异。

4. 根据季节时令选择花型

按季节选择花型,可以给人季节感。如春季选用迎春、月季等,寓意满园春色;夏季选用荷花、玉兰花等令客人感到凉爽;秋季选用菊花、秋叶等花型;冬季可选用梅花等花型。

5. 根据接待对象选择花型

不同国家、地区的宾客在宗教信仰、风俗习惯以及性别年龄等方面存在差异,这就需要根据实际情况区别对待,尽可能选择客人喜欢的花型。如客人信仰佛教忌用动物造型,又如日本人喜樱花、忌荷花,法国人喜百合花等。

6. 根据主宾席位选择花型

宴会主宾、主人位上的餐巾花,应选择较名贵、叠工精细、美观醒目的花型,其目的是突出主人,尊敬主宾。

7. 根据冷盘及菜肴特点选择花型

根据冷盘及菜肴特点选择合适的花型,可以提升宴会档次,既可以形成台面的和谐美、紧密配合宴会主题,又可以突出中华美食的特点。如上蝴蝶造型的冷盘时,可以选择花卉造型的花型,使整个台面形成"花丛彩蝶"的画面。

【例2-1】

时值隆冬,北京街头已是银装素裹,大风呼啸,行人甚是稀少。可是在市中心外的某大酒店里却张灯结彩,充满热闹景象。今晚这儿有一盛大宴会,各国在京的大商人将汇聚一堂,听取某大公司总经理关于寻找合作伙伴的讲话。会后,客人被请到了大宴会厅,每张桌上都放着一盆大绣球似的黄澄澄的菊花插花,远远望去,甚是可爱。客人按指定的桌位一一坐定,原先拥塞的入口处在引座小姐来回穿梭的引领下,很快又恢复了常态。客人们开始了新一轮的谈话。引座小姐发觉,左边有几张桌子前仍有数名客人站着,不知是对不上号还是有别的原因,于是她走上前去了解。原来,那些客人都是法国人,由于她不懂法语,只得把翻译请来,谈话后获知,法国人认为黄菊花是不吉利的,因此不肯入座。引座小组赶紧取走插花,换上了红玫瑰花束,客人脸色顿时转愁为喜,乐滋滋地坐下了,引座小组再三请翻译转达她真切的歉意。

四、餐巾折花摆放

餐巾折花是餐桌的点缀物,可以起到画龙点睛的作用。因此,餐厅服务员不仅要掌握餐巾折花的折叠手法与选择技巧,还要学会正确摆放餐巾花。

1. 主花放于主位

在摆放餐巾折花时应注意将主花摆放于主宾席上,将一般花型摆放在其他席位上。摆放时要注意高低搭配,动植物搭配,形成视觉上的美感。

2. 便于观赏识别

服务人员在摆放餐巾折花时,应根据花型的具体情况进行合理摆放。适合正面欣赏造型的,如和平鸽、孔雀开屏等,要将正面朝向客人;适合侧面观赏的,要将最佳观赏面朝向客人。

3. 整齐对称均衡

在摆放餐巾折花时,要注意保持间距均匀,餐巾花不能遮挡台上用品,不要影响对客服务操作。在同一餐桌上应将造型相似的花型交错摆放,并且要保持对称摆放。

4. 插入深度恰当

在放餐巾折花时要注意放入杯中的深度,不可过深或过浅,并注意将折花线条清楚的部分朝向客人。

【特别提示】

餐巾折花时,着重注意如下几点:
1. 操作前将双手清洗干净,并消毒。
2. 操作时不允许用嘴咬、腿夹、脖子压。
3. 注意操作卫生,手指不接触杯口,杯身不允许留下指纹。
4. 餐巾折花放置的杯中高度约2/3处为宜。

工作任务四　摆　台

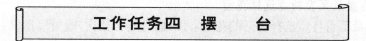

基础知识

餐台是餐厅为顾客提供服务的主要服务设施之一,餐台的布置称为摆台。摆台可分为中餐摆台和西餐摆台两大类。具体来说,摆台包括餐桌的排列、铺台布、安排席位、准备用具、摆放餐具、台面小件布置及美化台面等。由于各地饮食习惯、就餐形式等差异,摆台需要的餐具种类、件数及台面的造型会有所不同。另外,各酒店也会根据自身特点,对台面进行设计。但是摆台基本要求是统一的:讲究卫生、配套齐全、摆放有序、便于就餐。

一、中餐摆台

中餐摆台可以分为中餐零点摆台和中餐宴会摆台两种。中餐零点摆台多用于零点散客,或是团体包桌,其餐台常使用小方台或者小圆桌,没有主次之分。

1. 宴会席位排位原则(如表 2-7 所示)

表 2-7 席位排位原则

原则	要求
以中为尊	横向排列时,中心第一,中央高于两侧。突出主位、主桌和主宾区
以右为尊	横向排列时,右高左低,主人边的右席位置高于左席位置
以前为尊	纵向排列时,前高后低,前排位置高于后排位置
以上为尊	纵向排列时,上高下低,上面位置高于下面位置
以近为尊	与主位(主桌)距离,近高远低。离主位(主桌)近的席位身份高,离主位(主桌)远的身份低
以坐为尊	就座位置高于站立位置
以内为尊	与门的距离,内高外低。在房间靠里面的位置为尊
以佳为尊	面门为上、观景为佳、靠墙为好。筵席座位面对正门、面对景观、背靠主体背景墙面为上座

(资料来源:叶伯平,《宴会设计与管理》(第四版),清华大学出版社,2014)

2. 中餐宴会座次安排

宴会座次安排是根据宴会性质、主办单位的要求、出席宴会的宾客身份确定座次的。中餐宴会通常都有主人、副主人、主宾、副主宾及其他陪同人员,各自都有固定的座次安排。

(1) 背对着餐厅重点装饰面、面向众席的是上首,主人在此入座,副主人坐在主人对面,主宾从于主人右侧,副主宾坐于副主人右侧。

(2) 主人与主宾双方携带夫人入席的,主宾夫人坐在主人位置的左侧,主人夫人坐在主宾夫人的左侧,其他位次不变。

(3) 当客人在餐厅举行高规格的中餐宴会时,餐厅员工要协助客方承办人按位次大小排好座次,或将来宾姓名按位次高低绘制在平面图上,张贴到餐厅入口处,以便引导宾客入席就座。

3. 中餐宴会台型设计

中餐宴会使用的餐台为圆形,直径 180 cm 左右。如是多桌宴会,主桌可以配直径 200 cm 以上的台面。根据餐厅的形状、陈设等特点,以及主办人对宴会的要求、就餐人数进行中餐宴会餐台的选择与安排。在摆放餐台的过程中应注意三个原则,即中心第一,即突出中心桌,突出主人位;先右后左,即主人位右边为主宾位,主人位左边为第二宾客的位置;高近低远,即根据客人的身份地位确定与主人的距离,离主人越近则身份越尊贵。

4. 中餐宴会摆台用具及服务用品的配备

(1) 餐具、酒具。包括餐碟、汤碗、汤勺、味碟、筷架、筷子、调味用具、公用餐具、水杯、红酒杯、白酒杯、花瓶、烟缸、台布、餐巾。

(2) 服务用具。包括托盘、分菜工具、茶具、毛巾。

5. 宴会工作台的布置

工作台是餐厅服务员从事服务工作过程中使用的台面,是餐厅服务员站立服务的岗位标志,它可以放酒水、菜肴、餐具、用具及备用品。工作台内物品的布置及摆放应体现分类摆放、拿取方便的原则。工作台的设置应根据餐桌数来确定,一般的,1 桌宴会设 1 个工作台;如宴会档次较高,应考虑设 2 个工作台。

二、西餐摆台

西餐餐台通常用的是方桌或长桌。宴会使用的餐桌可由方桌、长方桌、半圆桌拼接而成。拼接的大小、形状可根据宴会的人数、餐厅的形状及大小、服务方式、客人的要求等因素来确定。西餐摆台也分为西餐早餐摆台,西餐午、晚餐摆台,西餐宴会摆台。

1. 西餐宴会台型安排

西餐宴会一般使用拼接的长台,一般摆成"一"字形、"T"字形等,根据宴会的人数、宴会厅形状和大小、客人要求进行台型的设计与摆放。台型要做到尺寸对称、方便出入。餐台两边的椅子应对称摆放,椅子之间的距离应大于 20 cm。

2. 西餐宴会座次安排

西餐座次安排与中餐的座次安排存在一定的差异性,具体规则如下:

(1) 女士优先。在西餐礼仪里,往往体现女士优先的原则。排定用餐席位时,一般女主人为第一主人,在主位就位。而男主人为第二主人,坐在第二主人的位置上。

(2) 距离定位。西餐桌上席位的尊卑,是根据其距离主位的远近决定的。距主位近的位置要高于距主位远的位置。

(3) 以右为尊。排定席位时,以右为尊是基本原则。就某一具体位置而言,按礼仪规范其右侧要高于左侧之位。在西餐排位时,男主宾要排在女主人的右侧,女主宾排在男主人的右侧,按此原则,依次排列。

(4) 面门为上。按礼仪的要求,面对餐厅正门的位子要高于背对餐厅正门的位子。

(5) 交叉排列。西餐排列席位时,讲究交叉排列的原则,即男女应当交叉排列,熟人和生人也应当交叉排列。在西方人看来,宴会场合是要拓展人际关系的,这样交叉排列,用意就是让人们能多和周围客人聊天认识,达到社交目的。

如果是家庭式、朋友式宴会,在餐厅或家中都可举办,参加的人相互之间比较熟悉,气氛活跃,宴会不拘形式,在安排席位时要求不很严格,只有主客之分,没有职务之分,大家都一样。为了便于席上交谈,只需考虑以下几点:(1)男女宾客穿插入座;(2)成双夫妇穿插入座。这样安排是为了便于交谈、扩大交际。如 2-18 图示:

如果属于外交、贸易等方面的国与国之间、社会团体之间举行的工作性质宴会,则一般在正式餐厅举行,双方都有重要人物参加,气氛相对于朋友式、家庭式宴会要严肃得多,安排座次时,还需考虑:

(1) 参加宴会的双方各有几位重要人物。如果有两位,第一主宾要坐在第一主人的右侧,第二主宾要坐在第二主人的右侧,次要人物由中间向两侧依次排开。

(2) 双主主要人物是否带夫人。按法式坐法,主宾夫人坐在第一主人右侧,主宾坐在第一主人夫人右侧,图

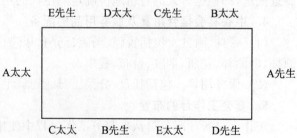

图 2-18 家庭式、朋友式宴会座次安排图

2-19。如果是英式坐法,主人夫妇各坐两头。主宾夫人坐在主人右侧第一位,主宾坐在主人夫人右侧第一位,其他人员男女穿插,依次坐在中间,如图 2-20 所示。

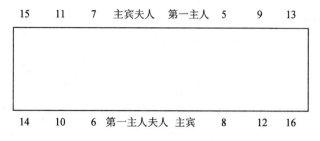

图 2-19 西餐宴会法式座次图

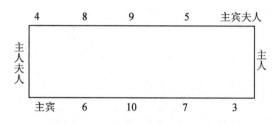

图 2-20 西餐宴会英式座次图

(3) 双方各自带翻译,主人翻译坐在客人左侧,客人翻译坐在主人左侧。

实践操作

一、中餐早餐摆台操作(如表 2-8)

表 2-8 中餐早餐摆台程序

操作步骤	操作规范		质量标准
备物品	准备好摆台需要的相关物品,检查餐具卫生情况,并放在指定的服务台上		洁净、无水印、无指痕、无残缺
铺台布	按操作要求铺设		平整、四边下垂均等
放餐椅	4人桌	正、副主位方向各摆2位或每边各1位	定位准确
	6人桌	正、副主位方向各摆1位,2边各摆2位	
	8人桌	正、副主位方向各摆2位,2边各摆2位	
上转盘			8人以上摆转台,与餐台同心
放餐具	餐碟	餐碟间距相等,餐碟距桌边1 cm左右	距离均匀
	汤碗、汤勺	汤碗放在餐碟正上方,距餐碟1 cm;俯视两圆相切;汤勺摆在汤碗内,勺柄向左	
	筷架、筷子	筷架摆在餐碟右侧,筷尾距桌边1 cm左右	美观大方
	折花	根据酒店要求折花、摆放	烘托台面
	花瓶	根据酒店要求摆放	
	调味品、牙签盅	放在花瓶边	

二、中餐宴会摆台(如表2-9)

表2-9 中餐宴会摆台程序和要领

操作步骤		操作规范	质量标准
备物品		根据要求准备相关餐酒具及服务用具	餐具酒具无残缺,符合卫生标准
铺台布		按中餐圆台铺台布方法铺台布	平整、四边下垂均等
上转盘		在规定的位置,将转盘摆放在餐桌的中央,转盘的中心和圆桌的中心重合,转盘边沿离桌边均匀,并试转转盘是否旋转灵活。	从主人位开始
摆餐具	餐碟	从主人位开始,按顺时针方向进行餐碟定位,骨碟距桌边1cm左右(约1指宽),盘间距离均匀,相对的两个骨碟与台中的花瓶成一线	距离均匀、美观大方
	汤碗勺	汤碗位于骨碟左上方,距骨碟1cm,汤碗的上方外沿与骨碟上方外沿基本齐平;勺置于碗中,勺柄向左	
	筷架筷子长柄匙	餐碟右侧放筷架、筷子,筷尾离桌边1cm左右;筷子配有筷套,筷套上部约三分之一处搁置在筷架上,店徽向上,套口向下	
	酒具茶具	水杯、葡萄酒杯、白酒杯从左到右依次摆放于骨碟正上方,葡萄酒杯底距骨碟3cm,水杯底与葡萄酒杯底间距为1.5cm,葡萄酒杯底与白酒杯底间距为1cm,三杯中心线成一直线	
	折花	灵活应用餐巾折花基本手法完成折花工作	
	公筷公匙	每桌两副,分别放在主人席和副主人席三杯的正前方,公筷及公匙按顺时针向左放置,筷架压台布中线	
	调味壶烟灰缸	胡椒瓶、盐瓶放置在主人席右方90°处,酱油瓶、醋瓶放置在主人席左方90°处,与胡椒瓶、盐瓶对称成一直线,整体效果与公筷成十字形。烟灰缸分别摆放在主人席和副主人席的右上方(主人席与主宾席中间,副主人席与副主宾席中间),其余两个与前两个成"十"字形摆放,火柴放在烟缸上沿正面朝客人	
	牙签	放在筷子与长柄汤匙中间,牙签底部与长柄汤匙底部平行	
放菜单		一般放在主人、副主人右侧	整体效果美观
餐椅定位		从主宾位开始,顺时针方向拉椅定位,双手拉出,椅子与台布下垂相接、正对餐碟	定位准确

三、西餐早餐摆台(如表2-10)

表2-10 西餐早餐摆台程序和要领

操作步骤	操作规范	质量标准
备物品	按西餐就餐需要准备	餐具酒具无残缺,符合卫生标准
铺台布	根据铺台布规范要求操作	平整、四边下垂均等

续　表

操作步骤		操　作　规　范	质　量　标　准
摆餐具	餐盘	距桌边 2 cm 左右,大小约 12 寸左右,可以作为摆台的基本定位	距离均匀,美观大方
	餐叉餐刀汤匙	餐盘左侧放餐叉,叉尖朝上;餐盘右侧放餐刀,刀口朝餐盘方向;汤匙放在餐刀的右侧,匙面朝上;刀叉距餐盘 1.5 cm,餐刀与汤匙相距 1.5 cm;刀、叉、匙下端在一直线上,距桌边 2 cm	
	面包盘黄油刀	面包盘在餐叉左侧,相距餐叉和桌边各 1.5 cm;黄油刀刀口朝左,摆放在面包盘中线靠右处,刀刃朝向盘心	
	咖啡杯咖啡碟	摆放在汤匙右侧,杯把和匙柄朝右,垫碟距桌边 2 cm,距汤匙 1.5 cm	
花瓶		按酒店要求摆放	
调味盅		按酒店要求摆放	
牙签盅		按酒店要求摆放	
烟灰缸		按酒店要求摆放	

四、西餐宴会摆台程序(如表 2-11)

表 2-11　西餐宴会摆台程序及要领

操作步骤		操　作　规　范	质　量　标　准
备物品		按西餐就餐需要准备	餐具酒具无残缺,符合卫生标准
铺台布		根据铺台布规范要求操作	平整、四边下垂均等
摆餐具	餐盘	距桌边 2 cm 左右,大小约 12 寸左右,可以作为摆台的基本定位	距离均匀,美观大方
	餐叉餐刀汤匙	餐盘左侧从右向左依次为主菜叉、鱼叉、开胃品叉,之间相距 1 cm,叉尖朝上;餐盘右侧从左向右依次为主菜刀、鱼刀、汤匙、开胃品刀,之间相距 1 cm,刀口朝向餐盘方向,匙面向上;鱼刀、鱼叉距桌沿 5 cm,其余距桌边 2 cm	
	甜点叉甜点匙	摆在餐盘的正上方,叉把在左,叉尖向右;匙平行放在叉的上方,把在右,匙面朝上	
	面包盘黄油刀黄油盘	面包盘在开胃品叉左侧,相距开胃品叉 1 cm,面包盘的中心与餐盘的中心在一直线上,黄油刀刀口朝左,摆放在面包盘中线靠右处,刀刃朝向盘心;面包盘的正上方摆放黄油盘	
	酒具	开胃品刀的正上方 3 cm 处摆放白葡萄酒杯,与桌心呈 45°角依次摆放红葡萄酒杯、水杯	
	折花	按宴会主题选择花型	美观大方

续表

操作步骤	操作规范	质量标准
鲜花 烛台	鲜花摆在餐桌中央,高度不高于 30 cm;烛台摆放在花的左右两侧,相距 20 cm	烘托主题
调味盅 牙签盅 烟灰缸	按酒店要求摆放或放在餐台中心位置	
菜单	放在主、副主人餐具的一侧	
餐椅定位	与餐盘一一对应	定位准确

【特别提示】

在摆台过程中,无论是中餐摆台还是西餐摆台,应着重注意如下几点:

1. 尊重宾客的饮食习惯和风俗习惯,在餐巾花颜色以及造型的选用上,尽量避免使用宾客忌讳的颜色和图案。

2. 摆台要注重突出主台、主宾、主人席位,宾主席位的安排要根据各国、各民族的传统习惯确定。

3. 摆台过程中,应特别注意卫生。用过的、有破损的餐具禁止使用。

工作任务五 酒水服务

基础知识

一、斟酒方法

1. 桌斟

桌斟指将酒杯放在餐桌上,服务员右手持瓶向客人酒杯斟酒的过程。

(1) 徒手斟酒。服务员站在客人右侧,右脚向前一步,身体重心转移至右腿,左手持整洁服务巾背于身后,右手持酒瓶的下半部分,商标朝向客人。

(2) 托盘斟酒。服务员将客人酒水放于托盘内,根据客人需要依次斟倒酒水。托盘斟酒时,服务员站在客人右侧,右脚向前一步,身体重心转移至右腿,左手托盘,并向后自然打开,右手持酒瓶下半部分为客人斟酒。这种斟酒方法能方便客人选用酒水。

2. 捧斟

捧斟指提供斟酒服务时,服务员站立于客人右侧身后,左手将酒杯捧在手中,右手握瓶下半部分斟倒酒水,并从客人左侧将酒杯放回原处。捧斟多适用于酒会和酒吧服务,一般适用于非冰镇的酒品。

无论是桌斟还是捧斟,都要做到动作细腻,稳重大方,同时要注意卫生;斟啤酒时,动作要慢,将瓶口靠近酒杯的内壁,慢慢斟倒,不可快速猛斟,以防啤酒泡沫溢出杯外。香槟酒也是带气的酒品,斟酒时也要加倍注意。

二、斟酒的姿势

正确的持酒瓶姿势是斟酒的关键。持瓶姿势应是：右手四指并拢，拇指张开，酒水商标朝外，手掌心贴在瓶身中部，四指用力均匀，使酒瓶握在手中。斟酒服务时，服务员应站在客人右侧身后，右脚在前，左脚在后，要求：呈直立持瓶站立，左手拿干净的餐巾自然下垂，右手持瓶，小弯曲呈45°，斟酒时上身略前倾，右手用手腕将酒瓶顺时针转向自己身体一侧，同时左手用餐巾擦瓶口。斟倒完毕后，先左脚跟落地，再撤回右脚。

三、斟酒量的控制

1. 中餐斟酒

在中餐服务中，一般以斟8分满为宜，以示对宾客的尊重。但目前大多数餐厅的斟酒量是根据酒的饮用特点及杯具的容量而确定的。

2. 西餐斟酒

西餐斟酒的要求是：红葡萄酒斟倒1/3杯，白葡萄酒斟倒2/3杯，白兰地斟倒1/5杯，香槟酒先斟到1/3的酒液，待大量泡沫消失后，再斟至杯的2/3处，啤酒沿杯壁缓缓斟倒，以泡沫不溢为准。

四、斟酒服务的时机选择

斟酒时机是指宴会斟酒的两个不同阶段：一是宴会前的斟酒；另一个是宴会中的斟酒。如果客人同时点用葡萄酒、啤酒，服务员应在宴会开始前5分钟斟倒葡萄酒，待客人入座再斟啤酒。如果用冰镇或加温的酒，则应在上第一道热菜时为宾客斟倒。在宴会进行过程中，服务员应注意随时为客人服务。

实践操作

1. 酒水处理操作程序（如表2-12）

表2-12 酒水处理操作程序

操作步骤	操作规范	质量标准
准备工作	准备冰桶、冰块或暖桶及酒水等	
酒水冰镇	(1) 冰桶冰镇：将需要降温的酒水放入冰桶内，再加入冰块和水，连同冰桶架放在餐桌一侧，一般10分钟冰镇即可达到效果 (2) 冰箱冷藏：提前将需要降温的酒水放入冰箱冷藏冰镇 (3) 冰块溜杯：可以将杯子冷藏或在杯中放入冰块，降低杯子的温度，起到使倒入杯内的酒水达到降温的作用	白葡萄酒、葡萄汽酒、玫瑰露酒、啤酒、软饮料
酒水加热	(1) 水烫法：将需要加热的酒水放入暖桶内，在暖桶中倒入开水，使酒水升温 (2) 燃烧法：将需要加热的酒水盛入杯盏内，点燃酒液以升温 (3) 火烤法：把将饮用的酒装入耐热容器，置于火上升温	

2. 斟酒操作流程（如表2-13）

表2-13 斟酒操作流程

操作步骤	操作规范	质量标准
备酒	根据宾客需求准备，检查酒水的质量、商标的完整度，并将酒水瓶身擦拭干净，及时更换处理问题酒水	
问候	微笑并问候客人，使用礼貌语言	
示酒	服务员站在点酒客人右侧，左手托瓶底，右手扶瓶，商标朝向客人	对客人尊重，验证酒水品质
开酒	客人确认后开启酒水。开瓶时尽量减少瓶底的晃动，擦拭瓶口，封皮、木塞、盖子、杂物等随手带走	
斟酒	酒水商标朝外，显示给客人；中餐斟酒从主宾位开始，按顺时针方向依次进行。西餐斟倒葡萄酒时，先斟1/5杯请主人品评酒质，待主人确认后再按女主宾、女宾、女主人、男主宾、男宾、男主人的顺序依次斟倒	瓶口不碰杯口，姿势规范，步法正确，动作优美，不滴不洒，不少不溢

【特别提示】

在斟酒服务过程中，应着重注意如下几点：

1. 瓶口与杯口相距2 cm为宜。
2. 控制酒液流出速度。
3. 切忌反手斟酒。
4. 切忌打断客人交谈，客人结束谈话后斟酒。
5. 除非客人要求，酒瓶不宜放在客人台面。
6. 客人祝酒讲话时，应停止一切服务并静候。

工作任务六　点　菜

基础知识

一、记录客人点菜的方法

1. 点菜备忘单

餐厅应将所有经营的酒菜印在点菜单上，服务员只需根据客人的点菜在便笺上相应的菜名前做出标记即可，见表2-14。一式四份，收银台、厨房（酒吧）、传菜员、服务员各一份；或一式四份，收银台、厨房（酒吧）、服务员和客人各一份。若客人改变主意而变更他们的点菜时，服务员在备忘的点菜单上划掉项目，就可防止混乱。这种方法非常简单，多用于早餐和客房餐饮服务。

表 2-14 某餐厅点菜单

台号 Table No.		人数 Persons		服务员 Waiter		日期 Date		时间 Time	
序号 No.		名称 Menu		分量 Qty		金额 Amount		备注 Remarks	

2. 便笺记录

由餐厅服务员或者专门负责点菜的服务员在客人点菜之前在点菜便笺上写明客人的餐桌号、进餐人数、日期、开单时间、分量、服务员自己的名字,酒水、冷菜、热菜、点心等要分开填写,有的需将酒水和点心单独写在酒水单与点心单上,并按自编系统或缩写记录桌上每个人的位置,然后再记录每一个人的点菜。

3. 计算机记录

在现代高级饭店和高级餐厅,这种方法越来越普及。将客人的点菜,包括菜的分量、价格、总金额等所有项目输入计算机,打印后交给客人并通过荧屏显示通知厨房。

二、点菜服务的注意事项

(1) 认真听取客人的点菜。
(2) 向客人推荐时令菜、特色菜、招牌菜、畅销菜。
(3) 客人点菜过多或在原料、口味上重复时,记得及时提醒客人。
(4) 熟悉菜肴的烹饪方式、出菜程序、菜肴口味、主配料,更好地为客人推荐。
(5) 复述菜单。
(6) 标明人数、台号及客人的特殊要求。
(7) 注意酒水的推销。
(8) 回答客人问讯时要音量适中、语气亲切。
(9) 注意身体姿势,不可将点菜单放在餐桌上填写。
(10) 填写点菜单要迅速、准确,书写清楚、符合规范。

【例 2-2】

许先生带着客户到北京某星级饭店的餐厅去吃烤鸭。这里的北京烤鸭很有名气,客人坐满了餐厅。入座后,许先生马上点菜。他一下就为 8 个人点了 3 只烤鸭、十几个菜,其中有一道是"清蒸鱼",由于忙碌,小姐忘记问客人要多大的鱼,就通知厨师去加工。不一会儿,一道道菜就陆续上桌了。客人们喝着酒水,品尝着鲜美的菜肴和烤鸭,颇为惬意。吃到最后,桌上仍有不少菜,但大家却已酒足饭饱。突然,同桌的小康想起还有一道"清蒸鱼"没有上桌,就忙催服务员快上。鱼端上来了,大家都吃了一惊。好大的一条鱼啊!足有 3 斤重,这怎么吃得下呢?"小姐,谁让你做这么大一条鱼啊?我们根本吃不下。"许先生边用手推了推眼镜,边说道。"可您也没说要多大的呀?"小姐反问道。"你们在点菜时应该问清客人要多大的鱼,加工前还应让我们看一看。这条鱼太大,我们不要了,请退掉。"许先生毫不退让。"先生,实在对不起。如果这鱼您不要的话,餐厅要扣我的钱,请您务必包涵。"服务小姐的口气软了下来。"这个菜的钱我们不能付,不行就去找你们经理来。"小康插话道。最后,小姐只好无奈地将鱼撤掉,并汇报领班,将鱼款划掉。

实践操作

中餐点菜服务

点菜服务的基本程序:递送茶水、香巾—递送菜单—等候接受点菜—点菜(酒)—提供建议—记录菜名(酒水)—重复菜名—致谢。(如表2-15)

表2-15 斟酒操作流程

操作步骤	操作要领	质量标准
问候客人	礼貌问候客人,询问是否可以点菜	姓名、职位
介绍、推荐菜肴	根据客人消费需求与消费心理,向客人推荐合适的菜肴 介绍菜肴时可适当描述菜肴的特点、口味等 必要时对客人点菜提供合理化建议 尽量使用选择性、建议性语言	熟悉菜单,了解菜肴的烹饪方法以及特点
填写点菜单	站在客人的左侧为客人提供点菜服务 注意站姿,不可将点菜单放在餐桌上填写	认真倾听,语气亲切,音量适中;注意台号、人数、特殊要求等
特殊服务	记住客人的特殊要求,并尽量满足 烹饪时间较长的菜肴应向客人说明大概等待时间 销售完的菜要及时与客人沟通 如客人赶时间,要尽量推荐易熟菜肴	适时提醒 及时沟通
确认	记着复述客人所点菜肴及要求 告知客人大约等待时间并表示感谢	复述菜肴及具体要求
下单	冷热菜肴分开填写 菜单内容准确、工整、清楚	

工作任务七 上菜和分菜

基础知识

一、中餐上菜服务的规范

上菜就是餐厅服务人员将厨师制作好的菜肴、点心按要求为客人端送上桌的服务过程。上菜是就餐服务过程中对客服务的中心环节,也是餐厅服务人员必须掌握的基本技能之一。在对客服务过程中,上菜具有一定的技巧和规则,特别是宴会的要求更高,对上菜位置、上菜顺序、上菜节奏以及菜肴台面摆放等均有较高要求。

1. 上菜的位置

上菜位置俗称"上菜口"。选择上菜位置的原则是"方便客人就餐、方便员工服务"。

（1）零点、团餐。上菜位置选择较灵活，以不打扰客人为原则，应选择比较宽敞的位置或不打扰客人或干扰客人最少的地方，应尽量避开老人、小孩及穿着入时的客人，靠近服务台便于员工操作。

（2）正式筵席。上菜位置选在陪同与翻译人员之间，或副主人右侧，有利于翻译或副主人向客人介绍菜肴名称、口味特点、典故和食用方法。严禁从主人与主宾之间上菜。并始终保持在一个位置上；最后，分菜、盛汤等一般在客人的右侧，一个分菜位只能为一位宾客分菜。

2. 上菜的顺序

上菜的基本顺序是先冷盘，后热菜，依次是汤、主食、水果。菜点上席顺序原则：先冷后热，先主（优质、名贵、风味菜）后次（一般菜），先炒后烧，先咸后甜，先淡后浓，先干后稀，先荤后素，先菜后汤，先菜后点。如客人对上菜有特殊要求，应灵活掌握。中式粤菜上菜顺序不同于其他菜系，是先汤后菜。上菜的顺序要因地而异，合理安排。

【例 2-3】

某四星级酒店里正在举办高档宴会，今天来赴宴的都是商界名流，由于人多、品位高，餐厅上至经理下至服务员都忙坏了。宴会开始，一切正常进行。值台服务员上菜、报菜名、派菜、递毛巾、撤菜盘，秩序井然。按预先安排，上完红烧海龟裙后，主人与主宾要到前面讲话。只见主人和主宾离开座位，款步走到话筒前。值台服务员早已按计划进行，为每位客人的杯子里斟满了酒水。另有一位英俊的男服务员站在话筒边几步之外，手中托着一个圆托盘，盘子里有两只斟满酒的杯子。主、宾简短而热情的讲话很快便结束，那位男服务员迅速呈上酒杯。正当所有来宾准备碰杯庆祝时，厨房里走出一列服务员，手中端着刚出炉的烤鸭，走向了不同的餐桌。主、宾不约而同地将视线朝向这支移动的队伍，热烈欢快的祝酒场面就此给破坏了，主人不得不再一次提议全体干杯，但气氛已大打折扣。

3. 上菜的时机

为了保证菜肴的品质，服务员要能够恰到好处地掌握上菜的速度和时机，菜上的慢了或快了，都会影响客人就餐质量。要做到恰到好处，服务员就要灵活掌握上菜的时机。上菜的时机一般根据餐别、进餐的快慢节奏、宾客的要求等确定。

（1）零点上菜时机。散客进餐大部分是入座后开始点菜的，当点菜完毕后，要马上送上酒水饮料及冷盘。一般情况下，冷盘应在客人点菜10分钟之内上桌，20分钟或15分钟之内上热菜，宾客较少时，一般30~45分钟左右上完全部菜品，也可以根据客人要求灵活掌握。

（2）团体包餐上菜时机。团体包餐的进餐时间较短，服务员要在进餐前5分钟将冷盘摆好，待客人入座后，快速将热菜、汤、点心全部送上，以免引起客人不满。

（3）宴会上菜时机。中餐宴会则要求冷盘在宴会开始前5分钟上好，宾客入座开席后，当冷盘吃去1/2或1/3左右时，开始上第一道热菜，一般宴会的热菜上菜要注意观察宾客进餐情况，并控制上菜的节奏；如果是婚姻则要快速在30~45分钟之内上完所有的热菜。

4. 上菜的速度

上菜速度不宜过快或过慢，一般视宾客进餐情况决定上菜速度，太快了服务员来不及分派,客人也来不及品味,太慢了显得台面菜点不丰盛,或出现客人空等的现象。因此,应掌握好上菜的速度,一般来说,宴会上菜应控制在10～15分钟左右时间上一道菜或点心。

5. 菜肴的摆放

在中餐服务过程中,菜肴要按一定的要求和格局摆放于餐桌上,其基本原则如下:

(1) 易于观赏。摆有图案造型的菜时,图案的观赏面要朝向客人、主宾,以尊重主宾,供客观赏。

(2) 方便取用。零点摆菜时,要将菜肴放在小件餐具前面,间距适当;中餐宴会摆菜,一般从餐桌中间向四周摆放;大拼盘、大菜中的头菜、汤菜(如品锅、沙锅、暖锅、炖盅)摆在餐桌中间;在摆放配有佐料的菜肴时,佐料与菜肴同时摆上,或先上佐料后上菜。

(3) 尊重主宾。上菜时要对餐桌上的菜肴进行适当地调整,将新上的菜肴摆在餐台的中心或转盘边,再转至主宾前,以示对主人、主宾的尊重。

(4) 造型美观。摆盘时,要从菜肴原料、色彩形状、盛器造型等几方面考虑,摆放时要注意荤素、色彩、口味及形状的合理搭配。忌讳盘盘重叠,无等距、无规则的乱放。

(5) 操作礼貌。上菜前要进行挪盘或撤盘时,要注意轻撤轻挪,做到上菜不推盘,挪菜不拖盘。

6. 几种特殊菜肴的上菜方法

(1) 配有佐料的菜。在上菜时先上佐料后上菜,或佐料与菜同时上,在上菜时可略作说明。如北京烤鸭、白灼虾等。

(2) 原盅炖品类菜肴。上餐桌后当着客人的面启盖,以保持炖品的原味,并使香气在席上散发。揭盖时,右手将盖竖起或左手拿干净的布巾或纸巾在下面,以免汤的水滴落在宾客身上,如冬瓜盅。

(3) 响声类菜肴。这类菜肴一出锅就要以最快的速度端上餐台,并把汤汁浇上,使之发出响声,浇汁动作要连贯,如锅巴肉片(虾仁)、响堂海参等。

(4) 拔丝类菜肴。拔丝类菜肴应提醒客人防止口腔烫伤,上菜动作要快,或在菜肴下托盆热水,以防止菜肴冷却影响拔丝效果,并跟凉开水。动作要求快速、连贯,做到即拔即上即浸,并注意拔丝的效果,如拔丝鱼条、拔丝苹果、拔丝山芋、拔丝荔枝肉等。

(5) 泥裹、纸包、荷叶类菜肴。要先摆上桌让客人欣赏,服务员简介典故特点,然后再拿到操作台上剥去泥、叶,再次端送上桌让客人食用,以保持菜肴的香味和特色,如叫花鸡、缅甸鸡、荷香鸡等。

(6) 汤类、火锅、铁板类、锅仔类要注意防火。上铁板类菜肴时要注意安全,防止烫伤,在向铁板内倒油、香料及菜肴时,离铁板要近,最好靠近铁板,并用盖半护着,免得油溅到客人身上,如铁板牛肉、锅仔牛肉等。

二、西餐上菜服务

西餐一般实行分食制,有的在厨房内已做好,只需托送上桌,有的直接在餐桌上进行上菜服务。

1. 西餐上菜的顺序

西餐上菜的顺序为开胃品(头盆)、汤、沙拉、主菜、甜点和奶酪、水果、餐后饮料。待客人用完后撤去空盘,再上另一道菜点。

2. 西餐上菜方式与方法

（1）法式。法式上菜方式特点是将菜肴在宾客面前的辅助服务台上进行最后的烹调服务，法式服务由两名服务人员同时服务，一名负责完成桌边的烹制工作，另一名负责为客人上菜，热菜用加温的热盘，冷菜用冷却后的冷盘。

（2）俄式。俄式上菜方式与法式服务相近，但所有菜肴都是在厨房完成后，用大托盘送到辅助台上，然后顺时针绕台将餐盘从右边摆在客人面前。上菜时服务人员站立在客人的左侧，左手托盘向客人展示菜肴，然后再用服务叉、勺配合分菜到客人面前的餐盘中；以逆时针的方向进行，余下的菜肴送回厨房。

（3）英式。英式上菜方式是从厨房将菜肴盛装好的大餐盘放在宴会首席的男主人面前，由主人将菜肴分入餐盘后递给站在左边的服务员，再由服务人员送给女主人、主宾和其他客人。各种调料与配菜摆在桌上，由宾客自取并互相传递。

（4）美式。美式上菜方式比较简单，菜肴在厨房里盛到盘子里。除了色拉、黄油和面包，大多数菜肴盛在主菜盘中，从左边送给客人，饮料酒水从右边上，用过的餐具由右边撤下。

3. 西餐上菜要求

（1）餐厅员工在提供西餐上菜服务中，总体顺序是先女主宾后男主宾，然后服务主人与一般来宾。

（2）餐厅员工应用左手托盘，右手拿叉勺为客人提供服务。服务人员应当站在客人的左边。

（3）西餐菜肴上菜遵循"左上右撤"，酒水饮料从客人的右侧上。法式宴会所需食物都是用餐车送上，由服务人员上菜，除面包、黄油、色拉和其他必须放在客人左边的盘子的食物外，其他食物一律从右边用右手送上。

三、分菜服务

分菜又称派菜、让菜，指菜肴（点心）在客人欣赏之后，由餐饮服务人员将菜肴（点心）分派给宾客的服务过程。分菜服务常见于西餐的分餐制服务中，但随着人们消费观念的变化，分菜服务在一些中餐的高级宴会上使用。

1. 分菜方式

（1）临桌独立分让式。服务员站在客人的左侧，左手托盘，右手拿叉与勺，将菜在客人的左边派给客人。

（2）临桌二人合作式。二人合作式一般用于高档宴会服务，由两名服务员配合操作，一名服务员负责分菜，另一名服务员负责送菜。分菜时，服务员将客人的餐碟或汤碗放在菜盘的斜上方，分菜员负责将菜点或汤放入餐具内，再由送菜服务员从客人左侧送菜。

（3）离桌分让式。先将菜在转台向客人展示，由服务员端至备餐台，将菜分派到餐盘中，并将各个餐盘放入托盘中，托送至宴会桌边，用右手从客位的右侧放到客人的面前，一般用于宴会。

2. 分菜方法

（1）叉勺分菜法。借助分菜工具叉和勺，一般还借助托盘，左手托菜盘（菜盘下垫口布），右手拿分菜用的叉勺，从主宾左侧开始，按顺时针方向绕台进行，动作姿势为左腿在前，上身微前倾。分菜时做到一勺准，不允许将一勺菜或汤分给两位客人，数量要均匀，可将菜余下部分再装小盘然后放桌上,以示富余。叉勺分菜法用于热炒菜的分让。

(2) 转台分菜法。此种方式服务难度较高,由服务人员将菜品端至转盘上,再从转台分菜到客人的骨碟里。采用转台式服务时,服务人员必须具备相当程度的服务技巧,给客人以亲切感,但此种方法美中不足的是:宴会通常是10~12个人围坐一起,倘若还要留出空间方便服务人员分菜,将使客人与服务人员感到不便。

(3) 旁桌分菜法。又称服务台分菜法、边桌分菜法,服务员将菜肴展示给客人后,将菜肴端至备餐台或服务车上,将菜快速、均匀地分派到盘中,然后再装入托盘送至餐桌,按先宾后主的顺序依次从客人的右边送上的方法,并用礼貌用语"您请用"。多余的菜肴经过整形后再重新摆上餐桌。

3. 特殊情况的分菜方法

(1) 汤类菜肴的分让方法。先将盛器内的汤均匀地放进各客碗内,然后再将汤中原材料均匀地放入客人汤碗中。

(2) 卷食菜肴的分让方法。一般情况下,卷食类菜肴可由客人亲自取食。分让时,服务员将骨碟摆放在菜肴周围,放好铺卷的外层,然后将被卷物放入铺卷上,最后仔细卷好后送到客人面前。

(3) 造型菜肴的分让方法。如果造型菜肴体形较大,可先分一半,处理完上半部分后再分其他部分。也可将食物的造型均匀地分给客人,不食用部分在分完菜后经客人同意撤下。

实践操作

一、中餐上菜服务程序和标准(如表2-16所示)

表2-16 中餐上菜程序和要领

操作步骤	操作要领	质量标准
准备工作	(1) 核对菜品、数量,特殊要求 (2) 配备相应的服务用具	准确无误
中餐操作程序	(1) 上菜位置:中餐宴会上菜时,一般选择在陪同和翻译之间进行,或在副主人位右侧进行;便餐上菜则可选择在宾客干扰最小的位置 (2) 上菜时机:根据餐别、各地习惯、宾客要求和进餐速度灵活掌握 (3) 上菜顺序:一般是第一道凉菜,第二道主菜(较名贵的名菜),第三道热菜,第四道汤菜,第五道甜菜(随上点心)、水果	(1) 报菜名准确清晰 (2) 观赏面朝向 (3) 保证菜品温度 (4) 忌摆(拖)盘 (5) 造型美观

【特别提示】

(1) 动作轻、稳,避免从客人的肩、头上越过。

(2) 注意"鸡不献头,鸭不献尾,鱼不献脊"。

(3) 上席菜点保持"一中心"、"二平放"、"三三角"、"四四方"、"五梅花"形状。

(4) 主动报菜名,或简述典故。

二、西餐上菜服务程序和标准(如表2-17所示)

表2-17 西餐上菜程序和要领

操作步骤	操 作 要 领	质量标准
准备工作	准备好上菜需要用的托盘及相关物品	准确无误
西餐操作程序	(1) 上菜位置:依不同服务方式在客人的左侧或右侧上菜 (2) 上菜时机:根据餐别、习惯、宾客要求,进餐速度灵活掌握 (3) 上菜顺序:开胃品(头盆)、汤、副菜、主菜、甜品、咖啡或茶 (4) 上菜次序:女士优先,先宾后主	(1) 保持菜型美观 (2) 保证菜品温度

三、中餐分菜服务操作程序和标准

以"清蒸鳜鱼"为例介绍中餐分菜服务操作程序和标准如表2-18所示。

表2-18 "清蒸鳜鱼"分菜操作程序和标准

操作步骤	操 作 规 范	质量标准
准备工作	准备分菜工具、分菜碟	餐具干净卫生,无破损
分鱼	(1) 上桌展示,报菜名,撤下 (2) 左手握餐叉将鱼头固定,右手用餐刀从鱼骨由头切至尾 (3) 使用刀叉配合,将鱼肉向中骨的两侧推,使鱼肉与鱼骨分离 (4) 待鱼骨露出后,将餐刀横于鱼骨鱼肉之间,刀口向鱼头,从鱼尾开始,将鱼肉鱼骨分离 (5) 刀叉配合,轻轻取出鱼骨 (6) 使上片鱼肉与下片鱼肉吻合,恢复鱼的原形 (7) 将鱼分成等份,装入餐碟	不要将鱼肉弄碎,保持鱼肉的形状完好,均匀分配,保持餐具整洁、美观
分让	去除鱼骨的鱼可以直接在旁桌装入餐碟,也可摆放在餐桌上,采取转台分菜法将等分的鱼分派给每一位客人	
整理	将分让后余下的菜肴,装入小餐碟,上桌,体现菜肴富裕,满足个别宾客需要	
结束	礼貌提醒客人品尝	

【特别提示】

在为客人提供分菜服务时,要注意如下几点:
(1) 分菜工具干净卫生、无污染破损,注意操作卫生。
(2) 不能碰出较大响声,以免影响用餐气氛。装盘时保持餐具整洁、美观。
(3) 分送菜品时,不可越位(即隔人上菜),更不可从客人肩(头)上越过。
(4) 掌握好菜点数量,均匀分配,并将菜肴的优质部分让给主宾和客人。
(5) 分让有卤汁的菜肴时要带卤汁。
(6) 骨和肉要分得均匀,头、尾、翼尖的部分不能分给客人。

工作任务八　撤换工作

基础知识

撤换工作是指服务人员把客人使用过的、多余的或暂时不用的餐具、用具从餐桌上撤下来,并根据需要换上干净的餐具、用具的服务过程。

一、撤换餐具的意义

在客人就餐过程中,为客人提供撤换餐具服务有如下几个方面的重要性:第一,可以保持餐桌的整洁与卫生;第二,突出菜肴的风味特点,显示菜肴的名贵;最后,体现酒店服务的优良。

二、撤换餐具的注意事项

(1) 在撤换烟灰缸时,避免烟灰乱飞。
(2) 骨碟、汤碗、烟灰缸要干净,无破损。
(3) 撤换餐具时应尽量不打扰客人。
(4) 征得客人同意时再撤掉相应餐具。

实践操作

一、中餐餐具撤换

1. 撤换骨碟

在为客人撤换骨碟时应注意操作卫生,保证餐具不能有破损,同时注意使用礼貌用语,具体操作如下:把干净的骨碟放在托盘靠近身体的一侧,把脏的骨碟从台上撤到托盘内叠好,让食物残渣堆在托盘左侧。

在对客服务过程中,服务员在遇有下列情况时,需及时更换餐具:装过有鱼腥味食物的餐具时;吃甜菜和甜汤时;吃带芡汁的菜肴之后;当餐具脏时;当盘内骨刺残渣较多时;上菜不及时可以更换骨碟。

2. 撤换汤碗

(1) 通常情况下,桌面上只能留一个汤碗,在有空碗时要询问客人是否需要撤掉,同时征询客人是否还需要添加。
(2) 托盘上的汤碗最多叠 3 个碗,不能叠得太高。

3. 撤换烟灰缸

客人在就餐时,服务人员要主动巡台,若发现客人的烟灰缸中有 2～3 个烟头应及时更换。
(1) 撤换烟灰缸时,用托盘托干净的烟灰缸,用右手将干净的烟灰缸盖在用过的烟灰缸上。
(2) 将两个烟灰缸同时放入托盘,然后把干净的烟灰缸放在桌上。
(3) 检查烟灰缸内是否有未灭的烟头,若有,应及时处理。

二、西餐餐具撤换

1. 撤换刀叉

西餐每吃一道菜即要换一副刀叉,刀叉排列从外到里。因此,每当吃完一道菜就要撤去一副刀叉,到正餐或宴会快结束时,餐台上已无多余物品。待到客人食用甜点时,值台员即可将胡椒盅、盐盅、调味架等收拾撤下。

2. 撤换餐盘

撤盘前,要注意观察宾客刀叉的摆法。如果客人很规范地将刀叉平行放在盘上,即表示不再吃了,可以撤盘;如果刀叉搭放在餐盘两侧,说明客人还将继续食用或在边食用边说话,不可冒然撤去。

撤盘时,左手托盘,右手操作。先从客人右侧撤下刀、匙,然后从其左侧撤下餐叉。餐刀、餐叉分开放入托盘,撤盘按顺时针方向依次进行。

工作任务九 餐具洗涤与维护

实践操作

餐具即盛装食品的器具。古人云:"美食不如美器。"作为一名餐厅服务员,应了解和掌握餐具的配备和使用,要能够根据餐厅的档次高低和餐位的多少配备所需的餐、酒具,做好各种酒席宴会的准备工作。

一、银器的清洁与保养

银器是餐厅的高档用具,常用的有刀、叉、勺、筷、碗、壶、毛巾碟,还有供自助餐用的酒精保温锅及垫盘。

1. 清洁

(1) 冲洗。用清水或热水冲掉银器上的残留物。

(2) 配药。将锡纸垫于一个容器内,锡纸大于容器底,然后用药水配制成洗银溶液。

(3) 浸泡。将银器放入药液中浸泡20~30分钟,重污可浸泡50~60分钟。

(4) 二次冲洗。用清水冲掉银器上面的药液。

(5) 消毒。放入洗碗机,过机消毒。

2. 保养

(1) 定期保养。保养方法:将银器浸过水后用布蘸上银粉或银膏进行擦拭,或用洗银液进行浸泡,经过洗涤去掉污垢再用清水冲洗,擦干或晾干后封存待用。

(2) 分档存放。设专柜分档存放。

(3) 专人管理。银器属贵重器皿,因此应设银器台账,分类、分档登记造册,由专人负责保管,实行领出收回登记制度。宴会结束要及时收台进行清点核对,以防丢失。

二、玻璃器皿的清洁与保养

1. 清洁

(1) 分类洗涤。洗涤程序是先用冷水浸泡去其酒味,然后用洗涤液洗涤消毒,最后用清水冲洗。器皿洗净后要控干水并用洁净的布巾擦干。

（2）轻擦。玻璃器皿一般较薄，质地很脆，易破碎，擦玻璃器皿时动作要轻。达到无水痕和手纹，呈现光、洁、涩、干、透明光亮状。

2. 保养

按不同规格分档存放，切忌套叠码放，洗干净的器皿必须盖上干净的口布以免被污染。

三、陶、瓷器的清洁与保养

1. 陶器的清洁与保养

陶器的清洁可以用洗涤液洗涤消毒，用净水冲洗，控干水擦干。陶器质地脆涩，在保管中应做到少磕碰、少堆叠，按其大小形状分类存放。高档陶器不用时应予以包、垫保管。

2. 瓷器的清洁与保养

餐厅所用餐具大部分是瓷器，瓷器餐具的品种繁多，但清洁方法基本相同。洗涤的程序是：一刮，即刮除残渣；二洗，用洗涤剂洗刷油污；三消毒，用消毒液消毒；四冲，将餐具用流水冲掉消毒液残迹，然后进行消毒。餐厅常用蒸汽消毒法对洗净的餐具消毒。

瓷器质地很脆，使用时要注意轻拿轻放，避免碰撞。分档存放、码放时不可堆叠过高。冬季使用瓷器盛装热食时应先将瓷器增温。

模块二　各类餐饮服务流程

任务导入

分类餐饮服务——掌握中餐服务、西餐服务和其他常见服务操作流程和标准

1. 学生事先预习或自学中餐零点服务、中餐宴会服务、西餐零点服务、西餐宴会服务等相关理论知识。

2. 教师播放中餐服务、西餐服务相关视频资料。

3. 教师结合相关材料，具体讲解中餐零点服务流程、中餐宴会服务流程、西餐零点服务流程、西餐宴会服务流程等。

4. 学生角色扮演，模拟各类服务操作要领和规范。

工作任务一　中餐零点服务

基础知识

一、中餐零点服务的概念

零点餐厅是指宾客自行安排、随点随吃、自行付款的餐厅。客人来到餐厅后才临时点

菜的服务方式,称为零点服务。零点餐厅通常设有散台,并接受客人的预约订餐。中餐零点服务是指在中餐厅接待散客,为临时来用餐的宾客提供就餐服务。中餐零点服务根据时间可分为中式早餐服务、中式午餐和晚餐服务。

二、中餐零点服务的特点

中餐零点服务是饭店餐饮中最常见的服务方式,与其他服务相比,有自己的特点,如就餐宾客数量不定,接待量较难确定;需求标准不一,菜品种类多而散;就餐时间交错,服务时间较长;需求的不可预见性等特点。

实践操作

中餐零点服务程序与规范(如表2-19所示)

表2-19 中餐零点服务程序和规范

操作步骤		操作规范和标准
餐前准备		(1) 整齐着装,按时到岗,接受领班分配的工作任务 (2) 准备好相应的餐具、酒具、台布、香巾等 (3) 按酒店中餐散客的就餐要求做好摆台工作 (4) 熟悉餐厅当天供应菜肴的品种 (5) 做好调料如酱油、芥酱以及饮料、点菜单的准备工作
迎宾服务		(1) 迎宾员帮助客人拉门,面带笑容,礼貌问好 (2) 礼貌地帮助客人接挂衣帽 (3) 引领客人到合适的座位,为客人拉椅让座,如座椅不够,应视具体情况,为客人拼桌或加座
点菜服务		(1) 服务人员要主动为客人递派香巾,向客人问茶,同时送上菜单 (2) 开茶后,要为客人斟第一杯礼貌茶,并备好纸与笔,站在离主、客60 cm左右的地方,接受客人点菜 (3) 服务员填写菜单,一定记住要复述一遍,并说明菜肴的分量,如大盘、中盘、小盘等,以防有差错 (4) 接受客人点酒和饮料,记录点酒单
就餐服务	酒水服务	(1) 到酒吧拿取客人所点的饮品,并使用托盘托送 (2) 根据酒水的不同类型摆上相应的酒杯和饮料杯 (3) 斟上酒水后,可以征求客人的意见是否将茶杯撤走
	上菜服务	(1) 上菜前一定要了解菜肴质量,核对桌号、菜肴名称、数量 (2) 客人用餐过程中,要适时地询问是否添菜加酒 (3) 要根据客人就餐的快慢来确定上菜的速度。一般来说,第一道菜的出菜时间不能超过15分钟,以免客人久等;后面上菜的速度控制在每10分钟上一道菜较合适 (4) 一般情况下,按冷荤→热菜→饭菜→汤菜的顺序进行 (5) 上菜的同时要报菜名,介绍菜肴的风味特点及吃法,以激发客人的兴趣和食欲
	巡台服务	(1) 经常在客人餐桌旁巡视,及时为客人撤换烟灰缸,收去餐桌上的空瓶、空罐等杂物;如客人的餐碟中盛了骨头或其他脏物,应及时更换 (2) 客人在进餐过程中提出加菜要求时,应主动了解其需要,恰如其分地给予解决
结账与收银		(1) 客人示意结账时,服务员应去账台取账单,并认真核对一遍,以防出现错漏 (2) 把账单放入账夹内递给客人,客人付款后将所收款项及时送交账台,然后将所找零钱及收据送交客人 (3) 客人可用现金、支票、信用卡及签单等方式结账。当客人签单时,应核对客人的姓名、房号 (4) 如果客人认为账单不合理、收费多而拒绝付款时,应耐心给客人解释,有礼貌地向客人解释清楚客人要的所有品种及价钱,逐一对账,千万不要流露出不礼貌的表情

续表

操作步骤	操作规范和标准
送客服务	(1) 客人用餐完毕欲起身时,餐厅服务员应主动为主要客人拉椅,提醒客人不要忘记携带随身的物品 (2) 目送或陪送客人至餐厅门口,礼貌道别 (3) 客人如有未吃完的菜肴,可主动询问其是否带走;若要带走应热情为客人打好包,可用食品袋或食品盒为其包装
餐后工作	(1) 撤掉客人用过的餐具,搞好餐桌、座椅的卫生 (2) 分类清洗、消毒各种餐具、用具,并按原样放好,用过的台布、餐巾和香巾分类打捆,送到洗涤间洗涤 (3) 补充各种消耗用品,准备好下餐所需要的各种饮料、调味品 (4) 如果发现问题应立即采取措施加以解决

工作任务二 中餐宴会服务

基础知识

宴会是国际和国内的政府、社会团体、单位、公司或个人为了表示欢迎、答谢、祝贺、喜庆等社交目的的需要,根据接待规格和礼仪程序而举行的一种隆重、正式的餐饮活动。它具有气氛隆重、消费标准高、就餐人数多、讲究服务礼仪以及服务标准化等特点。

一、宴会基本特征

1. 聚餐式

聚餐式是指宴会的形式特征。聚饮会食,多人围坐而食,多席同室而设,在愉悦欢快的气氛中亲密交谈、共同进餐。赴宴者有主人、陪客,主宾、随从之分,中式宴会一般10人一桌,采用圆桌形式,全场又有主席、二席……之别。

2. 社交性

社交性是指宴会的社会特征。人们为各种社交目的与交流感情需要而欢聚一堂设宴,如国际交往、国家庆典、亲朋聚会、欢度佳节、红白喜事、饯行接风、酬谢恩情、疏通关系、乔迁置业、商业谈判等,为共同主题,聚亲朋好友,品佳肴美味,满口腹之福,谈心中之事,增人际了解,深情感友谊,达社交目的。

3. 规格化

规格化是指宴会的内容特征。宴会十分强调档次与规格。因时选菜、因需配菜、因人调菜、因技烹菜;筵席格局配套、席面美观考究、菜品丰盛多样、菜点制作精美、餐具雅丽精致。宴会场境布置、宴会节奏掌控、员工形象选择、服务程序配合等方面考量周全,使宴会环境优美、风格统一、工艺丰富、配菜科学、形式典雅、气氛祥和、礼仪规范、议程井然、接待热情、情趣怡然,给人以美的享受。

二、宴会类型

1. 按饮食风格分:中式宴会、西式宴会、中西合璧宴会

(1) 中式宴会。以中式菜品和中国酒水为主,环境气氛、台面设计、餐具用品、就餐方式等反映浓郁的中华民族特色饮食文化。餐桌为圆桌,餐具是最具代表性的筷子,民族音乐伴奏等,就餐方式为共餐式,具有中国特色的服务程序和服务礼仪。

(2) 西式宴会。以欧美菜式和西洋酒水为主,环境布局、厅堂风格、台面设计、餐具用品、音乐伴餐等均突出西洋格调,使用刀、叉等西式餐具,餐桌为长方形,西式台面布置,席间播放背景音乐等,采取分食制餐式,采用西式服务程序和服务礼仪。筵席形式多样,如正式宴会、自助餐会、冷餐酒会、鸡尾酒会等。根据菜式与服务方式的不同,又可分为法式宴会、俄式宴会、英式宴会和美式宴会等。随着日、韩菜式的兴起,日、韩式宴会在我国亦被纳入西式宴会范畴。

(3) 中西合璧宴会。融合中西的菜式格局、菜肴风味、环境布局、厅堂风格、台面设计、餐具用品、筵席摆台、服务方式和特点的一种新型宴会,使人耳目一新,深受宾客欢迎。餐具有筷子、有刀叉;就餐方式有客人自主取菜,也有厨师现场烹调、切割和派菜;采用各吃方式。形式有中西合璧正式宴会、鸡尾酒会、冷餐酒会(含自助餐会)等。分为立餐(不设座)和座餐(设座或部分设座)两种形式,现在比较流行的是全部设座。

2. 按接待规格和隆重程度分:正式宴会、便宴

(1) 正式宴会。又称为宴会席,是一种在格局高雅有序,礼仪程序严格,气氛热烈隆重,菜单设计精美,服务细腻周到的高规格宴会。类型有公务正式宴会,如国宴、地方政府宴;民间正式宴会,以婚宴、高档商务宴较多等。形式有餐桌服务式宴会和茶话会两种。

(2) 便宴。宴会席的简化形式,属于非正式宴会,用于非正式场合的日常友好交往宴请。筵席格式简易,菜式丰俭随意,就餐形式随便,不讲究礼仪程序和接待规格,不排席位,不作正式讲话,气氛轻松、活泼、亲切。

3. 按宴会性质与目的分:国宴、公务宴、商务宴、亲情宴、会友宴等

(1) 国宴。国宴是国家元首或政府首脑为国家的庆典或为欢迎外国元首以及政府首脑来访而举行的正式宴会,是一种规格最高、气氛最隆重的宴会形式。宴会厅内悬挂国旗,设乐队演奏国歌及席间乐,席间有祝词和祝酒,菜单和座席卡上均印有国徽,宾主按身份排位就座。宴会厅环境到宴会乐队、参加宴会人员和服务人员的服装、言谈风度,都必须显出隆重的气氛。一种是国家元首或政府首脑为国家庆典、新年贺喜与重大活动而招待各国使节或各界知名人士的举国盛宴;另一种是国家元首或政府首脑为来访的外国领导人或世界名人举行的正式迎送宴会。

(2) 公务宴。政府部门、事业单位、社会团体因交流合作、庆功庆典、祝贺纪念等有关重大公务事项,为接待国内外宾客而举行的正式宴会。

(3) 家宴。在家里由家庭主妇下厨烹调,家人共同招待客人的筵席,是最不正式、日常应用最广的一种宴会形式,最能增进人与人之间的情感交流。礼仪与程序较为简单,不排席位,没有固定的排菜格式和上菜顺序,菜品道数亦可酌情增减。国家领导人以私人名义招待外国客人的宴会也称涉外家宴或称私人宴会,不拘泥严格的外交礼仪,宾主可以自由交谈,但一定要营造出家庭的氛围,菜式要有当地特色。

(4) 商务宴。随着我国改革开放程度的加强、市场经济的确立,商务宴会在社会经济交往中日益频繁,成为我国酒店的主营业务之一。

(5) 亲情宴。以体现情感交流为主题的私人宴请,目的有亲朋相聚、洗尘接风、红白喜事、添丁祝寿、逢年过节等,形式有婚宴、生日宴(寿宴)、节日宴等。

(6) 庆贺宴。为庆贺乔迁之喜、入学升职、结婚生子等而举行的宴会。

(7) 会友宴。是宴请频率最高的宴会，公请、私请都有，要求与形式多样，追求餐厅装饰新颖，宴会的组办者喜新厌旧心理强烈，对酒店的特色要求较高。

4. 按宴会规模大小分：小型宴会、中型宴会、大型宴会、特大型宴会

(1) 小型宴会。规模在10桌以下，参加人数相对较少。按照主宾的要求进行认真设计，严格操作，都能收到很好的效果。

(2) 中型宴会。规模在11桌至30桌，参加人数较多。在菜单设计、组织安排上要针对客人的要求，精心策划，按程序操作。

(3) 大型宴会。规模在31桌以上，参加人数很多。有特定的主题，工作量大，要求高，组织者必须具有较高的组织能力。

(4) 特大型宴会。规模在100桌以上，参加人数特别多。

5. 按宴会价格档次分：豪华宴会、高档宴会、中档宴会、普通宴会

(1) 豪华宴会。原料多为著名的高档、稀有特产品，山珍海味高达60%左右，配置全国知名美酒佳肴，工艺菜比重大，常以全席形式出现，菜名典雅，盛器名贵，席面雄伟壮观。多接待显要人物或贵宾，礼仪隆重。

(2) 高档宴会。多取原料精华，山珍海味约占40%，配置知名度较高的风味特色菜品，花色彩拼和工艺大菜占较大比重，餐具华美，命名雅致，席面丰富多彩，环境豪华，服务讲究，礼仪隆重，文化气质浓郁。多接待知名人士或外宾、归侨。

(3) 中档宴会。价格在高档宴会与普通宴会之间，原料为优质的鸡鸭鱼虾肉、时令蔬果与精细粮豆制品等，配置20%的山珍海味。地方名菜为主，重视风味特色，餐具整齐，席面丰满，格局较为讲究，餐厅环境和服务较好。常用于较隆重的庆典和公关宴会。

(4) 普通宴会。价格较低，烹饪原料以常见的鸡、鸭、鱼、肉、蛋、蔬菜等为主。有10%左右的低档山珍海味充当头菜，菜肴制作简单，注重实惠，讲究口味，菜名朴实。多用于民间的婚寿喜庆以及企事业单位的社交活动。

6. 按宴会形式分：鸡尾酒会、冷餐酒会、茶话会、招待会

这类宴会便于广泛的接触、交友，不拘泥于形式；另一个目的就是发布消息，收集信息，是现代社会常用的一种宴会形式。

(资料来源：叶伯平·宴会概论·清华大学出版社，2014)

实践操作

中餐宴会服务程序与规范（如表2-20所示）

表2-20 中餐宴会服务程序和规范

操作步骤		操作规范和标准
宴会预订	接受预订	(1) 热情迎接，仔细倾听 (2) 详细确认所有宴会细节，将客人的要求填入宴会单
	落实预订	(1) 填写宴会活动记录薄 (2) 签订宴会合同，收取定金 (3) 建立宴会预定档案

续 表

操作步骤		操作规范和标准
宴会准备工作	掌握情况	(1) 做到"八知":知桌数、人数、宴会标准、开餐时间、菜式品种及出菜顺序、主办单位或房号、收费方法、邀请对象 (2) 做到"三了解":了解客人风俗习惯、了解客人生活忌讳、了解客人特殊需要;若是外宾还应了解国籍、宗教、禁忌等
	熟悉菜单	(1) 菜点名称和出菜顺序 (2) 菜点的原料构成和制作方法 (3) 菜点所跟调配料及服务方法 (4) 菜点的口味特点和典故传说
	摆桌	(1) 清洁双手,按照铺台布的要求铺好台布,放好转盘 (2) 按摆餐具的顺序和要求依次将餐具摆放好 (3) 将叠好的餐巾花放在水杯里或盘内(主位的餐巾花略高一些),菜单、烟、火柴均应按规定摆放整齐
	准备餐具用具	根据菜单要求准备好各种银器、瓷器、玻璃器皿等餐、酒具,并按要求备好鲜花、酒水、香烟、水果等物品
宴会准备工作	备好酒水饮料	(1) 将宴会使用的各种酒水饮料整齐地摆在桌上,并准备好休息室用的茶碗、茶壶及热水 (2) 为洗净消毒的小毛巾喷上香水,在水中浸湿后取出叠好,放入保温箱内备用
	摆冷盘	(1) 宴会开始前15分钟左右摆上冷盘,冷菜主盘或大拼盘摆在席面中心,其他冷盘摆在主盘四周 (2) 若是花拼,应将正面朝向主宾,同时冷菜的色调、荤素、口味要互相搭配
	上开宴酒	(1) 中餐宴会根据酒类的不同,一般摆三种酒杯,即烈性酒、葡萄酒和啤酒杯 (2) 正式开宴前20分钟要把所用的酒水摆在桌上 (3) 开宴前5分钟先斟上葡萄酒,以备客人入座后讲话用
	全面检查准备工作	(1) 检查摆桌是否符合标准、桌面餐用具是否齐全、冷菜摆放是否统一、合理等 (2) 检查宴会厅的环境卫生、餐酒用品卫生、冷菜卫生及个人卫生等 (3) 检查空调、音响、麦克风、灯具等是否正常运行 (4) 检查宴会厅的出入口是否畅通无阻、宴会厅所用桌椅是否牢固、各种灭火器材是否完备、地板有无水迹或地毯接缝是否平整等 (5) 检查各自的区域、职责划分是否明确等。在客人到达前,餐厅服务员还应检查自己的仪表仪容,按照分工和各自负责的服务区域的规定,站在相应的位置上,面带微笑恭候客人的到来
宴会迎宾服务	迎接客人	(1) 微笑向客人致意,主动接拿客人衣帽 (2) 引领客人进入休息室就座休息,或直接引领客人进入宴会厅
	拉椅让座	按照事先安排好的座次引领客人到相应位置上去,并拉椅让座,以防因座次混乱影响宴会规格礼仪
	递巾端茶	(1) 客人入坐后,为台面客人展口布,并按先宾后主、先主宾后男宾的次序为客人递送香巾和热茶 (2) 若客人吸烟,主动为其敬火
就餐服务	餐前服务	(1) 客人入座完毕后,服务员应从主宾开始,按顺时针方向依次为每位客人铺好餐巾 (2) 在铺餐巾的同时,应为客人撤去筷套 (3) 及时将餐桌上的插花(或花瓶)、桌号牌、席位卡撤走,将其放在附近的工作台。如是高档宴会,由于每道菜点均是分食,所以可保留插花 (4) 如客人临时提出增、减人数,则应及时用托盘补充或撤去餐酒用具,及时通知厨房客人人数的变化以调整菜点的数量,同时通知账台

续　表

操作步骤		操作规范和标准
就餐服务	斟酒	(1) 根据客人的要求斟倒酒水、饮料 (2) 若客人要求啤酒与汽水同斟一杯时,要先斟汽水,后斟啤酒,注意应慢慢斟以免泡沫溢出杯外 (3) 站在客人的右侧,切忌站在一个位置为左右两位客人斟酒 (4) 若是小型宴会,一般先斟汽水,后斟烈性酒 (5) 宾主讲话时,服务员要站在桌旁静候。如果是某些大型宴会场合,还要列队立正,以示礼貌 (6) 主人、主宾敬酒时,要注意为无酒或少酒的客人斟酒。如果是大型宴会,还应有一名服务员专为主人、主宾斟酒
	上菜	(1) 上菜的大致顺序是头菜、热菜、汤、甜菜、水果等。所上的菜肴如有配料或调料,应先上齐配料、调料,然后再上菜 (2) 热菜须趁热上。从厨房取出的热菜应用银盖或不锈钢盖盖好,待菜上桌后再取下盖子 (3) 菜与菜的间隔时间可根据宴会进程或主办人意见而定。大型宴会上菜速度要以主桌为准,全场统一做到主桌上哪道菜,其余各桌都上哪道菜;不允许任何一桌擅自提前或错后 (4) 新上的菜要放在主人和主宾面前,每上一道菜都要主动介绍菜名和风味特点,或简要讲解菜肴的历史典故
	分菜	(1) 要熟悉分菜的操作步骤,胆大心细,动作轻稳,并掌握好份数 (2) 无论是菜,还是点心、汤,都要力求分得比较均匀 (3) 对带有骨刺的鸡、鸭、鱼等,应按照餐厅统一的服务要求去做 (4) 普通宴会通常由主人自己分,高档宴会服务员应主动地为客人分汤、分菜
	撤换餐具	(1) 在高档宴会,每一道菜都必须更换餐盘。在客人的右边用手完成撤换,将撤下的盘放在托盘中,切记不要当着客人的面刮污盘 (2) 在普通宴会,不必每道菜换餐盘,一般在冷菜以后上热菜前、吃过汤汁浓厚的菜后、荤素菜交替时,以及上甜点与水果前换餐盘 (3) 换餐盘时,若盘中还有未吃完的食物,应征求一下客人的意见;若客人表示还要,则可待会儿再换餐盘或将食物并入新换上的餐盘中
	巡台服务	(1) 保持转盘整洁 (2) 根据客人的要求,按操作要求为客人斟倒酒水、饮料 (3) 客人席间离座,应主动帮助拉椅、整理餐巾;待客人回座时重新拉椅、递餐巾 (4) 客人席间站起祝酒时,服务员应立即上前将椅子向外稍拉,坐下时向里稍推,以方便客人站立和入座 (5) 上甜品水果前,撤去酒杯、茶杯和牙签以外的全部餐具,抹净转盘,送上相应餐具和小毛巾,再上甜点和水果 (6) 客人用完水果后,撤去水果盘并摆上鲜花,以示宴会结束
	结账服务	(1) 一旦上菜完毕,应立即做好结账准备工作,清点所有的酒水、香烟 (2) 未开盖的酒应退回吧台,让酒水员签名后开单 (3) 把所有的酒水单及菜单拿到收款处提前算好 (4) 客人示意结账后,按规定程序办理结账手续。结账时应向客人解释各项费用,若客人有疑问,应耐心解答
送客服务		(1) 当客人起身离座时,应主动为客人拉开椅子,及时将衣帽取下递给客人,帮助穿戴,并提醒客人带齐个人物品(如香烟、打火机、眼镜、名片等),将客人送至餐厅门口 (2) 若是大型宴会,服务员应列队站在餐厅门口两侧,热情地欢送客人,当客人主动与服务员握手表示感谢时,可适当地握手和客人道别
结束工作	检查现场	(1) 检查客人有无遗留物品,如有应立即交还给客人;若客人已经离去,应交有关上级,并积极地与宴请单位或个人取得联系 (2) 要检查台面、口布、地毯上是否有未熄灭的烟头,以免引起火灾,这是餐厅应特别注意的地方
	收拾桌面	(1) 要先收贵重物品,对金银玉器餐具需要进行清点 (2) 将用过的口布、小毛巾、台布抖净,折叠整齐,送到洗涤房 (3) 将餐具送至洗涤间
	清理现场	(1) 清理宴会现场,搞好卫生,将餐桌、餐椅按规定位置码放整齐 (2) 关掉所有电器,关好门窗

【特别提示】

在宴会服务过程中,要注意如下几点:

(1) 服务操作时,注意轻拿轻放,严防打碎餐具和碰翻酒瓶酒杯,从而影响场内气氛。如果不慎将酒水或菜汁洒在宾客身上,要表示歉意,并立即用毛巾或香巾帮助擦拭(如为女宾,男服务员不要动手帮助擦拭)。

(2) 当宾主在席间讲话或举行国宴演奏国歌时,服务员要停止操作,迅速退至工作台两侧肃立,姿势要端正。餐厅内保持安静,切忌发出响声。

(3) 宴会进行中,各桌服务员要分工协作,密切配合。服务出现漏洞,要立刻互相弥补,以高质量的服务和食品赢得宾客的赞赏。

(4) 席间若有宾客突感身体不适,应立即请医务室协助并向领导汇报。将食物原样保存,留待化验。

(5) 宴会结束后,应主动征求宾主和陪同人员对服务和菜品的意见,客气地与宾客道别。当宾客主动与自己握手表示感谢时,视宾客神态适当地握手。

(6) 宴会主管人员要对完成任务的情况进行小结,以利发扬成绩、克服缺点,不断提高餐厅的服务质量和服务水平。

工作任务三 西餐服务

基础知识

一、西餐主要菜系及特点

我们通常所说的西餐不仅包括欧洲国家的饮食菜肴,也包括美洲、大洋洲、中东、中亚、南亚次大陆以及非洲等国的饮食。西餐一般以刀、叉为餐具,以面包为主食,多以长形桌台为台形。

西餐大致可分为法式、英式、意式、俄式、美式等几种,不同类型西餐的主要特点具体如表 2-21 所示。

表 2-21 西餐主要菜系特点

名 称	特 点	代 表 菜
法式菜肴 (西菜之首)	(1) 选料广泛,加工精细,烹调考究,滋味有浓有淡,花色品种多 (2) 比较注重食物的生熟度 (3) 重视用酒来调味,什么样的菜选用什么酒都有严格规定,如清汤用葡萄酒,海味品用白兰地酒,甜品用各式甜酒或白兰地 (4) 法国人十分喜爱吃奶酪、水果和各种新鲜蔬菜	马赛鱼羹、鹅肝排、巴黎龙虾、红酒山鸡、沙福罗鸡、鸡肝牛排
英式菜肴 (简洁与礼仪并重)	(1) 烹调讲究鲜嫩,油少,口味清淡 (2) 调味品放在餐台上由客人取用,很少用酒作调料 (3) 选料注重海鲜及各式蔬菜,菜量要求少而精 (4) 烹调方法多以蒸、煮、烧、熏见长	鸡丁沙拉、薯烩羊肉、烤羊马鞍、冬至布丁、明治排
意式大餐 (西菜始祖)	(1) 原汁原味,以味浓著称 (2) 烹调注重炸,熏,以炒、煎、炸、烩等方法见长 (3) 意大利人喜爱面食,各种形状、颜色、味道的面条至少有几十种	通心粉素菜汤、奶酪焗通心粉、肉末通心粉、匹萨饼、焗馄饨

续表

名　称	特　点	代表菜
美式菜肴 （营养快捷）	（1）简单、清淡、咸中带甜 （2）喜欢铁扒类的菜肴 （3）常用水果作为配料与菜肴一起烹制，喜欢吃各种新鲜蔬菜和各式水果 （4）对饮食要求不高，但要营养、快捷	烤火鸡、橘子烧野鸭、美式牛扒、苹果沙拉、糖酱煎饼
俄式大餐 （西菜经典）	（1）口味较重，以酸、甜、辣、咸为主 （2）喜欢用油，制作方法较为简单 （3）烹调方法以烤、熏腌为特色	什锦冷盘、鱼子酱、酸黄瓜汤、冷苹果汤、鱼肉包子、黄油鸡卷
德式菜肴 （啤酒、自助）	（1）不求浮华只求实惠营养，首先发明自助快餐 （2）德国人喜喝啤酒	香肠、啤酒

二、西菜与酒水的搭配

西餐宴会所用的酒水可以分为餐前酒、佐餐酒和餐后酒三种。

餐前酒又叫开胃酒，在用餐之前饮用，或在吃开胃菜时饮用。通常作为开胃酒的有鸡尾酒、威士忌和香槟酒。

佐餐酒，是在正式用餐期间饮用的酒水。西餐的佐餐酒均为葡萄酒，选择佐餐酒的一条重要原则是"红配红，白配白"，即红葡萄酒配红肉，白葡萄酒配白肉。红肉指猪、牛、羊肉等，白肉指的是鱼肉、海鲜等。

餐后酒用于餐后，用来助消化的酒水，常用的有利口酒、白兰地酒。

三、西餐服务方式

1. 法式服务（French service）

法式服务在西餐服务中是最豪华的服务，主要用于法国餐厅，即扒房（grill room）的零点服务和小型宴请，经过修改的法式服务可用于高级中餐厅的零点服务和小型宴会服务。法式服务注重服务程序和礼节礼貌，注重服务表演，能吸引人的注意力，服务周到，每位客人都能得到充分的照顾。但是，法式服务节奏缓慢，需要较多的人力，用餐费用高。餐厅空间利用率和餐位周转率都比较低。法式服务由两名服务员一组共同为一桌客人服务。其中一名为经验丰富的服务领班，另一名是服务员，也可称为服务员助手。服务领班请顾客入座，接受顾客点菜，为顾客斟酒上饮料，在顾客面前烹制菜肴，为菜肴调味，分割菜肴，装盘，递送账单等。在法式服务中，服务员在顾客面前做一些简单的菜肴烹制表演或切割菜肴和装盘服务，而她的助手用右手从顾客右侧送上每一道菜。

2. 俄式服务（Russian service）

俄式服务是西餐普遍采用的一种服务方法。俄式服务的餐桌摆台与法式的餐桌摆台几乎相同。但是，它的服务方法不同于法式。俄式服务讲究优美文雅的风度，服务员用左手将装有整齐和美观菜肴的大浅盘给所有的顾客展示，然后，用右手在每一位顾客的左边为顾客分菜。俄式服务主要用于中餐、西餐宴会。

3. 美式服务（American service）

美式服务是简单和快捷的餐饮服务方式，一名服务员可以为许多顾客服务。美式服务简单，速度快，餐具和人工成本都比较低，空间利用率及餐位周转率都比较高。美式服务是西餐零点和西餐宴会理想的服务方式,广泛用于咖啡厅和西餐宴会厅,经过修改后可用于中餐厅零点服务和中餐宴会服务。在美式服务中,菜肴由厨师在厨房中烹制好,装好盘,每人一份。餐厅服务员用托盘将菜肴从厨房运送到餐厅的服务桌上。热菜肴盖上盖子,并且在顾客面前打开盘盖。传统的美式服务,上菜时服务员在顾客左侧,用左手从顾客左边送上菜肴,从顾客右边侧撤掉用过的餐盘和餐具,从顾客的右侧斟倒酒水。目前,许多咖啡厅和西餐厅,美式服务的上菜服务已经改变为从顾客的右边用右手为顾客服务,顺时针方向进行。

4. 英式服务(English service)

英式服务又称家庭式服务。其服务方法是服务员从厨房将烹制好的菜肴传送到餐厅,由顾客中的主人亲自动手切肉装盘,并配上蔬菜,服务员把装盘的菜肴放在餐桌上或依次端送给每一位顾客。调味品、沙司和配菜都摆放在餐桌上,由顾客自取或互相传递。英式服务家庭的气氛很浓,许多服务工作由客人自己动手,用餐的节奏较缓慢。在美国,家庭式餐厅很流行,这种家庭式的餐厅采用的是英式服务。英式服务常用于中西餐小型宴请活动。

5. 综合式服务

综合式服务是一种融合了法式服务、俄式服务和美式服务的综合服务方式。许多西餐宴会的服务采用这种服务方式。通常用美式服务上开胃品和沙拉;用俄式或法式服务上汤或主菜;用法式或俄式服务上甜点。不同的餐厅或不同的餐次选用的服务方式组合也不同,这与餐厅的种类和特色、顾客的消费水平、餐厅的销售方式有着密切的联系。

实践操作

一、西餐零点服务流程和标准(如表 2-22 所示)

表 2-22 西餐零点服务程序和标准

操作步骤	操 作 标 准
餐前准备	(1) 摆位。早餐餐具相对午餐、晚餐要少一些,通常是一刀、一叉、一水杯,应按左叉右刀、刀口上方放水杯的原则摆好。要做到餐具清洁、无指纹、无污痕 (2) 准备好果酱、黄油等调味品,备好果汁、热咖啡、茶、鲜奶等饮料,准备好面包车、水果车等服务设施
迎宾服务	客人进入餐厅后,应向客人微笑致意,礼貌问候"早上好",根据来客人数将客人带到合适餐桌,主动拉椅让座
就餐服务	(1) 询问客人是否需先饮咖啡或茶,问清客人需要何种果汁饮料;如不需要则替客人倒冰水 (2) 呈递菜单并介绍当日供应的新鲜水果 (3) 客人订的菜如果是蛋类,要问清客人喜欢什么样的烹调方式。如煎蛋,要问清是单面煎还是双面煎,是蛋类配熏肉、香肠,还是配火腿;如果是煮蛋,则要问清需要几分熟,等等 (4) 将订单一联交收款处,二联迅速送入厨房 (5) 按客人所订的菜式准备好用具、配料,如为面包、土司备好果酱、黄油,为麦糊备鲜奶、细糖、精盐等 (6) 按照谷类食物→蛋类吐司→窝芙饼→班戟(pancake)类食物的顺序依次上菜 (7) 根据客人要求,送上咖啡或茶 (8) 撤下客人不需要的用具 (9) 随时替客人添加咖啡或茶
结账送客	(1) 千万不可催促客人结账,客人未叫结账时应问清客人还需要什么服务 (2) 客人付账后欲起身离开时,餐厅服务员要拉椅送客,谢谢客人光临,欢迎客人下次再来
清理台面	清理台面并重新摆桌,准备迎接下一批客人

二、西餐宴会服务流程和标准(如表2-23所示)

表2-23 西餐宴会服务程序和标准

操作步骤		操 作 标 准
宴会准备工作	确定服务员数量	(1) 若采用美式服务,一般一名服务员为20位客人服务 (2) 若采用法式或俄式服务,两名服务员可以为30位客人服务 (3) 若是自助餐宴会,一名服务员可为30位客人服务
	摆桌	(1) 摆桌之前要洗手消毒 (2) 摆桌时用托盘盛放要用的餐具,边摆边检查餐刀、餐叉、酒具、餐盘是否干净、光亮,以及是否都符合标准;如发现不清洁或破损的餐具,要及时更换 (3) 拿餐具(如刀、叉)时,要用手拿其柄部;拿餐盘、面包盘时,手不应接触盘面;拿杯具时,手指不能接触盛酒部位 (4) 摆好桌后要检查花瓶、蜡烛台是否摆放端正,然后再全面检查一遍,防止漏项或错摆现象发生
	准备餐具和酒具	(1) 不锈钢类。主要有头盆刀、叉、汤匙、鱼刀、叉、肉刀、叉、黄油刀、点心叉、匙、水果刀、叉、咖啡匙;服务叉、匙等 (2) 瓷器类。主要有装饰盘、面包盘、黄油碟、咖啡杯、垫碟、盐椒盅、牙签筒、烟灰缸等 (3) 杯具。主要有水杯、红葡萄酒杯、白葡萄酒杯、香槟杯、鸡尾酒杯、利口酒杯、雪莉酒杯、白兰地杯、威士忌杯等,应根据宴会客人所选用酒类而做好准备 (4) 棉织品。主要有台布、桌裙、餐巾、服务餐巾和托盘垫巾等 (5) 服务用具。主要有托盘、花盆、花泥、鲜花、宴会菜单、开瓶器、开塞钻、席位卡、冰桶、烛台、蜡烛、火柴、洗手皿、桌垫等
	摆开胃品	(1) 在客人到达餐厅前10分钟,将开胃品摆放在餐桌上,摆放时应考虑其荤素、颜色、口味的搭配,盘与盘之间要留出相等的距离 (2) 一般是每人一盘,在少数情况下也有把各种开胃品集中摆在餐桌上,由客人自取,或由服务员帮助分让
	备黄油面包	在客人到达餐厅5分钟之前,把客人要用的黄油、面包均匀摆放在面包盘、黄油盘中
	斟水	为客人斟好冰水或矿泉水
	备酒水饮料	准备好各种酒、水、饮料,并保证各种饮料符合饮用要求,比如该冷冻的应放入冰箱。人到达前,餐厅服务员还应检查自己的仪表仪容,按照分工和各自负责的服务区域的规定,站在相应的位置上,面带微笑恭候客人的到来
	全面检查准备工作	(1) 再次全面检查宴会前的各项准备工作 (2) 并再次整理自己的仪容、仪表,做到制服整齐、仪容大方
宴会迎宾工作		(1) 餐厅服务员应礼貌、热情地向客人表示欢迎,有秩序地引领客人到休息室休息,并根据客人的要求送上餐前酒或饮料 (2) 休息室服务时间一般为半小时左右 (3) 当客人到齐,主人表示可入席时(服务员要注意观察),要立即打开通往餐厅的门,引领客人入席
宴会就餐工作	上开胃品	(1) 上冷开胃品时,应配相应的酒,一般是与烈性酒相配 (2) 当大部分客人用完开胃品时,就可撤盘(看到全体客人都放下刀叉后开始撤),从主宾的位置开始,在客人的右手方向用左手托盘,将刀、叉一并撤放到托盘中,然后用右手端到后台或服务桌上
	上汤	(1) 上汤时应加垫盘,从客人左侧送上,盛入客人的汤碗内 (2) 喝汤时一般不斟酒,但如安排了酒类,则应先斟酒再上汤 (3) 当客人用完汤后,即可从客人右侧连同汤匙一起撤下
	上鱼类	(1) 应先斟好白葡萄酒,再从左侧为客人上鱼类菜肴。斟酒方法与西餐正餐服务相同 (2) 当客人吃完鱼类菜肴后,即可从客人右侧撤下鱼盘及鱼刀、鱼叉

续表

操作步骤		操 作 标 准
宴会就餐工作	上主菜	(1) 从客人右侧撤下装饰盘,摆上餐盘 (2) 托着菜盘从左侧为客人分派主菜和蔬菜,菜肴的主要部分应靠近客人 (3) 随后从客人左侧为客人分派沙司。如配有色拉,也应从左侧为客人依次送上 (4) 待客人开吃主菜后,应礼貌地询问客人对主菜的意见。肯定客人都感到满意后,才可礼貌离去;如客人有不满,则应及时反馈给厨房以便厨房马上处理
	上甜点	(1) 吃甜点用的餐具要根据甜点的品种而定。热甜点一般用甜点匙和中叉;烩水果用茶匙;冰淇淋则应将专用的冰淇淋匙放在垫盘内,然后一起端上去 (2) 吃甜点时若有讲话,一定要在上甜点或客人讲话之前将香槟酒全部斟好,以方便客人举杯祝酒
	上干酪	(1) 先用一只银盘垫上餐巾,摆上几种干酶和一副刀叉,另一盘摆上烤面包片或苏打饼干,送到客人左边供客人选用 (2) 等大部分客人都吃完干酪后,才可撤掉餐桌上的餐具;但酒具、水杯和饮料杯不能动
	上水果	(1) 上水果前应撤去桌面除酒杯外的所有餐用具,摆好餐盘和水果刀、叉 (2) 再托着水果盘从客人左侧分派水果,然后从客人左侧上 洗手盅,盅内放温水、一片柠檬和数片花瓣
	上咖啡	(1) 将咖啡倒好,垫上垫碟,放好咖啡匙,用托盘托送,然后送上糖、奶 (2) 上咖啡后,托上各种餐后酒品(如白兰地、蜜酒)、巧克力、雪茄烟(不要上给女宾) (3) 稍等片刻,续斟一次咖啡和酒品 (4) 最后撤掉咖啡具,再上一次饮料,表示宴会到此结束
结账服务		(1) 宴会接近尾声时,餐厅服务员应立即清点所消耗的酒水饮料,由收银员开出总账单 (2) 宴会结束时,由主办人或助手负责结账,结账方法与中餐宴会服务相同
送客服务		(1) 客人离开时,餐厅服务员要主动为客人取递衣物,并检查客人是否有遗留物品 (2) 热情相送,礼貌道别,具体要求与中餐宴会服务相同
结束工作		宴会结束后,餐厅服务员应立即收拾餐桌、整理宴会厅及休息室,关好门窗,关掉电灯,具体要求与中餐宴会服务相同

工作任务四　团体包餐服务

基础知识

一、团体包餐的定义

团体包餐是指因旅游、会议、会展等活动由主办方组织在一起的人群,按一定的就餐标准、就餐规格,定时用餐的就餐形式。

二、团体包餐的特点

(1) 人数多,口味差异较大。旅游团人数少则十几人多则甚至上百人。餐厅根据包餐宾客的国籍、地区、职业以及年龄等特点,照顾大多数宾客的口味要求。而对团队中特殊的宾客如佛教、素食者、伊斯兰教徒等可作特殊情况处理,另行供餐。

(2) 进餐时间相对固定,服务要求迅速

实践操作

中餐团体包餐服务流程和标准（如表2-24所示）

表2-24　团体包餐服务程序和标准

操作步骤	操 作 规 范
餐前准备	（1）了解团队名称、国籍、身份、职业、生活习惯、人数、开餐时间、用餐标准及特殊要求 （2）按标准和人数摆好餐位及桌上用品，备好饮料、茶叶，打好开水，做好接待前准备工作
迎接宾客	（1）熟记每个旅游团队的标志，并能迅速辨认 （2）为宾客拉椅让座、待宾客坐定后，值台服务员为宾客斟茶、倒饮料
用餐服务	（1）根据宾客人数和就餐标准通知传菜部 （2）向宾客介绍名称和风味特点 （3）勤巡视、勤斟茶、勤换碟、勤收拾空盘碟、勤换烟缸、及时清理台面
结账	（1）如果是餐后马上付账的应根据宾客人数标准，到收银处填写账单，向包餐单位经办人或旅游团队导游陪同现收 （2）如果宾客统一结账的（通过银行转账）应将日期、人数、标准、费用总款填写清楚，请旅游团陪同或接待人签名，以便查对

工作任务五　自助餐服务

基础知识

一、自助餐的特点

自助餐（buffet）是起源于西餐的一种就餐方式，有时亦称冷餐会，服务人员将厨师烹制好的冷、热菜及点心按要求摆放在餐台上，由客人自己随意取食的用餐方式。它是一种非正式的西式宴会形式，在现代大型商务活动中比较常见。自助餐的特点是：可以免排座次；可以节省费用；可以各取所需；可以招待多人。

二、自助餐台台面布置

自助餐台台面布置要醒目而富有吸引力、方便客人取菜、台布遮住桌腿。结合餐厅的形状，自助餐台台型主要有：I型台、L型台、O型台和其他台型。其布置要求如下：

（1）形式不同，菜点摆放不同。
（2）热菜必须用保温锅（箱）保温。
（3）菜点前摆放菜牌。
（4）用叉匙或点心夹取食。
（5）注意餐台的装饰点缀。
（6）餐具摆放在菜品台、点心台的两头或适当位置。
（7）进餐台上摆设牙签筒、餐巾纸和烟灰缸。

实践操作

自助餐服务程序和规范（如表 2-25 所示）

表 2-25　自助餐服务程序和规范

操作步骤	操作规范和标准
准备工作	（1）做好卫生工作 （2）检查设施设备 （3）餐台必须突出主题 （4）合理划区
熟悉菜单 准备物品	（1）摆放相应餐具，确保相应的食品有相应的盛放餐具 （2）各种菜肴摆放公用的食品夹或食品勺（45 度） （3）提前 20 分钟为保温炉加热水
准备热菜	（1）提前 15 分钟将菜肴出齐 （2）菜肴配有相应的菜牌
餐中服务	（1）迎宾拉椅 （2）随时巡台，撤走脏盘和空盘，更换烟灰缸，添加牙签、餐巾等 （3）保持餐桌清洁 （4）及时整理工作台
餐台服务	（1）保持餐台清洁卫生 （2）通知厨房添加（食品只有 1/3 时），临近结束时控制出菜量 （3）厨房中途临时换食品，应及时更换食品夹和食品勺，更换菜牌及调味料 （4）及时添加餐具与杯具 （5）保证食品的温度
收尾工作	（1）关闭主灯、空调 （2）多余食品通知厨房撤走 （3）多余酒水退至酒吧间 （4）收玻璃器皿、筷子、筷架、调羹、口汤碗、味碟等小件物品 （5）收棉织品 （6）整理台面、撤台
检查	领班检查合格后方可下班

工作任务六　会所式餐饮服务

基础知识

会所式服务的特点

会所就是对特定消费对象进行服务，具有一定私密空间的地方。会所模式源于欧洲的富人阶层，在我国，首先在一些发达城市出现，如北京长安俱乐部、上海兰会所、香港游艇会等。会所模式，满足了人们对生活品质的要求，跟上了时代发展的步伐，也将成为一种发展趋势。大体上，一般分为私人会所与商务会所。它与一般餐饮服务相比，具有如下特点：

1. 极高的消费标准

餐饮会所锁定高消费群体为目标市场,如北京长安俱乐部是京城极负盛名的高端私人会所,长安俱乐部的入会费是2万美金,会员每年还要缴纳1500美金的年费。

2. 极高的服务水准

会所一般为客人提供红酒助兴,菜品设计方面走清淡路线,食材选择方面以高档珍稀为主,讲究菜品装盘与盛器。具有消费标准高,私密性强以及服务要求高等特点。

3. 提供精品化服务

餐饮会所为消费者提供的就餐环境、餐饮器具、菜品和服务都必须是高端的精品化服务,使客人在消费的过程中体验到的是一种惬意的享受。

【例2-4】

中国最具世界艺术品位的顶级会所——兰会所,创立于2006年10月26日的兰·北京,由"当代世界设计师第一人"之称的Philippe Starck历时两年精心设计完成,总投资3亿元人民币,开业后迅速成为中国最具世界艺术品位的顶级会所,同时也确立了俏江南集团在豪华会所服务市场的标杆地位。

兰会所坐落于北京长安街双子座大厦,西倚王府井黄金商圈,东临国贸核心地带,北抵尊贵使馆区,近6 000 m²,是一个综合艺术观赏、餐饮文化于一体的高端场所。兰会所共拥有35个VIP包间,以及世界级水准的酒廊、雪茄吧、生蚝吧、宴会厅、法式大餐厅等,可同时容纳1 200位宾客,开放式的设计全面兼顾使用功能,向高端客户提供最顶级的高档会所服务。兰会所中自创一派的"兰"菜系,菜品仍以中国传统的川菜为主,辅以南派粤菜、谭氏官府菜以及法国大餐、意大利菜等高贵西餐等,博采众家之长、囊括全球风味,以现代演绎手法将美食艺术发挥到了极致。

实践操作

会所餐饮服务流程和标准(如表2-26所示)

表2-26 会所餐饮服务流程和标准

操作步骤	操作规范和标准
通知	根据接待计划下达情况与前台接待联系了解VIP客人的身份、特殊爱好和生活禁忌,陪同客人的人数及特殊要求
准备工作	(1) 做好卫生工作 (2) 检查设施设备 (3) 餐台必须主副突出、色彩搭配协调美观 (4) 配备两名服务员、两名迎宾
迎客服务	同宴会服务标准
餐中服务	(1) 使用特定茶叶 (2) 酒水服务同宴会服务标准 (3) 随时巡台,每上两道菜更换一次骨碟,A级接待每道菜均需分菜,B级接待分羹、主食及各客菜,及时添加牙签、餐巾等 (4) 更换烟灰缸,烟缸不超过两个烟蒂即更换 (5) 更换小毛巾,A客更换四道小毛巾,B客更换两道小毛巾

续表

操作步骤	操作规范和标准
送客服务	(1) 当客人起身离座时,应主动为客人拉开椅子,及时将衣帽取下递给客人,帮助穿戴,并提醒客人带齐个人物品(如香烟、打火机、眼镜、名片等),将客人送到餐厅门口 (2) 由餐厅经理和服务员站在餐厅门口两侧,热情地欢送客人。向客人致谢道别
整理检查	做好收尾工作,领班检查合格后方可下班

工作任务七　日本料理服务

基础知识

日本料理又称和食,是独具日本特色的菜肴。主食以米饭和面条为主,副食多为新鲜鱼虾等海产,常配以日本清酒。以清淡著称,烹调时尽量保持材料本身特点。日本料理在制作上要求材料新鲜,切割讲究,摆放艺术化,注重"色、香、味、器"四者的和谐统一,做到色自然、味鲜美、形多样、器精良,讲究味觉与视觉的双重享受。日本料理中最有代表性的是刺身、寿司、饭团、天妇罗、火锅、石烧、烧鸟等。2011年11月,日本政府决定以"和食"为名申报世界文化遗产。

一、日本料理的分类

1. 本膳料理

以传统的文化、习惯为基础的料理体系。源自室町时代(约14世纪),是日本理法制度下的产物。正式的本膳料理已不多见,大约只出现在少数的正式场合,如婚丧喜庆、成年仪式及祭典宴会上,菜色由五菜二汤到七菜三汤不等。

2. 怀石料理

在茶道会之前给客人准备的精美菜肴。在中世日本(指日本的镰仓、室町时代),茶道形成了,由此而产生了怀石料理,这是以十分严格的规则为基础而形成的。日本菜系中,最早最正统的烹调系统是"怀石料理",距今已有四百五十多年的历史。据日本古老的传说,"怀石"一词是由禅僧的"温石"而来。那时候,修行中的禅僧必须遵行的戒律是只食用早餐和午餐,下午不必吃饭。可是年轻的僧侣耐不住饥饿和寒冷,将加热的石头包于碎布中称为"温石",揣到怀里,顶在胃部以耐饥寒。后来逐步发展为少吃一点东西,起到"温石"御饥寒的作用。

3. 会席料理

晚会上的丰盛宴席菜式。随着日本普通市民的社会活动的发展,产生了料理店,形成了会席料理。可能是由本膳料理和怀石料理为基础,简化而成的,其中也包括各种乡土料理。会席料理通常在专门做日本菜的饭馆里可以品尝到。

二、日本料理的特点

(1) 与每年例行活动和人生礼仪密切相关。

（2）将扎根于本土的丰富食材在新鲜时使用。
（3）以米饭为中心营养均衡的饮食。
（4）有效发挥汤汁的美味和丰富的发酵食品。

三、日本料理的烹调特色

日本料理烹调的特色着重自然的原味，不容置疑的，原味是日本料理首要的精神。其烹调方式，十分细腻精致，从数小时慢火熬制的高汤、调味与烹调手法，均以保留食物的原味为前提。日本料理的美味秘诀，基本上是以糖、醋、味精、酱油、柴鱼、昆布等为主要的调味料，除了品尝香味以外，味觉、触觉、视觉、嗅觉等亦不容忽视。除了以上烹调色以外，吃也有学问，一定要热的料理趁热吃、冰的料理趁冰吃，如此便能够在口感、时间与料理食材上才能相互辉映，达到百分之百的绝妙口感。

实践操作

日本料理服务流程和标准(如表 2-27 所示)

表 2-27　日本料理服务流程

操作步骤		操作标准	备注
带客		（1）五指并拢，掌心向上，手臂自然向上伸45度，并礼貌说"这边请" （2）主动帮客人提拿行李(手提包除外) （3）走在客人前三步远的距离，并随时留意后面的客人 （4）服务人员见客人进餐厅，应主动用日语跟客人打招呼	
拉门		轻敲门三下，再将门拉开，并开灯，引领客人进包房	
拉椅让座		（1）铁板台一般中间位置是主宾位，拉开主宾位请客人入座，使用礼貌用语告诉客人这位置是主宾位 （2）双手握椅背两边，拇指向上，将左脚伸进椅子中间，膝盖顶住椅背，将椅子拉出，足以让客人轻松入座 （3）当客人站稳准备坐时，再用左腿膝盖和双手轻轻将椅子往里送，让客人座稳后再走开	
上香巾		同中餐服务	
上茶		同中餐服务	温度、浓度有要求
点菜		小吃—刺身—寿司—铁板烧—和食—汤类—主食	
拆筷套		同中餐服务	
铁板烧服务程序	上铁板碟	工作柜中备有铁板碟，根据人数摆放，上铁板碟时，使用托盘从主宾位开始，在客人右侧摆放，要求动作轻不要发出响声	
	上三味碟	根据人数去水吧拿相应的三味碟，平行摆放在铁板碟下，汁酱的顺序是从左到右：芝麻汁、番茄汁、酸汁	
	上辣椒油	根据客人的情况提供相应的辣椒油，摆放与三味碟平行	
	上纸巾	包装纸巾用碟子垫底再上	
	上调料	根据点菜情况，如点了刺身或寿司准备寿司酱油，酱油碟倒三分之一的酱油即可，放在骨碟的右上方	

续表

操作步骤		操作标准	备注
上沙律前菜	上沙律	从主宾位开始,将骨碟移放于台垫纸的左边,腾出一个可放沙律前菜的位置,将沙律前菜放在客人面前的中间位置,并将前菜放在沙律的右上方	
	系围裙	将叠放整齐的围裙双手捧着呈送到客人面前,右手在上方左手在下方,腰微弯,询问客人是否需要系围裙,如客人要系,将围裙在一旁抖开,给客人系好	不要太松或太紧
上酒杯和酒水服务		(1) 根据所点的酒水准备和倒酒器,如喝冰的清酒、梅酒上冷酒杯,喝热的清酒拿清酒篮让客人选自己喜欢的酒杯,喝烧酒准备烧酒杯 (2) 客人若自带酒水也根据需要提前准备器具,如冰块、酒杯等	
上生鱼片、寿司		(1) 把菜放在铁板桌中间位置,并报菜名 (2) 用餐人数多时可以提供分菜服务(先宾后主、先女后男、尊老爱幼、先上司后下属) (3) 给客人分芥末	一次性分空,如多余,征询客人是否需要添加
上菜		(1) 提醒客人上菜 (2) 收拾桌面留出上菜位置 (3) 介绍菜品及食用方法	先上汁后上菜
席间服务		(1) 及时收走吃完的空碟 (2) 换烟灰缸 (3) 加酒 (4) 清理台面	如中餐服务
上水果、雪糕、解围裙		(1) 上完炒饭,询问客人是否需要上水果或雪糕 (2) 客人用餐完毕为客人换热茶和热毛巾 (3) 用餐完毕,征求客人意见是否需要解下围裙	
结账送客		同中餐服务	

项目小结

餐饮服务基本技能:餐厅服务员必须熟练掌握的托盘、铺台布、餐巾折花、摆台、斟酒、点菜、上菜、分菜、撤换等工作技能,能够为客人提供更好的程序化、标准化服务。

中餐零点服务:是指在中餐厅接待散客,为临时来用餐的宾客提供就餐服务。

中餐宴会服务:是为了表示欢迎、答谢、祝贺、喜庆等社交目的需要,根据接待规格和礼仪程序而举行的一种隆重、正式的餐饮活动。它具有气氛隆重、消费标准高、就餐人数多、讲究服务礼仪以及服务标准化等特点。

法式服务(French service)。法式服务在西餐服务中是最豪华的服务。法式服务注重服务程序和礼节礼貌,注重服务表演,能吸引人的注意力,服务周到,每位客人都能得到充分的照顾。缺点是:节奏缓慢,需要较多的人力,用餐费用高,餐厅空间利用率和餐位周转率都比较低。

美式服务(American service)。美式服务是西餐零点和西餐宴会理想的服务方式。美式服务简单、快捷,餐具和人工成本都比较低,空间利用率及餐位周转率都比较高。

英式服务(English service)。英式服务又称家庭式服务。英式服务家庭的气氛很浓,许多服务工作由客人自己动手,用餐的节奏较缓慢。

团体包餐:是指因旅游、会议、会展等活动由主办方组织在一起的人群,按一定的就餐标准、就餐规格,定时用餐的就餐形式。具有人数多、口味差异较大,进餐时间相对固定,服务要求迅速等特点。

自助餐:是起源于西餐的一种就餐方式,有时亦称冷餐会,服务人员将厨师烹制好的冷、热菜及点心按要求摆放在餐台上,由客人自己随意取食的用餐方式。它是一种非正式的西式宴会形式,在现代大型商务活动中比较常见。

会所式餐饮服务:会所模式满足了人们对生活品质的要求,跟上了时代发展的步伐,也将成为一种发展趋势。与一般餐饮相比具有极高的消费标准、极高的服务水准、提供精品化服务等特点。

检 测

一、案例分析

碰了客人的头

一日,某店面来了几位宾客。服务员小徐为客人服务,上菜的时候,小徐不小心将托盘撞在了一桌年龄最大的老爷子的头上。老爷子倒是没说什么,但孩子们很不高兴,责问小徐:"你怎么回事?碰到了别人怎么连个歉意都没有?"小徐生硬地说:"对不起!"然后放下菜转身走了。这下更激怒了这一家人,马上叫来经理,站起来和经理理论。经理诚恳地向老先生道歉,但孩子们还是不满意。最后经理答应给客人打了8.8折,客人才坐回了座位上。

分析:本案中的小徐从客人的肩部以上上菜已是不对,向客人道歉的时候还心存不满,把个人的情绪带到工作中来,是工作中的大忌。服务人员在服务过程中要用礼貌用语,切忌语言生硬,缺少人情味,更不可以有发泄行为出现。否则,不仅会给酒店带来经济损失,而且会给酒店带来负面影响。

选错上菜口

王先生、刘先生两家到某酒店用餐,服务员小赵把他们带到包间。因为两家孩子都比较小,不好好吃饭,尤其一见到热闹场面就更加兴奋,王先生让孩子在靠近包间门口的地方坐下,免得打扰大人聊天。在上菜的时候,小赵突然感觉到身体被撞了一下,手里的菜晃了下,热汤洒了出来。后来,经检查,其中一个孩子轻度烫伤。小赵受到责罚,酒店也赔偿了客人费用。

分析:餐厅服务人员在上菜时一定不能图省事、图方便,要严格按上菜的要求上菜,这样才能避免发生不必要的误会与危险。服务人员在上菜过程中应注意:不要在老人和小孩子旁上菜;不要在正在谈话的客人之间上菜;不要从客人头上或肩上上菜;不要在主宾之间上菜。

吃了半顿饭

一天,王太太与几个朋友到某酒店用餐。点完菜后,服务员端上了冷菜,但等了很久也不见热菜上来。王太太忍不住去催问。服务员告诉他,今天顾客太多,实在太忙,请您再等一下,马上上菜。王太太又等了近半小时,仍不见上菜。王太太非常生气:"走,咱们不在这儿吃了!"王太太与朋友们快走出大厅的时候,服务员追出来说:"女士,您还没有买单呢!"

王太太没好气地说："我们根本就没吃上饭,买什么单?""女士,实在对不起,今天的确太忙了,要不然您再等一会?""什么?还等?再等就吃晚饭了。""那请您把账结了吧。"服务员着急地说。王太太的朋友说:"不是我们不想结账,可你们只给我们上了两个冷菜,让我们怎么办?"尽管如此,王太太还是回到餐厅,把账给结了。临走的时候对服务员:"你们这样的店以后再也不想来了。"

分析:由于酒店上菜速度慢,又没有采取措施及时补救,使高兴而来的王太太及朋友们非常的生气,把第一次光临变成了最后一次光临,造成了酒店的损失。

上菜速度是客人非常在意的,上菜速度的快慢直接关系到客人对酒店的评价,关系到酒店的利益。如果酒店客人太多,就需要服务员密切与后厨配合,及时与客人沟通。

二、小组讨论

1. 迎宾员如何领位?
2. 点菜员应如何推荐菜肴。
3. 餐饮服务人员应如何看待餐巾折花这一基本功。

三、课内实训

1. 分小组进行中西餐宴会摆台实训。
2. 分小组进行餐巾折花比赛,介绍本组作品。
3. 分小组进行托盘斟酒、徒手斟酒、桌斟与捧斟服务工作。
4. 采用不同的分菜方法,按分菜操作程序与标准对分菜服务进行练习。
5. 准备西餐摆台常用的餐具、酒具、各种物品,以提问、回答的方式分别说出各种器具的名称、用途。

四、课外拓展

1. 在服务过程中不小心打翻托盘,果汁洒在客人的衣服上、餐桌上、地上,你遇到此类情形应该怎么办?
2. 小组情景模拟:撤换工作的服务流程,其他同学进行评定。
3. 预先设定主题,布置小组餐桌。

项目三　菜单设计与制作

学习目标

- 了解餐厅菜单的的概念、种类。
- 理解菜单的作用、菜单内容、菜单设计的依据。
- 掌握菜单分析、菜单定价、菜品选择和编排、菜单制作的方法。
- 应用菜单设计方法和技巧,结合本地餐饮业实际情况设计一份宴会菜单。

项目导读

餐厅的一切经营活动始于菜单。菜单反映了餐厅的经营水准和风格,是餐厅与顾客沟通的重要渠道,也是餐厅一切活动的总纲。餐饮部管理人员和服务员都应熟悉餐厅菜单的类型、菜单内容,掌握菜单的促销方法。餐饮管理人员还要掌握菜单设计的方法和技巧,设计出内容信息完整、语言文字规范、外形设计精美、符合餐厅主题的有吸引力的菜单,满足宾客的就餐需求,保证餐厅良好的经济效益。本项目要点内容如表3-1所示。

表3-1　本项目要点内容阅读导引表

菜单设计基础工作	菜单设计与制作
菜单内容和作用	菜单设计原则
菜单的种类	菜单菜品选择
菜单的特点	菜单制作
菜单定价	菜单调整

模块一　菜单设计基础工作

任务导入

菜单认知——认识菜单种类、作用和特点,掌握菜单定价的方法

1. 通过计算机网络查找餐厅菜单、收集餐厅菜单实例,由教师展示,学生对教师出示的菜单实例进行评价,认识各类菜单。
2. 教师讲解菜单特点、菜单定价等相关知识点。

工作任务一　菜　单　认　知

基础知识

一、菜单的内容和作用

1. 菜单的定义

菜单一词源自拉丁语,原意是"指示的备忘录",是厨师用于备忘而记录的菜肴清单。现代餐厅的菜单,不仅要给厨师看,重要的是给客人看。菜单是餐厅向就餐者提供商品的目录。餐厅将其提供的所有餐饮产品、服务和价格以书面形式或其他形式展示给顾客,便于顾客选择。

2. 菜单的内容

菜单内容的设计与编写涉及餐厅如何将菜品信息传递给客人。一份完整的菜单,应该包含以下 4 个方面的内容。

(1) 菜单的名称和价格。这是菜单内容的核心部分,菜单上的菜名会在就餐客人的头脑中产生一种联想,菜肴的名称直接影响就餐者对菜肴品种的选择。

(2) 描述性说明。描述性说明就是以简洁的文字介绍该菜品的主要原料、制作方法和风味特色。菜单上应列出的向顾客介绍的内容包括:主要原料、配料以及一些独特的浇汁和调料;菜品的烹调与服务方法;菜品的份额;菜品的烹调准备时间;重点促销的菜肴。

(3) 告示性信息。告示性信息必须十分简洁明了,一般包括以下一些内容:餐厅的名字,通常安排在封面;餐厅的特色风味;餐厅的地址、电话和商标记号,一般在菜单的封底下方,有的菜单还附有简易地图,列出餐厅在城市中的地理位置;餐厅的营业时间,一般列在菜单的封面或封底;餐厅加收的费用。

(4) 机构性信息。有些菜单上还介绍餐厅的质量、历史背景和餐厅特点等。许多餐厅需要推销自己的特色,而菜单是推销的最佳途径。

3. 菜单的作用

(1) 菜单是沟通消费者与餐饮经营者的桥梁。餐饮企业通过菜单向顾客介绍餐厅的产品,推销餐饮服务,顾客通过菜单选择自己所喜欢的菜品和饮料,经营者和消费者通过菜单开始交流。

(2) 菜单可反映餐厅的档次和经营水平。通过浏览菜单上菜品的种类和价格,以及菜单的封面设计、装帧布局,顾客很容易判断出餐厅的风味特色以及档次的高低。

(3) 菜单既是艺术品又是宣传品,能促进餐饮销售。一份设计精美的菜单可以烘托用餐气氛,能够反映餐厅的格调,可以使顾客对所列的美味佳肴留下深刻印象。菜单上内容的合理安排、菜肴和餐具图片的刻意呈现都会影响就餐者对菜肴的选择,能促进重点菜肴的销售。

(4) 菜单反映了餐厅的经营方针。餐厅设备与用具的采购、餐饮原料的采购、餐厅装饰及餐厅服务等,都是以菜单为依据的。

（5）菜单是餐饮服务质量的准则。菜单决定了餐饮服务的方式和方法，服务人员必须根据菜单的内容及种类，提供各项标准的服务程序，提高客人的满意度。

（6）菜单控制着餐饮成本及利润。菜单内容一经确定，也就决定了餐饮企业食品成本的高低。用料珍稀、价格昂贵的菜品必然导致原料成本的上升，而制作讲究、精雕细刻的菜品太多，又必然导致劳动力成本的上升。

二、菜单的种类和特点

1. 菜单的种类

菜单的分类方法有很多种，一般可根据菜单使用周期、餐别、餐厅经营形式等因素来加以分类。根据市场特点（周期性）分类，可将菜单分为固定性菜单、循环性菜单、即时性菜单和综合性菜单；根据菜单价格形式分类，菜单可分为零点菜单、套菜菜单和混合菜单；根据餐别分类菜单可分为中餐菜单、西餐菜单、宴会菜单、客房送餐菜单、酒水单等；根据菜单装帧制作的方法分类，菜单可分为合卡式菜单、招贴式菜单、纸垫式菜单、折叠式菜单、活页式菜单等；根据用途分类，可分为自助餐菜单、风味餐馆菜单、房内用餐菜单、儿童菜单、营养保健菜单等。

2. 菜单的特点

（1）固定菜单。固定菜单是指每天都提供相同菜目的菜单。适用于就餐顾客较多，且流动量大的商业型餐厅。固定菜单的优点：①有利于食品成本控制；②有利于原料采购与贮存；③有利于餐厅设备的选购与使用；④有利于劳动力的安排和设备的充分利用。固定菜单的缺点：①缺乏灵活性。由于菜式固定不变，饭店必须无条件地制作菜单上的菜品，即使食品原料价格上涨，餐厅也不得不继续采购，并以原菜单上的价格销售，餐厅的盈利就会受到影响。②缺乏创新，易使人产生厌倦感。固定菜单不需要创新，容易使服务员和厨师的工作变得单调，工作中缺乏创新和挑战，容易使他们产生厌倦感，从而降低劳动生产率。

（2）循环菜单。循环菜单是指按一定天数循环使用的菜单。使用循环菜单，餐厅必须按照预定的周期天数制定一整套菜单，每天使用其中一套。当整套菜单全部使用完毕后，就算结束了一个周期，然后周而复始，再重新使用这套菜单。与固定菜单相比，循环菜单也有其优势和缺点：菜品每日翻新，丰富多样，顾客不会感到单调；每天的变化也会给员工带来新鲜感，避免厌烦情绪。缺点是剩余食品原料不便利用（尤指西餐）；采购麻烦，库存品种增加；使用设备多，使用率低（尤指西餐）。

（3）即时性菜单。这种菜单既不固定也不循环，是仅供限定的天数内或某一餐饮活动中使用的菜单。特点为即时性、短暂性。如：美食节等餐饮促销活动的菜单、每日精选的菜单、宴会菜单。

（4）零点菜单。零点菜单又称点菜菜单，是指每道菜都单独标价的菜单。菜单上菜式丰富多样，可供顾客自由选择，满足了顾客个性化需求，是餐厅中使用最广泛的一种菜单形式。

（5）套菜菜单（Menu for Table d'Hote）。套菜菜单，是指在一个价格下所包括的整套餐饮。套菜菜单可以是为团体客人所提供的餐饮，也可以是为单独的顾客所提供的一整套食品，如会议套餐、情人节套餐、儿童节套餐等。

（6）宴会菜单。宴会菜单具有一定的规格质量，是由一整套菜品组成的菜单。菜肴要求制作精细，搭配合理，层次分明，重点突出。宴会菜品通常注重菜品的设计品位，有水果、蔬菜、食品雕刻点缀，以体现其规格档次和精细化。

(7) 房内用餐菜单。是对住店客人提供的一种餐饮服务项目,主要针对一些不去餐厅就餐而要求将菜品送到客房内用餐的客人提供的服务。菜单简单明了,品种较少,但各类菜品的选料质量要高,原料要新鲜,烹调工艺较简单。

(8) 合卡式菜单。合卡式菜单由菜单封面、菜单正页和菜单封底组成,是最常见的菜单装帧方式。主要适用于各种正餐菜单。其特点是菜单内容量大,具体详实,宾客有充分的选择余地。缺点是制作成本较高。

(9) 招贴式菜单。招贴式菜单张贴或悬挂于酒店餐饮场所或公共区域的空间,易于被客人发现和使用,它发挥了菜单的广告功能。

(10) 纸垫式菜单。纸垫式菜单用于服务快捷的快餐厅、速食店和咖啡厅,以及"每日特选"、"厨师特选"等销售形式中。这类菜单一般设计制作都比较简单,成本较低。绝大多数为一次性菜单。

(11) 折叠式菜单。折叠式菜单常见于中西餐宴会、特别推销等销售形式的菜单中,以两折、三折的形式居多。这类菜单既可以平放在桌面上,也可以立在桌面上。起着点缀和吸引顾客的作用。

(12) 活页式菜单。活页式菜单是在激烈的市场竞争中产生的一种菜单形式,这种菜单对经营者来说非常方便、灵活。可以随时根据市场需求的变化调整菜单品种而不必重新制作菜单。

(13) 艺术式菜单。艺术式菜单是具有一定艺术造型、丰富多彩的菜单的总称。这类菜单多用于重大的节日、美食节等的推销活动,如用于春节推销的宫灯式菜单,螃蟹美食节推销的螃蟹状菜单等。这类菜单往往以独特的造型和色彩体现出与一般菜单的不同,促使客人翻阅菜单,给客人留下难忘的印象,达到推销产品的目的。

【例3-1】
随着儿童在现代家庭中的核心地位越来越强,家庭的就餐选择受儿童左右的倾向也越来越明显。美国巴尔的摩市五星级的万丽湾景酒店(Renaissance Harborplace Hotel)餐厅,就备有精美的儿童菜单(Kids Menu),列在菜单上的食品和饮料品种并不是很多,都集中印在一张色彩鲜艳的纸上,字体活泼,而且字号较大,便于儿童阅读。菜单的封面是请曾在餐厅用过餐的小客人设计的,活泼可爱。儿童菜单里还有一本当月的《儿童体育书报》(Sports Illustrated for Kids)。每次有儿童客人在父母的带领下来餐厅用餐时,服务员都会先为小客人送上干净整洁的儿童菜单,令小朋友们喜出望外。餐厅精心为儿童设计的各类图文并茂的套餐菜单或单点菜单,这无形中吸引了相当一部分儿童及其家庭强大客源市场。

工作任务二 菜 单 定 价

基础知识

一、餐饮产品价格的构成

(1) 成本。包括食品或饮料成本。在计算食品原料的成本时,不仅仅计算其净料,而应该计算其购进时的毛料。饮料在计算成本的时候,要涉及滴漏损耗问题,在计算一杯净饮或鸡尾酒的成本时,应把滴漏、溢出的损耗考虑在内。

(2) 费用。生产和销售费用的各项开支,主要包括人工费、租金、折旧费、水费、电费、煤气费、行政管理费及其他各项费用。

(3) 税金。餐饮企业作为一个营利性的商业实体,应当向国家或地方税务局缴纳税金。国内的餐饮企业通常应把营业税分摊到每份菜品或饮料上进行销售。

(4) 利润。所有的餐饮企业是以盈利为经营目标的,所以餐饮企业经营的主要任务是获取最大限度的利润。所以在制定价格时应考虑到利润目标。

二、产品定价原则

(1) 价格反映产品价值。餐饮产品的价格是以其价值为主要依据制定的。其价值包括三部分:一是生产资料转移的价值;二是劳动力的价值;三是税金。

(2) 价格必须适应市场需求,反映供求关系。定价既要能反映产品的价值,还需要反映供求关系。旺季时价格可比淡季时略高一些;历史悠久、声誉好的餐厅的价格要比一般餐厅要高点;地点好的餐厅价格相对高些。但价格的制定必须适应市场的需求能力,价格不合理,定的过高,超过了消费者的承受能力,或"价非所值"必然引起客人的不满意,会降低消费水准,减少消费量。

(3) 制定价格既要相对灵活,又要相对稳定。菜单定价应根据供求关系的变化而采用适当的灵活价,如优惠价、季节价、浮动价等,调节市场需求以增加销售,提高经济效益。但是菜单价格不宜变化太频繁,每次调价幅度最好不超过10%,降低质量的低价出售以维持销量的方法亦是不可取的。

(4) 自我调节,利于竞争。餐饮产品价格是调节市场供求关系的经济杠杆,也是参与市场竞争的有力武器。既要考虑同规格、同类型餐饮企业产品的毛利和价格水平,又要突出企业自身竞争的策略和技巧,掌握竞争的主动权。

(5) 服从国家政策,接受物价部门督导。餐饮产品价格还必须符合国家的价格政策,在政策允许范围内确定产品的毛利率。

【特别提示】

菜单定价策略无论是对于商业性餐饮企业还是非商业性餐饮机构来说都非常重要。为保证餐饮企业达到财务目的,餐饮管理人员必须能为菜单上每一个菜肴确定出有效的销售价格。制定合理的餐饮产品价格不仅要考虑成本、费用、利润,最重要的是对客人支付能力的敏锐洞察力和掌握程度。

实践操作

确定产品价格

1. 随行就市法定价

(1) 定价时一般以同行业竞争对手的价格作为参考依据,根据市场变化而灵活定价,是一种以竞争为核心的定价策略。

（2）使用这种方法要注意以成功的菜单定价为依据，避免照抄照搬其他不成功的菜单定价。

（3）这种方法使用时同样要结合市场需求的变化而灵活调整价格。

2. 成本加成法定价

（1）是按成本再加上一定的百分比定价（加价率），不同餐厅定价采用不同的加价率。

（2）这是一种以成本为中心的定价方法。

（3）计算公式：餐饮产品的价格＝成本×(1＋加价率)

【例3-2】

某餐厅一份糖醋鲤鱼，所用鱼的成本为10元，配料和调料成本为1元，规定加价率为65％。请按成本加成定价法计算糖醋鲤鱼的价格。

解：价格＝(10＋1)×(1＋65％)＝18.15(元)

（4）不同类别的菜肴可以采用不同的加价率。一般而言，低成本和滞销的菜肴应适当提高加价率，开胃品和点心可以采用高加价率，高成本的菜肴和销量大的菜肴应适当降低加价率。

3. 成本系数法定价

（1）计算产品成本。

（2）估计食品原料成本加成百分比（预期食品成本率）。

（3）计算成本系数，用100％除以成本加成百分比。

（4）计算价格，用食品原料成本乘以成本系数。

【例3-3】

某餐厅一小盘炒鸡蛋的成本为2元，计划食品成本率为40％。请按成本系数法计算其价格。

解：成本系数＝1÷40％＝2.5

价格＝2×2.5＝5(元)

（5）上述步骤中的成本指菜肴的直接成本。

4. 利润目标法定价

（1）利润目标定价法首先要保证把要获得的利润和非食品成本作为定价策略的因素。即从预计餐饮收入中减去非食品费用和要获得的利润，求出年餐饮允许达到的成本（限制食品成本）。计算公式：限制食品成本＝预测收入－非食品费用－目标利润

（2）计算预算成本率。计算公式：预算餐饮成本率＝限制食品成本÷预测餐饮收入

（3）计算每种菜肴的价格。计算公式：售价＝菜肴标准成本÷预算成本率

【例3-4】

某餐厅下年的预算餐饮收入为800 000美元，非食品费用为415 000美元。目标利润为75 000美元。如某种菜肴的标准成本是1.50美元，请按利润目标定价法计算其价格。

解：限制的食品成本＝800 000－415 000－75 000＝310 000美元

预算餐饮成本率＝310 000÷800 000≈0.39(约39％)

售价＝1.5÷0.39≈3.85美元

该例中，菜单菜肴的基本售价是3.85美元。这一基本价格可根据各种因素的变化而调

整,包括顾客认可的价值、竞争对手的价格、舍去零头的价格等。

5. 需求导向定价

需求导向定价法又称顾客导向定价法,是指餐饮企业根据市场需求状况和餐饮消费者的不同反映分别确定产品价格的一种定价方式。其特点是:平均成本相同的同一餐饮产品价格随需求变化而变化。

需求导向定价法一般是以产品的历史价格为基础,根据市场需求变化情况,在一定的幅度内变动价格,以致同一餐饮产品可以按两种以上价格销售。这种差价可以因顾客的购买能力、对餐饮产品的需求情况、餐饮产品的种类以及消费的时间、地点等因素而采用不同的形式。如以菜品为基础的差别定价,同一菜品因装盘或其他改良情况不同而售价不同,但与改良所花费的成本并不成比例;以场所为基础的差别定价,虽然成本相同,但具体销售地点不同,价格也有差别。

这是根据消费者对商品价值的认识程度和需求程度来决定价格的一种策略,有两种不同方法:

（1）理解价值定价。根据餐厅所提供的食品饮料的质量以及服务、广告推销等"非价格因素",客人会对该餐厅的产品形成一种观念或态度,依据这种观念制定相应的、符合消费者价值观的价格。

（2）区分需求定价。餐厅在定价时,按照不同的客人（目标市场）,不同的地点、时间,不同的消费水准、方式区分定价。这种定价策略容易取得客人的信任,但不容易掌握好。

【特别提示】

以需求为中心的定价方法是根据市场需求来制定的价格。如果说,以成本为中心的定价方法决定了餐厅产品的最低价格,则以需求为中心的定价方法决定了餐厅产品的最高价格。在实务中,根据市场情况,可分别采取以高质量高价格取胜的高价策略,也可采取以薄利多销来扩大市场,增加市场占有率为目标的低价策略,以及采用灵活的优惠价格策略,给客人以一定的优惠,来争取较高的销售额和宣传推销本餐厅产品的效果。

模块二 菜单设计与制作

任务导入

菜单设计与制作——科学合理选择和布局菜单内容、掌握菜单设计方法、菜单分析方法

1. 学生以小组为单位,各小组长组织小组成员前往本地校外的酒店或餐饮企业实习,根据菜单设计的原则和要求,结合本地资源和市场特点,为客人设计一份婚庆宴会菜单。要求:(1)人数200人;(2)季节:春季;(3)价格:每人100元（酒水除外）;(4)规格:8个冷盘,7道热菜,1个汤品,2份点心,1个水果拼盘;(5)销售毛利率:45%;菜肴按出菜顺序排列。

2. 学生作品在课堂展示,小组代表宣讲,学生和教师共同评价,教师总结。

3. 教师课前将某酒店的一次菜单分析会实例提供给学生,分小组讨论,整理后各小组派代表在课堂上阐述本小组的分析过程和结论。要求:(1)理解菜单分析的目的;(2)掌握菜单分析的方法;(3)掌握菜品选择方法。

4. 教师讲解菜单设计与制作的知识点。

工作任务一 菜单设计

基础知识

一、菜单设计的原则

1. 以市场需求为导向

市场需求是餐饮经营的指挥棒。要使餐厅的菜单具有吸引力,就必须进行认真的市场调研,确定目标市场,根据目标顾客的需求来设计菜单。餐饮企业通过市场调查,确定一个最适合于餐饮经营的目标市场,从研究消费群开始,应了解目标顾客群的消费欲望、消费心理和消费情绪,摸透消费者的真正需求,制定适当的菜单、服务、定价等经营策略,满足消费者的需求。

【例 3-5】

婚宴的"主角"通常是大鱼大肉等荤菜,2011 年 8 月,江苏镇江国际饭店却举办了一场全素婚宴,20 多道菜肴和主食没有一点荤腥。全素宴是根据主办婚宴的新人家庭要求的:一方面顾客平时就喜欢吃素,更重要的是想倡导健康的生活方式。全素婚宴菜单的菜肴如"刺身生鱼片"、"黑椒汁牛排"、"鲍汁扣辽参"、"金牌红烧肉"等,全部是用素食材料精制而成。这些菜肴大多用了大豆纤维做原材料,再根据荤菜的口味,搭配一些调味料,吃起来还有相应的荤菜口味。别看全是素食,其实营养丰富。

2. 充分体现本餐厅的特色

菜单是沟通消费者与经营者的桥梁。因此餐饮企业应充分利用这一工具,在菜单设计时应考虑竞争对手的经营内容和服务项目,最好采用差别化产品策略,突出本企业的餐饮风格特色,从而在消费者心目中树立起有别于其他餐饮企业的形象。

3. 适时创新以适应菜肴消费新趋势

喜新厌旧是人们的共同心理,市场消费需求总是在不断变化的,餐厅菜单设计要能适应市场菜肴流行和发展的潮流,反映国内销量最大的菜肴帮系,反映当地人最喜欢的菜肴品种。菜单的创新,就是要做到"三新"、"两调整",即原料常用常新,品种要常换常新,烹调方法也要经常更新;调整供应结构,调整供应价格。

4. 充分掌握食品原料的供应情况

凡是列入菜单的菜品,厨房必须无条件保证供应。因此,在设计菜单时必须考虑食品原料的供应情况。

如果某些原料因市场供求关系、采购和运输条件、季节、餐厅的地理位置等客观条件不能保证供应的话,餐厅最好不要把这些原料制作的菜品放在固定的印刷菜单上,可以在菜单中留出一定的空间,将这些菜品名称打印成小卡片,附在菜单里,或者放在餐桌上。

餐饮食品原料大多具有较强的季节性,大多数季节性原料大量上市时,原料易得,质量好,价格低,根据时令节气,及时调整菜单,增加时令菜品,可以降低成本增加餐厅的利润,同时,也能满足顾客求新的需要。

5. 注重营养搭配,菜品花色品种多样化

食品原料品种和烹调方法应多样化,不应重复味道相同或相近的菜品。顾客的口味需求呈多样化的特点,菜单中菜品过多的味道重复会使顾客感到厌烦。对于一般的餐厅来说,菜单项目应尽量满足顾客对各种原料菜品的需求。

菜单上所列菜品的色彩要丰富鲜明、和谐悦目,根据原料本身的性质、形状提供各种质地和造型的菜品,既给顾客以感官上的刺激和美感享受,也使他们有根据自己的喜好选择菜品的余地。

菜单设计还必须考虑人体营养需求这一因素。食品中包含有蛋白质、碳水化合物、脂肪、维生素、无机物和水等六大基本营养素,营养平衡有利于健康,这就要求菜肴的各种原料搭配应该科学合理。

【例 3-6】

"巨无霸汉堡"热量是 484 千卡,含钙 152 毫克;"大薯条"维生素 C 含量是 5.8 毫克,而"麦辣鸡腿汉堡"热量为 553 千卡……从 2005 年 9 月 27 日开始,麦当劳(中国)有限公司在北京公开了餐单营养成分。

从 2005 年 9 月 28 日起,麦当劳将在全国范围内推出低脂酸奶、纯净水。麦当劳此次倡导的均衡生活方式包括三大部分:增加膳食种类,均衡膳食;鼓励支持体育锻炼;提供更多的营养健康信息。麦当劳在全国所有餐厅设立营养信息资讯站,公开餐单营养成分,为消费者提供简明易懂的营养信息。麦当劳(中国)有限公司首席市场营运长罗凯睿先生表示,麦当劳公开其每项产品的营养信息是为了帮助消费者在为自己和家人选择食品时做出更加明白均衡的选择。

6. 量力而行,确有把握

以自己的能力为依据设计菜单,才能确保其发挥最佳的效用。所以,菜单设计者应对餐厅的生产能力做到心中有数,且具备过硬的生产服务技艺,保证所选择的菜品质量能达到预期的效果。这就要求在策划菜品时应充分考虑厨房生产人员的技术水平,同时要配有生产许多菜品的专用设备。

【特别提示】

菜单设计应是在市场调查的基础上,综合顾客需求、市场环境和餐饮企业自身情况等方面的因素,认真研究菜单主题,选择菜品、制作原料和烹调方法,再经过形式设计和美化,最终呈现给顾客。

二、菜单设计的流程

菜单的设计需注意餐厅顾客群定位、顾客消费趋势、厨师拿手菜系与菜品、菜品成本与价格范围等等。所以菜单设计时应按照下面的菜单设计工作流程操作。

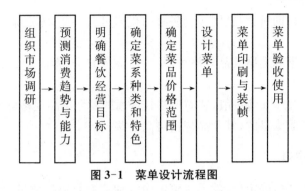

图 3-1 菜单设计流程图

实践操作

一、准备所需参考资料

这些资料包括：各种旧菜单，包括企业正在使用的菜单；库存信息和时令菜单、畅销菜单等；每份菜成本或类似信息；各种烹饪技术书籍、普通词典、菜单词典；菜单食品饮料一览表；过去销售资料。

二、组织市场调研

餐饮部经理组织本部相关人员或委托外部专业机构进行市场调研，了解当地消费情况、人群特点、风俗习惯等，形成调研报告。根据市场调研报告与结果，预测本酒店的餐饮消费趋势与能力。

三、明确餐饮经营目标

根据酒店战略规划和经营目标，餐饮部经理向厨师长、餐饮部工作人员明确餐饮经营目标与经营特色。

四、确定菜单类别

在设计菜单之前，首先要了解和明确菜单的类别，根据不同类别菜单的要求和特点，设计相应的菜单。餐饮部经理和厨师长等根据市场调研报告和餐饮经营目标，确定适合本餐厅的菜系种类和特色。餐饮部的零点菜单主要针对来自四面八方的客人，按照客人喜爱的菜品自由点菜，为满足这类顾客的饮食需求，在菜单设计中要考虑菜肴的品种、风味要多样，数量也要多一些，便于顾客自由挑选。而团体套餐根据饮食对象、用餐的规格和档次，其菜肴的品种、数量以够吃为标准，以满意为目标。

五、确定菜单规格

菜单规格的高低受菜品类别的性质和特点、餐厅的等级和环境、消费者的需求等因素影响。

（1）酒店类型。外卖店、快餐店菜品规格可低一些，火锅店、烤鸭店等各种特色风味餐厅的菜品其规格可高一些。

(2) 餐别类型。自助餐菜品、团体套餐菜品规格可低一些,零点菜品、一般宴会套菜菜品其规格可高一些。

(3) 宴请目的。家庭宴席菜品规格可低一些,商务宴会、喜庆宴会、重大的招待会等菜品规格可高一些。

(4) 餐厅氛围。餐厅环境一般、装潢风格较普通的餐厅菜品规格可低一些;餐厅环境豪华、装潢风格优雅、富丽堂皇的,其菜品规格可高一些。

六、确定菜品原料

当菜单的类别和规格确定后,就要对菜单中每种菜肴原料的数量、品质、配料的搭配比例等做出必要的规定,推行标准菜谱。标准菜谱是指关于菜点烹饪制作方法及原理的说明卡,它列明某一菜点在生产过程中所需要的各种主料、辅料及调料的名称、数量、操作方法,每份的量和装盘工具及其他必要的信息。另外,还要了解原料的供求情况、本企业对原料的采购能力和储藏能力。要做到"三掌握":掌握好每个菜肴的原料的用量,掌握好每个菜肴的主、配料搭配比例,掌握好每个菜肴的原料品质。

七、确定菜品名称

1. 菜品命名原则

(1) 真实可信。菜名要能体现菜品的特色,反映菜品制作的全貌。反对故弄玄虚,华而不实。曾经有的餐厅菜单出现了"情人眼泪"、"金屋藏娇"等菜名,其实就是芥末拌肚丝和西红柿鸡蛋,这样的菜名起得名不符实,让人如坠雾里,容易引起顾客的反感。

(2) 便于记忆。菜单名称要易记好听,能够突出菜品特色,显示一定文化内涵,如龙虎斗、叫化鸡、佛跳墙等。

(3) 雅致得体。优雅别致的菜名,朴素大方,含义深刻,在客人点菜或上菜报菜名时,能达到"先声夺人"的效果,从而激起人们的食欲,起到良好的促销效果。

(4) 富于艺术。菜名应雅俗共赏,耐人寻味,集科学性、艺术性、趣味性、独特性为一体,满足客人心理需求,能够使消费者产生美好的联想,体现人们美好的愿望。

2. 菜品命名方法

(1) 写实性命名方法。菜名如实反映原料搭配、烹调方法、风味特色或冠以发源地。强调主料,再辅以其他因素,通俗易懂,简单明了,名实相符。中国北方菜名偏重写实,一般菜品崇尚朴实,日常便宴菜名趋向自然、稳重、朴实,适用于宴会销售菜单,厨师生产、员工服务的生产菜单。如表3-2所示。

表3-2 写实性菜品命名方法

命名方法	命 名 特 点 与 实 例
配料加主料	如龙井虾仁、腰果鸡丁、芦笋鱼片、松仁鳕鱼、西芹鱿鱼等,使客人知道菜肴主、辅料的构成与特点,能引起人们的食欲
调料加主料	如黑椒牛排、茄汁虾仁、蚝油牛柳、豆瓣鲫鱼、韭黄鸡丝等,用特色调料制成菜肴,突出菜肴口味
烹法加主料	如小煎鸽米、大烤明虾、清炒虾仁、红烧鲤鱼、黄焖仔鸡、拔丝山药、糟熘三鲜、余奶汤鲫鱼等,突出菜肴的烹调方法及菜肴特点,知道用什么烹调方法和原料制成

续表

命名方法	命名特点与实例
色泽加主料	如碧绿牛柳丁、虎皮蹄髈、芙蓉鱼片、白汁鱼丸、金银馒头等,突出菜肴艺术特性,给人美的享受
质地加主料	如脆皮乳猪、香酥鸡腿、香滑鸡球、软酥三鸽、香酥脆皮鸡等,突出菜肴质地特性,给人美的享受
外形加主料	如寿桃鳊鱼、菊花才鱼、葵花豆腐、松鼠鲑鱼、琵琶大虾等,突出菜肴美观外形,给人美的享受
味型加主料	如酸辣乌蛋羹等,突出菜肴味型特性,给人美的享受
器皿加主料	如小笼粉蒸肉、瓦罐鸡汤、铁板牛柳、羊肉火锅、乌鸡煲等,突出烹制器皿或盛装器皿及烹调方法
人名加主料	如东坡肉、宫保鸡丁等,冠以创始人姓名,具有纪念意义和文化特色
地名加主料	如北京烤鸭、西湖醋鱼、千岛湖鱼头等,突出菜肴起源与历史,具有饮食文化和地方特色
特色加主料	如空心鱼丸、千层糕、京式烤鸭、响淋锅巴等,体现菜肴特色
数字加主料	如一品豆腐、八珍鱼翅等,富有语言艺术性
调料加烹法加主料	如豉汁蒸排骨、芥末拌鸭掌等,全面了解菜肴所用的主、辅料及采取的烹调方法
蔬果加盛器	如西瓜盅、雀巢鸡球、渔舟晚唱等,将蔬果做出食物盛器的形状来装盛菜肴,既是盛器,又是菜肴
中西结合	如西法格扎、吉力虾排、沙司鲜贝等,采用西餐原料或西餐烹法制成,吃中餐菜肴,体现西餐味道

(2) 寓意性命名方法。针对客人好奇心理或风俗人情,抓住菜品某一特色加以形容夸张渲染,赋予诗情画意,满足客人希望、祝愿或祝贺的心理,起到引人入胜的效果。讲究文采和字数整齐一致,工巧含蓄,耐人寻味。南方菜名擅长寓意,婚寿喜庆宴会的菜名要火爆风趣,特色名贵菜肴追求华美,适用于宣传推销、顾客纪念与量身定制的宴会菜单。对不太容易看明白真相的菜名,可在后面附上写实命名。若是外国菜肴名称不能随意修饰和改变,保证菜名特色和原貌。如表3-3所示。

表3-3 寓意性菜品命名方法

命名方法	命名特点与实例
模拟实物外形	强调造型艺术,形象法,如金鱼闹莲、孔雀迎宾
借用珍宝名称	渲染菜品色泽,如珍珠翡翠白玉汤、银包金
镶嵌吉祥数字	表示美好祝愿,如二龙戏珠、八仙聚会、万寿无疆
借用修辞手法	讲究寓意双关,谐音法,如早生贵子(红枣桂圆)、霸王别姬(鳖鸡)
敷演典故传说	巧妙进行比衬,拟古法,如汉宫藏娇(泥鳅钻豆腐)、舌战群儒等
赋予诗情画意	强调菜肴艺术,文学法,如百鸟归巢、一行白鹭上青天等
寄托深情厚谊	表达美好情感,如全家福、母子会等

(资料来源:叶伯平,《宴会设计与管理》(第四版),清华大学出版社 2014)

工作任务二　菜单制作

实践操作

一、明确菜单形式

菜单的形式多种多样，目前最常用的菜单形式有单页式、折叠式、书本式、活页式、悬挂式和艺术式菜单，选择确定菜单形式关键是菜单的格式、精美程度是否与餐厅的装饰环境相协调。单页式菜单一般用于快餐、小吃店、咖啡厅、茶馆等餐厅；折叠式菜单一般用于各种宴席；书本式菜单多用于零点餐厅；活页式菜单一般用于零点餐厅；悬挂式菜单常用于酒店客房内、餐饮场所或公共区域的空间；艺术式菜单多用于重大节日、美食节等促销活动。

二、编排菜单内容

（1）按就餐顺序来编排。顾客在浏览菜单和点菜时习惯按照就餐顺序。因此，在安排菜单内容时首先要按就餐顺序排列。中餐菜单一般的排列顺序是冷菜—热菜（分类排列）—汤羹—主食—饮品。西餐菜单的排列顺序为开胃品—汤—色拉—主菜—甜品—饮料。

（2）按菜肴所用的主料来编排。如山珍类—海味类—河鲜类—家畜类—家禽类—蔬菜类。

（3）按菜肴的饮食功用来编制菜单。如滋补类—养颜类—健美类—美容类等。

（4）按盛器或加热方法来编排。如火锅系列—铁板系列—烧烤系列—砂煲系列等。

（5）按菜肴风味或菜系来编排。如西北风味—北方风味—南方风味—江苏风味—山东风味等。

（6）按推销产品的方法来编排。如时令菜单—特选菜单。

（7）按宴席的类别来编排。如生日菜单—婚宴菜单—美食节菜单—商务宴席菜单—招待宴席菜单等，这类菜单要根据饮食对象、规格和要求，从冷菜、热菜、点心到甜品、水果等形成一整套菜单。

（8）按烹调方法来编排。如炒类—烤类—爆类—炖类—烧类—炸类—焗类等。

三、推销特殊菜品

餐厅的特殊菜品包括时令菜、特色菜、创新菜、招牌菜和利润高的菜品，需要特别推销，可通过一些特殊的处理方法，以吸引消费者选择。通常使用的方法有：

（1）位置：主菜在菜单中的理想位置应安排在菜单最醒目的位置，如图 3-2 所示。主菜在单页菜单应列在单页的中间，如图 3-2-1 所示；双页菜单应列在右页，如图 3-2-2 所示；三页菜单应列在中页，如图 3-2-3 所示；四页菜单应该列在第二页和第三页的中间，如图 3-2-4 所示。（图中虚线部分为主菜的理想位置）。

（2）图片：附上菜品的菜色图片。

(3) 展示：将菜品以实物的形式在橱窗内展示。

(4) 将菜单上一些需重点推销的菜肴，用插页、夹页、台卡的形式单独进行推销。

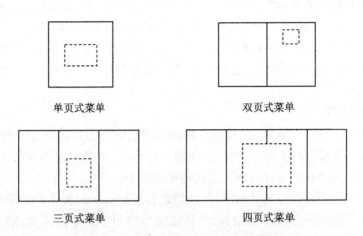

图 3-2　主菜在菜单中的理想位置示意图

四、制作菜单

1. 选用制作材料

菜单内页的制作材料以纸张居多。按以下四种情况考虑：

(1) 根据餐厅使用菜单的周期决定菜单的制作材料。餐厅使用的菜单可分为"一次性"菜单和"耐用性"菜单两种。"一次性"菜单用后就丢弃，可以选择轻巧、便宜的纸张。"耐用性"菜单使用时间较长，应选择质地精良、厚实且不易折断的纸张。

(2) 根据餐厅的档次来决定纸张的质量。档次较高的餐厅应选用较高质量的纸张。

(3) 要考虑纸张的强度、柔韧性、光洁度、油墨及附着性等纸张及印刷技术问题，以保证印刷效果达到最佳。

(4) 根据餐厅主题选用特色材料。可使用本色竹片、本色木片、薄的强化玻璃等材料。

菜单的封面材料应选择较厚实的纸张，可以烫金，即在纸上烫一层薄薄的锡箔。也可以压痕，即将一幅照片用压痕的方式印在纸上。还可以压膜，用一层薄薄的塑料纸覆盖在上面，能防油污和破损。尽量避免使用塑料、绸、绢等材料。

2. 设计菜单封面和封底

(1) 封面图案。菜单封面的图案要展现餐厅的特性与特色，给人最直接的联想，能反映餐厅的经营风格。如乡土风味餐厅，菜单封面应该设计成乡土气息；如果是古典式餐厅，菜单封面应该是古色古香，达到交相辉映的效果。

(2) 封面色彩。如果是一家老字号餐厅，菜单封面的艺术设计要反映出传统色彩。如，北京老正兴饭庄的菜单封面设计色彩以古铜色为基调，还设计有松鹤、古灯图案，给人以古朴典雅之感，充分展示了这是一家历史悠久、历经百年的老店。

(3) 封面内容。餐厅的名称一定要设计在菜单的封面上，并且要有特色，笔画要简单，容易读，容易记忆，这一方面可以增加餐厅的知名度，另一方面又可以树立餐厅的形象。

(4) 封底设计。刊载经营信息的重要版面，如餐厅地址、电话号码、营业时间、信用卡支付方式和其他营业信息等。得体的封底设计,会带给顾客深刻而美好的印象。

【特别提示】

菜单封面和封底是菜单的"门面",是顾客最早接触的部分,其设计如何将影响菜单的效果,封面设计必须符合餐厅的经营风格。封面是菜单的门面,是菜单给顾客的第一印象。首先,封面的设计要体现餐厅的经营特色。其次,菜单封面的设计要与餐厅环境色调相匹配。可以是同一色系,也可以形成反差。一份设计精美的菜单,往往成为餐馆的醒目标志,可以促进销售。

3. 选择菜单字体

菜单的字体要为餐厅营造气氛,反映餐厅的环境。它与餐厅的标记一样,是餐厅形象的重要组成部分。菜单上的字体一经确定,就和餐厅标记、颜色一起用在菜单上,同时还用在火柴盒、餐巾纸、餐垫和餐桌广告牌上及其他推销品上。

(1) 字体。使用令人容易辨认的字体,能使顾客感到餐厅的餐饮产品和服务质量具有一定的标准而留下深刻的印象。仿宋体、黑体较多地被用于菜单的正文,隶书常被用于菜肴类别的题头说明。在引用外文时,应尽量避免使用圆体字母,宜用一般常见的印刷体。当然,中餐宴会菜单也可手写,手写往往更能创造宴会气氛,但字迹必须娟秀、清楚,龙飞凤舞的书法必须以宾客认得清楚为准。

(2) 字型。即印刷菜单时所使用的字体型号的大小。最易于就餐者阅读的字型是二号字和三号字,其中以三号字最为理想。

(3) 排版。菜单的文字不能将整个菜单占满。菜单在篇幅上应保持一定的空白,这样可使菜单内字体突出,易读。如果菜单的文字所占的篇幅超过50%,会使菜单看上去杂乱,妨碍顾客阅读和挑选菜肴。菜单四边的空白应宽度相等,给人以均匀之感。左边字首应排齐。

4. 搭配菜单的颜色与图片

(1) 菜单的颜色要与餐厅的环境、餐桌、口布和餐具的颜色相协调。菜单的颜色具有装饰作用,使菜单更具吸引力,令人产生兴趣,能起到推销菜肴的作用。

(2) 通过颜色显示餐厅的风格和气氛。快餐厅较适合使用色彩鲜艳的菜单,有一定档次的餐厅则较适合采用淡雅优美的色彩为基调设计的菜单。可选用浅红、浅褐、米黄、天蓝等色彩为基调,点缀性地运用鲜艳色彩,使人感到雅致而有档次。

(3) 使用菜单中的彩色照片起到推销菜肴的作用。一张令人逼真美观的菜肴彩照胜于大段文字说明,它是真实菜肴的证据与缩影,许多菜肴、点心、饮品唯有用颜色和照片才能显示其质量,如描绘新鲜牛排、对虾的质量只有使用彩色照片。

(4) 彩色照片的印刷要注意质量。如果印刷质量差,反使顾客倒胃口。彩色照片边上要印上菜名,注明配料和价格,以便于顾客点菜。

【特别提示】

菜单在设计制作中的常见问题:(1)制作材料选择不当,装帧过于简陋。(2)菜单尺寸过小。(3)字型太小,字体单调。(4)涂改菜单价格。(5)缺乏描述性说明。(6)单上有名,厨房无菜。(7)不标出价格。有的菜单不标出菜肴价格,有的只标注"时价"。(8)遗漏。有些菜单经常遗漏餐厅地址、电话、营业时间、经营特色等信息。

表 3-4　宴会菜单设计评分表

序号	项目		分值	得分
1	餐厅背景介绍		5	
2	设计理念介绍		5	
3	菜肴选择		10	
4	菜单内容	菜肴名称与价格	10	
		菜肴介绍	10	
		告知性信息	5	
		机构性信息	5	
		促销菜肴的位置与安排	5	
5	菜单装帧	封面、封底、菜单材料	10	
		文字设计	10	
		插图与照片	5	
		色彩	5	
		规格与篇幅	5	
6	特色及创新		10	
	总计		100	

工作任务三　菜单调整

餐厅经营的好坏与菜单有很重要的关系。菜单设计好后,要多做市场分析,通过菜单的销售分析才能择优汰劣,淘汰销售不佳或不受顾客欢迎的菜品,及时增添符合消费潮流、顾客需求的新菜品。

基础知识

一、ABC 分析法

1. ABC 分析法的基本内容

菜单 ABC 分析法是对菜单品种、销售额进行分析的一种方法。根据每种菜肴销售额的多少,将其划分为 A、B、C 三组。

2. ABC 分析法的产品策略

各组产品策略:A 组菜肴是现在的主力菜肴,也可称为"重点菜肴"。B 组菜肴可能是过去也可能是未来的重点菜肴,也可称为"调节菜肴"。C 组是销售额低的菜肴,一般包括滞销的菜肴、新开发但尚未打开销路的菜肴,或某些低价促销的招牌菜肴。这部分菜肴又称为"裁减菜肴"。根据国际饭店业惯例,A 组菜肴销售额占 70%,B 组占 20%,C 组占 10%。A 组菜肴品目越少,主力菜肴越突出,就越能强化餐厅的个性,同时也可以对 A 组菜肴进行集中管理。

二、ME 分析法

1. ME 分析法的基本内容

ME 分析法是适合同类菜肴分析的一种方法。根据菜品的销售情况和获利能力,将菜单上所有菜品分为以下四类:既畅销又利润高、虽畅销但利润低、不畅销但利润高、不畅销且利润低。

2. ME 分析法的产品策略

第一类菜品既受顾客欢迎又有赢利,肯定要列入菜单。第二类、第四类菜品不应列入菜单或者及时更换,除非有充分理由将其保留。第二类菜品如果价格和赢利不是太低而顾客又欢迎,可以考虑保留,作为吸引顾客到餐厅来就餐的诱饵。第三类菜品可以保留在菜单上,因为它不畅销,因而不会影响其他菜肴的销售,但可以使菜单显得更加丰富多彩。高价菜毛利高,可以用来迎合一些愿意支付高价的客人。

【特别提示】

菜单设计是否合理直接影响到餐饮企业的目标利润是否能完成。菜品的选择要充分考虑食品原料成本及菜品的赢利能力,如果菜单中的菜品高成本的较多,那么即使有完善的食品控制措施,也难以获得预期的利润。掌握正确的菜单分析方法,科学合理地选择既受顾客欢迎,又能获得经济效益的菜品。

实践操作

一、应用 ABC 分析法分析菜单

1.【例 3-7】

天都酒店中餐厅根据统计资料对菜单进行 ABC 分析,见表 3-5:

表 3-5 ABC 分析法实例

编号	品名	单价	销售份数	销售额（元）	销售额构成比	序列号	累计百分比	分类
a	天都小炒	13.00	200	2 600	4.07%	8	95.37%	C
b	滑炒肉丝	12.50	1 100	13 750	21.51%	1	21.51%	A
c	软炸里脊	13.50	910	12 285	19.22%	2	40.73%	A
d	盐水笨鸡	16.00	50	800	1.24%	10	99.02%	C
e	叫花子鸡	22.00	70	1 540	2.41%	9	97.78%	C
f	麻婆豆腐	12.00	400	4 800	7.51%	5	77.96%	B
g	野味素烧	12.50	800	10 000	15.64%	3	56.37%	A
h	葱烧海螺	12.00	360	4 320	6.77%	6	84.73%	B
i	干煎黄鱼	18.00	500	9 000	14.08%	4	70.45%	B
j	绣球全鱼	21.00	30	630	0.98%	11	100.00%	C
k	清炒虾仁	20.00	210	4 200	6.57%	7	91.30%	C
小计	—	—	—	63 925				

2. 分析步骤

（1）统计每月每种菜肴的销售份数，乘以单价，计算出每种菜肴的总销售额。公式如下：

$$每种菜肴的总销售额＝每种菜肴销售份数×单价$$

（2）计算每种菜肴的销售额在餐厅菜肴总销售额中所占的百分比。公式如下：

$$每种菜肴销售额构成比＝该菜肴总销售额÷总销售额×100\%$$

（3）按百分比大小，由高到低排列序号。

（4）按序列求出累计百分比

（5）将菜肴划分为 A、B、C 三组

3. 得出分析结果

（1）b、c、g 为 A 组，为"重点菜肴"，属于菜单主力菜肴，应保留。

（2）f、h、i 为 B 组，为"调节菜肴"。需密切注意这组菜肴的发展趋势，对处在上升趋势的菜肴应加强推销，为替补 A 组菜肴做好准备。

（3）a、d、e、j、k 属于"裁减菜肴"一组。除招牌菜肴外，那些由于季节、味道、颜色、价格及应有哪个搭配等因素销路不畅的菜肴应给予果断淘汰，并对客人的需求状况进行充分的研究，开发新的菜肴品种，对于尚处在 C 组中的待开发菜肴则应加强宣传推销，加速客人对其认识和接受。

二、应用 ME 分析法分析菜单

1.【例 3-8】

某西餐厅菜单上的汤类有五种，根据统计资料对菜单进行 ME 分析，见表 3-6：

表 3-6 ME 分析法实例

品名	销售份数	销售数百分比	顾客欢迎指数	单价（元）	销售额（元）	销售额百分比	销售额指数
法式洋葱汤	60	26%	1.3	5	300	16.1%	0.8
新鲜蔬菜汤	30	13%	0.65	4	120	6.5%	0.3
牛尾清汤	20	9%	0.45	8	160	8.6%	0.4
奶油鸡汤	80	35%	1.75	10	800	4.3%	2.2
酸辣牛肉汤	40	17%	0.85	12	480	25.8%	1.3
总计/平均值	230	20%	1	—	1 860	12.26%	1

2. 分析步骤

（1）选择菜单分析的原始统计数据。数据来自点菜单，汇总点菜单上某类菜肴的销售份数和价格。

（2）计算出每种菜肴的销售额。公式如下：

$$每种菜肴的销售额＝每种菜肴销售份数×单价$$

（3）计算每种菜肴的销售额在所有被分析菜肴总销售额中所占的百分比。公式如下：

每种菜肴销售额构成比＝该菜肴总销售额÷总销售额×100％

(4) 计算餐厅盈利程度。用销售额指数表示，即某一菜肴的销售额在总销售额中的份额。

销售额指数＝某一菜肴销售额构成百分比÷每份菜肴应售额百分比

每份菜肴应售额百分比＝1÷本次分析的菜肴数量×100％

(5) 计算顾客喜好程度。顾客对菜肴的喜好程度用顾客欢迎指数表示。计算公式如下：

顾客欢迎指数＝某一菜肴销售数构成比÷每份菜肴应售份数百分比

每份菜肴应售份数百分比＝1÷本次分析的菜肴数量×100％

(6) 根据计算数据对菜肴进行分类。不管被分析的菜肴项目有多少，菜肴的平均顾客欢迎指数和销售额指数均为1，若超过1就说明是顾客喜欢的菜，畅销菜是欢迎指数高的菜肴；而价格高，销售额指数高的菜肴为高利润菜肴。

3. 得出分析结果

(1) 奶油鸡汤为畅销高利润菜肴。应该保留此菜，并加强宣传促销。

(2) 法式洋葱汤为畅销低利润菜肴。考虑到其销售额指数为0.8，接近1，可保留，薄利多销，吸引顾客。

(3) 酸辣牛肉汤为不畅销高利润菜肴。可保留，但要加强宣传促销。

(4) 新鲜蔬菜汤和牛尾清汤为不畅销低利润菜肴。应在菜单上取消，或设计开发新产品。

【例3-9】

9月底的一个上午，在威海丽园大酒店刘总的办公室正开着一个小型会议，与会者除刘总和总办主任，还有餐饮部经理、厨师长和两位餐饮部主管，每人手里拿着一份近两个月的菜肴销售情况分析表。表上显示了近阶段菜单上菜肴的名称、日期、每种菜肴的销售量、每天平均销售量等信息。

"从本表可以看出，我们最近才推出的清炒西葫芦销售情况呈上升趋势。在8月份，从第一个星期销售的180份一直稳步上升到第四个星期销售的270份，我认为在考虑新菜单的时候仍应保留此菜。"一位主管首先坦陈自己的看法。"我同意，另外，我认为肉丸子砂锅也应保留。一则，这是我们的看家菜，已有相当的名声；另一方面，从销售的情况看，每天的销售量始终保持在190份上下，变动范围在40份之内，这说明我们的客人喜欢这道菜。"厨师长接着发言。

"红煨羊肉的销售情况看上去波动较大，但如果仔细分析一下的话，内中有一定的规律，每到星期六和星期日它的销售量激增，在其余的日子则情况平平。因此，这道菜有保留的价值，但在用料方面须作调整，星期六和星期日两天多准备一些原料，以满足需求。"餐饮部经理谈了自己的意见。

他们对每道菜进行了认真细致的分析，把销售情况呈明显下降趋势的以及近阶段内一直居低不上的4道菜删去，餐饮部经理和厨师长提议试销葱爆腰花和耗油牛肚等6道菜，获得一致赞同。

项目小结

菜单:菜单是餐厅向就餐者提供商品的目录。餐厅将其提供的所有餐饮产品、服务和价格以书面形式或其他形式展示给顾客,便于顾客选择。

固定菜单:固定菜单是指每天都提供相同菜目的菜单。固定菜单有利于食品成本控制,有利于原料采购与贮存,有利于餐厅设备的选购与使用,有利于劳动力的安排和设备的充分利用。

循环菜单:循环菜单是指按一定天数循环使用的菜单。使用循环菜单,餐厅必须按照预定的周期天数制定一整套菜单,每天使用其中一套。循环菜单菜品每日翻新,丰富多样,顾客不会感到单调;每天的变化也会给员工带来新鲜感,避免厌烦情绪。

零点菜单:是指每道菜都单独标价的菜单。菜单上菜式丰富多样,可供顾客自由选择,满足了顾客个性化需求。

套菜菜单:是指在一个价格下所包括的整套餐饮。套菜菜单可以指为团体客人所提供的餐饮,也可以指为单独的顾客所提供的一整套食品。

宴会菜单:是为某种多人参加的社交活动而设计的,具有一定的规格质量,由一整套菜品组成的菜单。菜肴要求制作精细,搭配合理,层次分明,重点突出。

菜单内容:菜单内容涉及餐厅如何将菜品信息传递给客人。应该包含菜单的名称和价格、描述性说明、告示性信息和机构性信息等 4 个方面的内容。

ABC 分析法:菜单 ABC 分析法是对菜单品种、销售额进行分析的一种方法。将菜品划分为 A、B、C 三组。A 组为"重点菜肴",B 组为"调节菜肴",C 组为"裁减菜肴"。

ME 分析法:ME 分析法是根据菜品的销售情况和获利能力,将菜单上所有菜品分为以下四类:既畅销又利润高、虽畅销但利润低、不畅销但利润高、不畅销且利润低。采取保留或取消的策略。

随行就市法:定价时一般以同行业竞争对手的价格作为参考依据,根据市场变化而灵活定价。

成本加成定价法:是按成本再加上一定的百分比定价(加价率),不同类别的菜肴可以采用不同的加价率。一般而言,低成本和滞销的菜肴应适当提高加价率,开胃品和点心可以采用高加价率,高成本的菜肴和销量大的菜肴应适当降低加价率。

利润目标定价法:这种定价方法是将需要获得的利润和非食品成本作为定价策略的因素。即从预计餐饮收入中减去非食品费用和要获得的利润,求出年餐饮允许达到的成本。

需求导向定价法:是指餐饮企业根据市场需求状况和餐饮消费者的不同反映分别确定产品价格的一种定价方式。其特点是平均成本相同的同一餐饮产品价格随需求变化而变化。

菜单营养搭配:菜单设计必须考虑人体营养需求这一因素。菜单在设计时要从客人实际的营养需要出发,根据目标人群的饮食习惯、口味,选择适宜的原料,合理设计营养菜点。

美学协调:菜单设计中对菜肴的颜色、质感和口味的组合程度。

检测

一、案例分析

奥运主题宴会菜单设计

2008年8月8日中午,中国国家领导人为出席北京奥运会的贵宾举行欢迎宴会。在被誉为"中华第一宴"的"奥运国宴"上,中国为各方贵宾准备的宴会正餐包括一道冷菜,一份汤和三道热菜,餐后甜品为一道点心和一道水果冰淇淋。三道热菜是:荷香牛排、鸟巢鲜蔬和酱汁鳕鱼。汤是瓜盅松茸汤;冷盘是宫灯拼盘,由水晶虾、腐皮鱼卷、鹅肝批、葱油盖菜和千层豆腐糕拼成。主食是面包和黄油;小吃是北京烤鸭,甜品为水果冰淇淋。

分析:奥运国宴菜单设计时充分考虑了宴会主题、宗教习惯、饮食口味、中西合璧等因素,突出中华饮食文化、营养平衡、名符其实。

二、小组讨论

1. 收集酒店菜单,对菜单进行分析评价。
2. 菜单设计如何烘托宴会主题。

三、课内实训

1. 为父母或自己设计一份营养菜单。
2. 设计制作一份主题宴会菜单。

四、课外拓展

调查学校餐厅菜单,提出改进措施,完成调查报告。

项目四 餐饮营销管理

学习目标

- 了解餐饮产品营销的概念及营销观念、餐饮消费者需求特点及影响因素。
- 熟悉餐饮营销策略,理解客户关系管理的内涵及维护程序。
- 掌握美食节策划、餐饮推销技巧。

项目导读

对餐饮企业而言,经营的最终目标均是盈利。企业为了获取利润,就必须进行市场交易,也就是需要有顾客来购买产品和服务,营销正是为创造交易提供服务。餐饮企业市场营销管理过程包含着下列四个相互紧密联系的步骤:分析市场机会,选择目标市场,确定市场营销策略,市场营销活动管理。成功的餐饮营销并不是某一次促销活动的结果,而是多种战略组合协同作用的结果。本项目在讨论餐饮营销基本理论知识的基础上,着重讨论餐饮企业内、外部的营销策略和促销技巧。本项目要点内容如表 4-1。

表 4-1 餐饮服务质量要点内容阅读导引表

餐饮营销管理认知	餐饮市场推广策划
	美食节策划
餐饮消费需求	餐饮促销
餐饮营销策略	赠品、展示推销
客户关系管理	餐厅人员、电话、广告推销

模块一 餐饮营销管理认知

任务导入

餐饮营销管理认知——掌握餐饮消费者需求特点、餐饮营销策略

1. 学生以小组为单位,讨论并查阅资料设计"餐饮消费影响因素调查表"。
2. 学生利用课余时间进入餐饮市场进行调研,邀请消费者填写"餐饮消费影响因素调查表"。
3. 根据调研结果,完善顾客饮食爱好影响因素分析,并统计影响因素比重,完成分析报告呈交教师审阅。

4. 教师协助、指导学生进行以上社交和学习活动,并讲解餐饮销售的相关知识点。

工作任务一　餐饮消费需求

基础知识

一、餐饮营销

餐饮营销是指餐饮经营者为了使顾客满意或招揽更多的顾客,并实现其经营目标而展开的一系列有计划、有组织的销售活动。它是一个完整的过程,涉及面广,包含市场调查、设计、开发、定价、推销和流通等方面。

二、顾客对餐饮的生理需求

(1) 安全。安全是顾客最基本的生理需求之一。消费者到餐厅用餐,最基本的保障是人身安全、财产安全。安全是饭店一切经营活动的前提。

(2) 卫生。餐饮企业为客人提供的食品和饮料是符合食品卫生安全标准的。食品餐具及餐饮环境的卫生,是宾客关注的重点。

(3) 营养。人体的营养是从饮食中获得的,因此营养离不开每一天每一餐的饮食质量。尤其在当代社会,消费者更为关注菜肴主、配料的选材与搭配,是否能满足其相应营养需求。

(4) 风味。风味是指客人用餐时,对菜肴或其他食品产生的总的感觉印象,它是对食物进行挑选的最重要的依据,人们凭借味觉、嗅觉、触觉等感觉器官体验菜肴的风味。

三、顾客对餐饮的心理需求

心理需求是客人就餐过程中的各种精神方面的需求。顾客的精神享受欲望越高,他们对餐厅的环境、气氛及服务的要求也就越高,也就是说,他们的心理需求更加复杂和苛刻。

(1) 方便。希望饭店能够提供种种方便,希望起居饮食等和在家一样便利,这就要求服务人员提供周到的服务,处处为宾客着想。

(2) 受欢迎。一是受到礼遇,即在服务过程中能得到服务员礼貌的招呼和接待;二是得到一视同仁的服务;三是愿意被认知,客人愿意被认知、被了解。

(3) 物有所值。即花钱花得值得,能满足消费者心理需求。餐饮市场已进入了家庭消费和个人消费的时期,因此消费者追求物美价廉、经济实惠的需求越发明显,更多的消费者在消费过程中对餐饮产品的价格和服务员的服务质量特别敏感,希望物有所值。

(4) 受尊重。顾客到饭店用餐,除了满足自身的生理需求之外,也希望得到尊重,这也是餐饮服务的必要组成部分之一。

(5) 显示气派。客人在享受服务时,希望服务人员能够尊重他们,关心和重视他们,特别是涉及宾主关系时,主人要显示自己的身份,服务员此时应使用恰当的语言和恰如其分的服务帮助主人满足其自信心的需求,以此来显示其非凡身份。

实践操作

一、餐饮消费心理的影响因素分析

1. 影响顾客饮食爱好的内在因素

影响顾客饮食爱好的内在因素主要包括菜肴装盘的方式、食品供应时的温度、服务方式等。菜肴装盘精美,必然会刺激消费者的饮食需求,否则,反之;菜肴的温度取决于上菜时间的把握,强调热菜一定要热上,冷菜一定要冷上,不同的菜肴产品,在不同的温度条件下,它的口味是不一样的,热菜上桌以后冷了,必然会影响菜肴的口味,反过来凉菜出来是热的,客人也会有意见;训练有素的员工会以完美的服务和娴熟的技能,为客人提供极至的用餐享受。

2. 影响顾客饮食爱好的外在因素

(1) 环境。光线、装饰、色彩、温度、噪声等环境因素构成服务的"包装",向顾客表明餐厅能提供什么样的服务,对人们的饮食爱好产生一定的影响。高档次的酒店则应注重这些软包装。

(2) 情境。人们在社交、典礼等场合希望食品质量高,服务质量好,而在一般的朋友聚会时的要求则低得多。各餐饮企业应根据自身的目标顾客群体进行针对性的情境设置。

(3) 时间。某些季节性食品,特别是蔬菜和水果,对人们选择食品的方式有很大影响。此外,餐饮营业时间、就餐时间、用膳时间的长短等,都会对宾客选择食品产生影响。餐饮企业在生产旺季时多设计开发有针对性的产品,满足顾客的需求,以刺激消费者消费。

(4) 广告。广告起导向作用,能对人们的消费态度产生影响。餐饮企业在选择广告媒介时应根据企业自身的实力,从成本投入与产出进行选择,以平面广告为主。

3. 影响顾客饮食爱好的生理和心理因素

生理机能是否良好,在一定程度上会影响消费者的饮食。现代生活节奏增快,人际关系复杂,工作压力沉重,使很多人在社会生活和家庭生活的各种纠纷中,较长时期忍受煎熬,从而产生紧张、抑郁和愤懑等情绪,这些负面影响因素必然会影响消费者的饮食爱好。提供良好的就餐环境和温情体贴的服务,可以使顾客放松心情,增加饮食需求。

4. 影响顾客饮食爱好的个人因素

(1) 期望标准。到餐厅就餐时,一般来说客人的期望标准比较高,如果食品质量低于预期的质量标准,就会影响人们对食品的爱好程度。期望值高低决定就餐场所的选择。每个人在外出就餐的过程当中,都会对所选择的就餐场所有一个期望值。去五星级饭店,顾客的期望值就很高。顾客会认为这是一个很豪华的酒店,无论是设备、设施,还是服务、环境,都应该是一流的,这就是期望值标准;顾客会拿这种期望值标准和他所购买的产品进行比较,如果顾客到一个豪华的餐厅吃饭,遇到的服务员态度冷淡,服务技术欠佳,产品和服务低于他的期望值,顾客就会大失所望,不仅会影响当次餐饮消费,还将影响顾客是否会再次光临餐厅。

(2) 就餐目的。客人根据当时的生活场景,考虑问题的出发点,对消费者的饮食偏好进行抉择。如人们在乘机旅行时,同样也需要餐饮服务,但他们优先考虑的事情是如何按时抵达旅行目的地,因此,其他因素就可能比食品重要。

(3) 熟悉程度。服务员在描述菜单内容时,使用顾客熟悉的术语,能使顾客更容易接受菜单上的食品,另外,描述性的菜单也能增强食物的吸引力。

(4) 他人影响。顾客在抉择菜肴时,往往会受到其家人、身边朋友、同事的饮食习惯的影响。如在自助餐厅里,排在前面的人挑选什么食品,对后面的人会产生一定的影响。一般来说,人们最愿意接受专家和亲友的建议。餐饮企业可以设立点菜员岗位,有针对性地为客提供点菜服务。

(5) 食欲和心情。如果顾客心情好,对餐饮的欲望就强,同时,对服务人员的过错就能给予谅解。反之,若心情不佳,他就会对什么都看不顺眼,对食品也会挑剔。

(6) 家庭结构。不同的家庭结构,如从年龄、成员的多寡等角度分析,会具有不同的饮食偏好。年轻的家庭注重消费能力,而45岁至60岁的夫妇则偏好低热量低胆固醇的食品。

(7) 文化水平。接受过营养学方面教育的顾客,对饮食爱好和食品选择与不具备营养学知识的人有很大的区别,前者不受他人影响,在选择菜肴时,更注重营养成分的搭配。

5. 影响顾客饮食爱好的社会经济因素

社会经济因素决定了人们的消费能力,人们选择的菜肴食品与其经济收入有密切的联系。餐饮企业在设计菜品以及定价时,必须根据其目标市场的消费能力进行操作,不可与消费者的消费能力背道而驰,否则必然影响消费者的饮食爱好,甚至影响企业利润目标。

6. 影响顾客饮食爱好的文化和宗教因素

了解文化传统和宗教信仰对人们饮食爱好的影响,是餐饮营销活动中的一项极其重要的工作。餐厅提供的食品和服务要尊重传统习俗和宗教信仰对人们饮食的制约。比如印度教徒不食牛肉、伊斯兰教徒不吃猪肉。

【例 4-1】

北京长城饭店的云台餐厅最近开出了周末百姓午餐。近200种的菜式每一款均为18元,软饮一杯5元,茶水免费,不收服务费,还有古典音乐琴瑟和弦伴宴,使工薪阶层也能以普通餐厅的价位享受到五星级酒店的服务及美食。

作为五星级酒店,长城饭店以往主要做的是国外市场,也有高档旅游团。随着市场竞争日趋激烈,开发新的市场已迫在眉睫。长城饭店副总经理吕聚杰认为,与其被动地采取周末不开餐的方式,还不如想一些积极的方法吸引客人,扩大饭店的影响。

通过对周末客人需求的分析,他们发现,由于天气炎热,许多家庭不愿意在家做饭,而愿意到外面吃饭过周末。他们又对市民外出吃饭的消费程度做了调查,定出每道菜品18元,不受菜单限制,没有风味的约束,所有菜品一律摆在展示台上,客人可以像在超市一样挑选自己喜爱的菜品。

五星级酒店周末午餐每款18元的价位的确很吸引人,但其存在的基础要靠菜品质量。每款均为18元的菜式不仅包括平时要卖70多元的宫保鲜贝和樟茶鸭,还有创新的家常炖黄鱼、天麻鱼头等,新近又增加了海鲜鱼品种。餐厅努力压低进货成本,采用平时不用的鱼头等创新菜品。盘子大小没有变,菜品的质量没有变,真正做到让利于顾客,让顾客感到超值,以求达到薄利多销的目的。人均消费40元的价格和实在的质量在客人之间口碑相传。

使长城饭店在没有大打广告的情况下,客人越来越多。长城饭店的大众定价策略为高档酒店餐饮经营提供了有益的启示。

工作任务二　餐饮营销策略

基础知识

一、餐饮营销观念

1. 生产导向观念

生产导向观念的基本点就是顾客会接受任何他所能买到并且买得起的产品。餐饮企业管理的主要任务是提高生产和分销效率,其基本特征就是"我生产什么,就卖什么"。这种观念认为,顾客以品质和价格为基础来选购餐饮产品,餐饮企业只需极少的销售努力,便可获得满意的销售结果。餐饮企业的注意力主要集中在进行专业分工、扩大生产和降低成本上,而不重视市场。我国改革开放初期,餐饮企业的生产活动就是以此为指导的。

2. 产品导向观念

产品导向观念的基本点就是顾客喜欢质量最好、创新功能最多的产品。餐饮企业管理的核心就是集中力量不断改进餐饮产品。这种观念依然是以生产为中心,认为只要产品好,就一定能卖出去,而不需要关注市场的需求及其变化。

持这种观念的经营者,会注重菜品、服务、设施、环境等方面的改进和提高等。但是,其最明显的不足之处在于:餐饮经营者总是在生产更好的产品上下功夫,却忽视了对顾客需求的了解和研究,而顾客的需求是不等的,且在不断发展的,于是常出现顾客"不识货"、"不买账"的现象。这种观念仍然是站在企业自身的角度出发,使得产品创新脱离消费者的需求。随着竞争的出现,产品供不应求的情况逐渐发生变化,产品导向观念已无法满足时代发展的变化。

3. 推销导向观念

推销导向观念的基本点就是如果企业不进行大规模的促销和推销,顾客就不会购买足够多的产品。企业经营管理的核心就是积极推销和大力促销,以诱导顾客购买企业产品。推销导向观念的基本特征就是"我卖什么,就让顾客买什么"。

在这种观念的指导下,餐饮经营者会致力于组织销售队伍,使用各种强有力的推销手段,进行产品的销售。推销导向观念相对于前两者是一种进步,因为其强调餐厅的推销工作,认识到了餐厅除了提供数量更多、质量更好的产品和服务外,还应组织人员积极推销餐饮产品。这种观念对产品的销售和餐饮企业经营起到了很大的作用,近年来得到了较快的发展,并成为餐饮企业竞争的一种手段。

4. 市场营销导向观念

营销导向观念认为,实现企业目标的关键在于正确地确定目标市场的需求,并比竞争者更有效地满足顾客需求。这种观念是以顾客需求为企业经营的出发点,按照顾客的需求来开发产品和服务,并通过使顾客的需求得到满足来实现企业目标。营销导向观念的基本特征是"顾客需要什么,我就生产什么,就销售什么"。

这种观念的中心是"顾客至上",顾客的需求才是企业生存和发展的唯一机会。它生产于市场竞争激烈的形势下,以满足顾客的需求为前提,是餐饮企业经营思想的一次重大飞跃。

5. 社会营销导向观念

营销观念是将顾客的需求与满足放在了企业经营的核心位置,然而在满足顾客需求和创造企业利润的同时,出现了企业为了迎合顾客需求而造成的资源浪费、环境污染等不和谐现象。社会营销导向观念是一种承担社会责任的营销观念,在社会营销观念指导下,企业不仅要保证顾客需求得到满足,同时还要服从社会利益的需要。这就要求营销者在企业利润、顾客需要和社会利益三方面进行平衡,这也是企业获得长期稳定发展的重要保证。

社会营销导向观念是20世纪80年代以后在餐饮市场上被提出的,人们提出餐饮业的发展不能只顾消费者眼前的利益,而必须符合社会发展的长远利益。比如尽量避免使用一次性的餐具,避免食用以保护性动物作为主材料的菜肴等。

二、餐饮营销观念的新发展

1. 主题营销观念

主题营销就是餐饮企业在组织开展各种营销活动时,根据消费时尚、饭店特色、时令季节等因素,选定一个或多个文化或其他主题为吸引标志,向宾客宣传餐饮企业的形象,以此吸引顾客购买产品。

【例4-2】

中国北京的漆黑餐厅,该主题餐厅的服务生必须要戴着夜光眼镜进行服务;印度阿默达巴德的墓地餐厅,让顾客在穆斯林墓地用餐,体会生命的可贵;英国曼彻斯特的地狱餐厅,整个餐厅的装饰就像一个地牢,让顾客品味"吸血鬼之吻"。

2. 形象营销观念

形象营销就是企业通过强化整体形象意识,以自身美好的形象与消费者进行沟通,把有关企业、产品以及服务的特色信息传递给消费者,让消费者对本企业、产品和服务有更多的了解、认识和喜爱,以形象力来全面提升企业的竞争力。

餐厅的形象营销,以对餐厅的形象进行策划为例,在餐厅的店徽设计、主题的选择、餐厅的装饰风格等方面进行重点策划,以达到营销的目的。

【例4-3】

川味餐厅的迎宾员可手提小灯笼,身穿红花绿叶小袄,操着一口流利的川腔迎候宾客;男性服务员可身穿中式大褂,手提有长长壶嘴的大铜壶,犹如飞瀑一般隔人冲茶,诸如此类的形象特色一定会吸引消费者,这就是餐饮企业形象营销。

3. 网络营销观念

网络营销是指以互联网为传播手段,通过在线活动创造、宣传、传递客户价值,并且对客户关系进行管理,以达到满足消费者需求和商家需求的目的。网络营销的价值在于可使生产者与消费者之间的价值交换更便利,更充分,更有效率。

实践操作

确定餐饮营销策略

1. 有形化营销策略

餐饮产品服务是无形抽象的,此特性对餐饮产品营销很不利。餐饮企业在营销中通过销售环境、餐饮品牌和餐饮服务承诺等方面实施有形化,帮助顾客识别和了解企业。

(1) 销售环境有形化。具体表现如下:第一,菜单有形化,可以通过添加菜名说明、设置菜名说明图片等进行销售说明;第二,菜品原料的展示,通过配菜实物展示进行销售;第三,制作展示,如利用开放式厨房、餐台边制作等进行销售;第四,销售展示,如菜品、酒水等成品用手推车巡回销售等。

(2) 餐饮品牌有形化。餐饮品牌能反映餐饮企业的服务质量和水准,会在顾客心目中树立清晰且准确的餐饮服务形象。餐饮品牌有形化就是餐饮企业建立品牌和利用品牌来促进销售。品牌建设是解决餐饮品牌服务的无形特点给餐饮企业带来销售困惑的根本途径。

【例 4-4】

"海底捞"火锅可以说是中国火锅第一品牌,如果是在饭点,几乎每家海底捞都是一样的情形:等位区里人声鼎沸,等待的人数几乎与就餐的相同。这就是传说中的海底捞等位场景。因为海底捞始终坚持"绿色,无公害,一次性"的选料和底料原则,严把原料关、配料关,20年来历经市场和顾客的检验,成功地打造出信誉度高,颇具四川火锅特色,融汇巴蜀餐饮文化"蜀地,蜀风"浓郁的优质火锅品牌。

(3) 餐饮服务承诺有形化。餐饮服务承诺是指餐饮企业通过菜单、海报、照片等沟通方式向顾客预示餐饮质量或效果,并对餐饮质量或效果予以一定的保证。餐饮企业通过媒体向顾客承诺餐饮质量,可以影响顾客心理,降低顾客的认知风险,从而吸引顾客和增强营销吸引力。

2. 可分化营销策略

(1) 自助营销。就是自助化服务,也即自助餐服务。

(2) 特许营销。餐饮企业的特许营销就是一般所说的餐饮特许经营,即餐饮企业将自己的品牌以特许合同的形式转让给加盟者使用,加盟者按照合同规定,在特许者统一的业务模式下从事餐饮经营活动,并向特许者支付相应的费用。特许经营者以此模式,迅速提高品牌知名度和扩大市场规模。

(3) 网络营销。餐饮企业的网络营销就是通过互联网接触顾客进行交易,可以利用 E-mail 营销、博客与微博营销、网络广告营销、视频营销等形式体现。

3. 规范化营销策略

(1) 餐饮业的理念规范。餐饮企业的规范化营销,首先是用自己的一整套企业理念来规范员工的心态和行为。企业理念包括企业宗旨、企业使命、企业目标、企业方针、企业政策、企业原则和企业精神等。在企业理念中,"宗旨"和"精神"的思想层次较高,但抽象较难操作;"目标"、"方针"和"政策"较具体,较易操作,但思想层次相对较低;而"使命"和"原则"的思想层次和操作性介于前两组理念之间。

（2）餐饮企业的质量标准。餐饮企业的质量标准包括菜点质量标准、服务质量标准和环境质量标准等,是餐饮企业的理念规范在餐饮生产和服务过程中的体现,所以,餐饮企业建立和执行质量标准的过程也是规范化营销的过程。

（3）餐饮业的质量控制。餐饮企业的质量控制是指餐饮企业依据理念规范和质量标准对餐饮生产和服务活动的质量进行全面、全过程的监控,发现质量偏差,分析偏差的原因和采取纠正偏差的措施,使餐饮产品和服务的实际质量符合标准。

4. 可调化营销策略

餐饮业的可调化营销是指餐饮企业通过对时间、空间和价格的调节来调控供求矛盾,以克服餐饮产品和服务不能用储存来平衡供求矛盾的困难。

（1）餐饮业的时间调节。餐饮业市场供求矛盾首先体现在时间上。一是每日的波动:一日三餐,早餐、午餐和晚餐都是需求高峰,而其余时间处于需求低谷;每一餐的不同时段,需求不同,如晚餐18:00～20:00一般用餐人数较多;随着城市的夜生活越来越灵活,市中心又出现夜间用餐的小高峰。二是每周的波动:周末的需求是高峰。三是季节的波动:旅游旺季或节日的需求是高峰,而其余时间相对平稳。餐饮企业可以通过对营业(供给)时间的调节来适应餐饮市场的需求在时间上的波动和变化。

（2）餐饮业的空间调节。空间调节是指餐饮企业对服务地点或场所的调节,并以平衡供求。服务地点是一个空间问题,而空间与时间是可以互相替换的。当营业时间的调节不足以达到餐饮业营销目的时,可以采取服务地点或场所的调节来弥补。比如厨师上门服务、流动外卖服务、多网点和跨区经营等形式进行销售调节。

（3）餐饮业的价格调剂。价格调节就是用价格来刺激需求和吸引顾客。中国餐饮业市场目前已进入了一个竞争市场,因此,价格调节、价格营销是餐饮业刺激需求和吸引顾客的主要手段之一。可以从大众化价格、市场定位价格、顾客定价等角度进行销售。

5. 关系化营销策略

餐饮业营销可以采取关系化策略,即在营销中强调关系营销。由于餐饮企业主要依靠员工改善与顾客的关系,因此餐饮企业首先需要改善与员工的关系。

（1）餐饮业的角色营销。角色营销是指餐饮企业让全体员工,包括经理、厨师和服务人员等,在餐饮服务过程中很自然地进入角色,将服务中的人际关系变成角色关系,用角色服务吸引顾客和满足顾客的需求。

（2）餐饮业的细微营销。细微营销是指餐饮企业及其人员从细微处来关心顾客和贴近顾客,使服务关系进入更深的层次。

（3）餐饮业的合作营销。餐饮企业与其他行业之间可以通过渠道合作来接近顾客,其管理主要是根据合作营销的协议,协调双方关系,使合作营销所涉及的"共同市场"收益。

6. 差异化营销策略

由于餐饮服务易变性的特点,餐饮营销应实施差异化策略。餐饮营销的差异化主要有特色化和关系化两个层次。

（1）餐饮业的特色营销。餐饮企业的特色是指餐饮企业在理念、产品、服务和环境上独特的与其他同类企业相区别的方面。

（2）餐饮业的个性化营销。主要是指餐饮企业重视顾客之间的个性化差异,针对个性化差异提供个性化服务。

工作任务三 客户关系管理

基础知识

一、客户关系管理的内涵

餐饮企业中的客户关系管理是一种在餐饮企业和客户之间达到"双赢"的管理意识,其核心就是发现客户的价值观念,满足客户的需要,通过开发客户的潜在价值实现客户利益和酒店利润的最大化。客户关系管理强调通过与客户的互动来减少销售环节,降低经营成本。由于受商圈的限制,对餐饮企业来说客户是十分宝贵的战略资源,对这一资源的保护和利用,直接关系到企业的盈利水平甚至生存与发展。客户关系管理作为一种先进的管理思想,是现代企业通过计算机管理企业与客户之间的关系以实现客户价值最大化的方法。因此,导入客户关系管理对餐饮企业来说,具有非常重要的意义。

二、客户关系管理的意义

客户关系管理可以提高顾客对餐饮企业的忠诚度,其根本目的在于让企业进一步适应市场变化,增强自身的竞争力。市场的变化随时都在发生,企业竞争也在不断升级,竞争的每次升级都迫使企业强化自身的管理能力。从企业的整个发展过程来看,评价一家企业竞争力强弱的指标是不断发生变化的,早期主要是看它在生产制造方面的能力,后来逐渐过渡到看它分销和物流等方面的能力,目前其重心就转移到了客户服务。客户端的服务成为企业竞争的焦点,也成为评价一家企业竞争力强弱的重要指标。客户关系管理的作用主要体现在以下几个方面:

1. 了解最有价值的顾客

客户关系管理的首要任务是进行顾客分析,理解顾客的基本类型、不同客户群的不同需求特征和购买行为以及顾客差异对企业利润的影响等。客户关系管理系统通过对不同顾客的分析,得出哪些顾客对于餐厅来说是至关重要的,因为餐厅80%的利润来自于20%的顾客。同时,经过细致地分析可以对顾客的信誉度有清晰的了解,这样在顾客有赊账要求的时候服务人员可以现场做出判断。

2. 吸引和保持更多的顾客

利用客户关系管理系统,餐饮企业能够从顾客数据库中了解他们的姓名、年龄、家庭状况、工作性质、收入水平、通信地址、个人喜好及消费习惯等信息,并在此基础上进行一对一的服务,从而使服务人员尽早熟悉客人并提供个性化的亲情服务。根据数据库资料追踪和分析每一个客户的信息,知道他们喜欢哪些菜品和服务,并以此为依据对菜肴进行多层次和灵活的组合,以便更好地满足客人要求。从而真正做到以客户为中心,赢得客户的忠诚,从根本上提高餐饮企业服务水平。

3. 精简成本,增加营业额

客户关系管理包含了技术与商业流程的整合,这其中透过资讯分享所带来的精简商业流程,可达到节省成本的目的。企业能够依据不同客户过去的消费行为,分析他们的不同偏好,预测他们未来的消费意向,据此,分别对他们实施不同的营销活动,避免大规模广告的高额投入,从而使企业的营销成本降到最低,而营销的成功率最高。唯有了解客户需要才能提高客户满意度进而发挥最大的促销效益达到增加营业额的目的。

4. 营造双赢的效果

客户关系管理系统之所以受到餐饮企业的广泛青睐,是因为良好的客户关系管理对顾客和餐饮企业均有利,是一种双赢的策略。对顾客来说客户关系管理的建立能够为其提供更多更好的信息、更优质的菜品和服务。对于餐饮企业来说,通过客户关系管理可以随时了解顾客的构成及需求变化情况,并由此制定企业的营销方向。

总之,通过客户关系管理系统,一方面能提高客户的忠诚度,让客户有宾至如归的感觉,并能挖掘潜在的客户;另一方面能增加企业的营业额和精简成本,为企业的促销和行销打下良好的客户关系基础,使企业做到其他企业做不到的事情。

实践操作

客户关系维护

1. 客户定义

客户是指给酒店带来价值(有形价值和无形价值)的顾客。有形价值的客户消费金额大,消费次数多,消费生命周期长。这一类客户中的订餐人、秘书、办公室主任、司机、家人、朋友都属于该客户的附属客户。餐厅可以按人均消费进行分类,对人均消费标准高的客户,要求店长、经理、主管、点菜员必须在餐中巡台。无形价值的客户影响力大,自己不花钱吃饭,是被请的人,一般都是重要的领导。该领导的单位、秘书、司机等是他的附属客户。

2. 识别客户

根据客户的价值来识别客户,包括三个方面:

(1) 根据以往的消费金额和当餐的消费金额。

(2) 根据其影响力。

(3) 工作单位或住所离酒店的距离。

3. 客户开发(关怀)

客户开发分为企业内部开发和企业外部开发,本项目仅讨论企业内部开发。客户开发应做好三件事:

(1) 将企业好的政策(赠菜、发送礼品、控制菜量、退菜、企业返利政策等)用于客户。

(2) 收集客人需求信息,满足需求,从而开发客户。

(3) 投诉、建议信息要做到现场处理、及时回复和事后处理。

4. 客户响应

客户对活动的回应就是客户响应,主要是指在店外、店内搞的一些活动。

5. 客户接待

客户接待包括订餐服务和餐中服务,订餐员和餐厅服务员在客户关系维护中起着很重要的作用。要求餐厅服务员必须受过严格而系统的训练,与顾客之间能形成良好的互动,通过餐饮产品这一载体,将餐厅环境文化传递并感染顾客。

6. 客户回访

客户回访就是餐后回访客户,让客户感觉倍受尊重。收集客人离开酒店之外的信息(包括家庭、工作、生活方面的需求),及时满足顾客需求。

7. 客户互动

客户互动的过程是再次收集信息的过程,也是对客户关怀的过程。利用企业推出的所有营销活动,及时跟客户互动交流。如会员同盟活动(企业跟某商场联合搞促销);会员俱乐部活动;内部会员旅游、登山、高尔夫比赛;交叉消费活动(餐饮和娱乐进行交叉等);客户投诉建议活动(根据客户定期提出的有效建议数量,对其进行回报)等。

模块二 餐饮市场推广策划

任务导入

餐饮市场推广策划——掌握美食节策划的步骤和方法、餐饮促销方式和技巧

1. 学生以小组为单位,利用课余时间考察当地若干家餐饮企业,设法就"美食节策划"与相关管理人员进行座谈讨论,拟定某一美食节主题,了解酒店如何进行美食节策划活动的安排。

2. 学生收集相关信息,并加以整理,撰写美食节策划方案并制作PPT,派代表演讲展示。

3. 教师点评后讲授美食节策划以及餐饮推销技巧的相关知识点。

工作任务一 美食节策划

基础知识

美食节促销考虑的因素

1. 为饭店增加效益

举办美食节的根本目标是为饭店创造良好的经济效益,美食节应以扩大饭店盈利为出发点为饭店餐饮增加营业收入。无论是围绕国内外传统节日举办的食品节,如儿童食品节、中秋赏月小吃食品节、圣诞牛扒节等,还是优选各种风味,组织以不同原料或风味为主的食品节,如新派粤菜食品节、药膳花馔食品节、鲍参翅肚食品节等,都应以饭店餐饮增加营业收入进而扩大营利为出发点。抑或不主要是为了营利,而是以创造餐饮声誉、树立市场形象、丰富常客口味、扩大市场占有率为出发点,在创造社会效益的同时,兼顾餐饮的经济效益。

2. 为员工带来培训效果

举办食品节的技术力量不外乎来自两个方面:一个方面是饭店厨房内部精通某类菜点

制作的技术骨干,也可采取集体智慧,举办创新菜比赛,产生优秀菜点,并以此推出食品节。店内创新菜食品节的步骤是:先公布创新菜选拔比赛制度,再让厨师申报参赛品种,集中安排操作,通过考核打分,筛选若干品种,即可作为食品节的精选品种。举办食品节的另一种途径就是邀请、聘请来自其他饭店某类风味菜品的技术权威。总之,拥有特定的技术力量是成功举办食品节的重要前提,也是餐饮不可多得的宝贵财富。食品节自然是短期的,然而食品节之后为饭店留下些什么,仅仅是昙花一现、过眼云烟,还是去粗取精、丰富充实本厨房菜品,也应成为举办食品节不可忽视的考虑因素。为成功举办美食节,对员工进行培训是必须的,若通过精选的美食节菜品能够为本饭店长期供应受顾客欢迎的品种,那么这种培训对企业来说是双赢的。

3. 因美食节而增加的设备与原料方面的费用开支

因举办美食节,饭店增加一定的开支和投入是不可避免的。如聘请外界厨师来店培训、增加烹饪用具的采购等,这些费用都应量力而行,从饭店餐饮现状出发,有的放矢。

4. 活动所需的场地、人力和时间

举办美食节,推销以某一类菜点为主的食品,不仅需要一整套的厨房加工、生产场地和人手,而且还应有相对独立的销售服务场所,以及了解这些食品的服务人员。虽然有些食品节可以与正常餐饮活动兼容并蓄、交叉进行,但大部分食品节对场地和人手的要求是相对独立的,尤其是餐厅(因为大多数食品节要对餐厅进行特别的布置和美化,创造特有的情调和气氛)。若是在普通的餐饮生产和服务部门举办素食(斋食)或清真菜食品节,则必须具备单独的生产厨房和销售餐厅,并配备一定的人手从事专门的操作。若饭店不具备这方面的条件,或正常的生产经营根本不可能把原有生产服务场所改作他用,这样的食品节将无法举行。

举办食品节的季节、时间是否合适,时间跨度多长为宜,同样是不可忽视的因素。冬季举办火锅节,夏季举办素食节,秋季滋补节,春季绿色食品节,都能给客人以清新、适时之感。食品节的时间跨度,则要根据食品节的品种内容、客源市场的消费能力和口味爱好等因素综合考虑。山林野味食品节,原料腥腻,加工复杂,虽能以其新奇吸引城市消费者,但重复品尝的客人很少,因此,在鲜活原料丰富的城市举办时间则不宜太长。相反,宫廷御膳食品节,由于其原料丰富,口味别致,适应面广,能给不同消费者以反复多变的感受,在一些经济较发达的城市举办,其时间可相对长些。另外,如果饭店营销部已安排全年接待计划或有大型接待活动,在此期间举办食品节,则更要严格计划和把握时间,做到局部服从全局,保证整体效益的实现。如大型交易会、洽谈会期间,海内外宾客云集,此时再举办素食节和清真食品节,可能会有很大部分的宾客或较高规格的消费,在食品节期间被拒之门外或付诸东流。

实践操作

一、美食节主题策划

1. 以某种原料为主题

由某一原料为特色主题来举办美食节,主要集中体现该原料的风味特色。如"野菜美食节"、"俄罗斯土豆节"、"全鱼宴"、"金秋肥蟹美食月"、"龙井茶宴美食节"等。

2. 以某一节日为主题

主要突出节日文化内涵。如"欢乐圣诞食品节"、"中秋团圆美食节"等。

3. 以某一地方或民族风味为主题

我国地大物博,民族众多,饮食文化丰富多彩。以地方菜为特色举办美食节是酒店常用的方法,一方面可以引领消费者消费,另一方面可以留下特色菜肴。如"淮扬菜美食节"、"蒙古风情美食节"、"泰国风味美食节"等。

4. 以名人文化为主题

名人文化与名菜名点有着不解之缘,推出名人文化菜肴可以吸引消费者。如"东坡系列菜肴美食节"、"乾隆御宴美食节"、"红楼美食节"等。

5. 以某种餐具器皿制作菜肴为主题

如"火锅美食节"、"铁板烧美食月"、"煲仔饭美食月"等。

6. 以食品功能为主题

以原料与菜点的营养功能为特色,举办美食活动,特别是体现疗效的美食,大受现代消费者的欢迎。如"美容健体美食节"、"全素养生美食节"、"滋补药膳美食节"等。

7. 以本地区、本餐厅菜点为主题

以本地区、本餐厅的传统菜、创新菜为主题,推出美食活动,如"新派杭菜美食节"、"西溪美景美味风韵节"、"运河风情美食节"等。

二、美食节运作步骤

1. 确定活动主题,选定活动方式

食品节促销活动的主题,是确定和影响整个食品节一切工作的依据。活动的主题,必须具有独特性。既不能人云亦云、步人后尘,更不可哗众取宠、故弄玄虚。确定食品节的主题,必须兼顾时令性和技术力量的来源,以确保食品节能如期举办并取得较好效果。

确定活动主题的同时,应选择好举办活动的方式。比如,饭店在公共场所举办开放式冰淇淋食品节,同时举办吃冰淇淋比赛,不仅能吸引众多客人参加,还可以增加其新闻价值,从而扩大对活动和餐馆的宣传报道。无论哪种食品节促销,都应针对其目标顾客,计划、选定活动举办的方式,如自助餐、套餐、宴会、零点、外卖或综合几种方式举办等。

2. 编排活动计划,指定促销菜单

编排全面详细的活动计划,可以避免食品节期间的差错,尤其是要请外地、外单位的人员来本饭店厨房主持的食品节,计划应包括活动起止日期、每天生产和营业时间、场地、用具、人员、原料的组织和人员费用等。对有外单位技术人员参加的食品节,还应将其抵达饭店工作的日期、人员要求及数量,以及其在本饭店的接待安排情况全部计划在内。

提前制定一份富有新意和吸引力的食品节推销菜单(包括小吃、点心单等)是十分重要的。菜单风味品种的选定要突出食品节的特点,充分考虑厨房的技术力量,结合整个活动计划,合理安排原料的筹措与菜品的制作。菜单不仅要突出食品节的主题,还要合理进行菜点搭配组合,进而测算每份菜的成本、毛利和售价。为了保证菜单品种的如期推出和出品质量,至少应将所有推出菜点的主料、配料及配菜小料和盛器与装盘规格列表作出明确规定。如果可能,及时给每一菜点制定标准化菜谱,这样不仅对生产操作极为有利,对厨房的成本控制也是十分有效的。

3. 落实人员场地,计划安排时间

如果食品节是依靠本饭店厨房内部的技术力量举办的,则要指定专人分别负责食品节期间的各类食品生产,并同时协调安排好其他正常生产营业工作。如果遇到厨房人手紧张的时候,也应调剂、落实各岗位人员,以保证食品节的正常进行。要根据食品节菜点生产制作和服务的需要,提供必需的场地。如有可能,尽量将食品生产与餐厅销售集中在同一楼层、同一区域。

一般食品节都选择在本饭店餐饮业务较淡的季节,尽管如此,也应安排好活动开展的起止及生产和营业时间,以便及时组织货源,保证原料新鲜、营养卫生和使用方便。如果既定的食品节万一碰到厨房生产比较繁忙的时候,更要做好详细的时间计划。力求使有限的场地、设备用具发挥更大的作用。

4. 组织食材货源,调剂用具设备

食品节开始之前,菜单确定之后,一个很重要的工作就是筹措食品节所需各种原料,不仅要备齐食品节推出菜点的主料、配料,同时还要根据食品节用料清单,想方设法备全各种调味品、盛装器皿和装饰用品。例如,药膳食品节所需要的各种药材,冰淇淋节所需的各种杯边装饰品,宫廷菜食品节所需的各种金边餐具和餐厅服务人员的头饰和旗袍等。

大多数饭店都不愿为了某一食品节而专门添置大型的设备和用具。因此,在食品节举办之前应做好设备用具调剂使用的安排,如能错开生产时间当然最好,比如同样烧烤食品,温度对成品质量影响不十分明显的可提前生产;如果不能错开生产,则应考虑设备和人员是否可以兼用,比如通过培训可以使炉灶厨师既能烹制正常营业菜肴,又能烹制食品节菜品;如果上述两点都做不到,则应区分生产必需程度,合理分配现有设备用具的使用,使各项生产和出品能有序进行。

5. 开展广告宣传,印刷有关材料

食品节的影响大小和成功与否,很大程度上取决于广告的宣传作用。要在食品节举办之前,详细计划和分步实施广告宣传活动。要针对食品节特点和主题,选择一定的广告宣传媒体,进行相应的广告宣传工作。若食品节的主题或菜式具有特别意义而又鲜为人知,则更应做详细宣传。食品节的印刷品除了广告宣传单,还有菜单、酒单等。这些印刷品的设计和印刷质量,应与饭店餐饮规模、档次相适应,既要美观大方,又要突出食品节的主题,还要注意保持餐厅一贯的宣传风格和强化给客人的印象。

6. 研磨试制菜肴,培训相关人员

食品节前要对在食品节上即将推出的菜品进行试制,无论是在店外邀请的技术力量,还是本饭店的厨师,都应进行试菜,并根据情况,请饭店主要管理人员及有关行家进行品尝鉴赏。试菜可以了解当地客源市场对菜品的认可和接受程度,如确有必要,对用料和口味可稍作调整。通过试菜制定全面详细的标准食谱,以有利于控制成品和培训、存档之用。借试菜的机会,对参与食品节食品生产和销售的厨师、服务人员进行现场培训,使其充分了解将要生产和推销菜点的用料、制作程序和成品特点,如有典故和相关趣闻,也应一并培训,以增加生产制作的精细程度和服务的情趣。

7. 布置场地氛围,推出各类食品

食品节举办期间,先要设计布置出一定气氛、特定主题的餐厅。餐厅应有一个独特、鲜明的形象,如宫廷菜食品节雕龙画凤、江南水乡食品节莲茂谷香、川湘风味食品节茅舍檐前缀以串串红椒等,给光顾食品节的客人留下深刻的印象。餐厅的布置也非愈地道愈逼真愈好,有些只宜神似,有某种氛围即可。如素食节布置一些绿色植被、陈列一些"三菇六耳"便能达到效果。

制作和如期推出各类食品是食品节组织控制的重点。食品节期间,不仅要保证菜单所列品种如数按时供应,还要注意其规格质量标准不能低于试菜效果。生产中出现的原料、场地、设备、人手等方面的问题,厨房管理者要随时协调,并做到善始善终,确保广告宣传词的落实和慕名品尝的客人如愿以偿,切不可虎头蛇尾。

8. 处理善后工作,总结评估归档

食品节结束,除了及时清理场地,收拾并妥善处理剩余原料、食品及装饰用品外,应对食品节全过程进行总结评估,以积累一定的组织筹划、原料采供、生产制作等方面的经验教训,并注意与外邀技术人员搞好关系,做好经济、交通等其他善后工作。无论此类食品节以后再举办与否,都要做好一定的文字资料积累,为菜肴的推陈出新和其他不时之需做好准备。

【例 4-5】

顺德美食节活动策划书

顺德旧称凤城,位于广东南部,是中国著名的鱼米之乡,其富庶的物产造就了众多的美食大厨,港、澳及广东地区著名餐厅、酒楼中的厨师十之八九来自顺德,因而有"顺德出美厨"之说。其实顺德与粤菜殊归一统,都算一个菜系,但粤菜中的名典精粹多选用山珍海味做原料,而顺德菜则相反,往往以当地最常见的淡水活鱼做原料,然后通过厨师精湛的厨艺来烹制各式佳肴;顺德美食讲究的是烹饪技法,无论煎、炒、焖、扒、炸、焗、烩、炖等都遵循精工细作的原则,因而顺德菜看上去煞为好看,入口更是味道十足。虽然用的原料并不名贵,但菜的"色、香"尤以"味"真正令人称绝,故有"食在广州,味在顺德"的美誉。

一、活动主题:感受鲜香,人性服务,亲情接待,营造完美的"红火五月顺德美食节"

二、活动内容:2007 年 5 月红火五月顺德美食节拟在颐园宾馆珍诱餐厅举办。举办美食节,旨在提升酒店的餐饮竞争能力,培养客户,营造餐饮文化。届时,将通过美食节的舞台,展示以制作精细、高档味美并以粤菜为主的特色菜肴,让消费者融入其中,真正达到"食以人为本,节以人为乐"的效果,营造出"五一黄金假期"的节日气氛!

三、活动时间:2007 年 5 月 1 日到 5 月 30 日

四、活动形式:就餐分桌菜、零点两种方式(逢周六、日宴席间有神秘礼品派送)。

五、活动操作程序

(一)筹备

1. 采购菜肴原料,确定美食节的菜肴品种、价格以及优惠措施。

2. 通过报纸媒体、传单、横幅、短信群发等传递红火五月顺德美食节的信息,唤起消费者的关注。

3. 加强对外联络,协调合作关系,解决食品原料来源,确保原汁原味。

(二)举办

1. 品牌珍诱菜肴形象展示

主题:有滋有味,色、香、味、形

方式：设固定的展区，制作成品展示。
形式：通过红火五月顺德美食节体验，展示品牌及其文化形象。
互动：通过回答问题，赢取精美神秘礼品。

2. 内容

（1）红火五月顺德美食节菜肴的实物艺术形态。
（2）红火五月顺德美食节菜肴的文化展示。
（3）服务人员的仪表姿态。
（4）消费者在一种良好的文化氛围和气氛下就餐，心情和食欲自然不同，现代人对于吃是非常讲究的，尤其吃出文化，基于这一点，在就餐环境的气氛营造上，需要富有创意和文化内涵的人来策划本次美食节整体环境的布置，在大堂上二楼的楼梯旁设置长方形展示台，放置精品样菜、雕塑、鲜花点缀其中，并在二楼餐厅长廊设10米左右的长方型样菜展示台，展示并供应多款菜肴品种。让红火五月顺德美食节的菜肴系列成为吸引消费者眼球的又一道风景。

3. 促销活动

主题：轻松体验，更欢乐
形式：价格优惠，借节日开展促销，免费赠送酒水，现场活动派发神秘礼品，多重惊喜，意外收获。
内容：在红火五月顺德美食节期间，免费赠送啤酒2瓶/桌；当餐消费超过200元的报销市内出租车费用10元。（注：以上酬宾内容限于点美食节系列菜肴，非美食节菜肴不享受此待遇。）

六、活动组织

1. 工作分工

餐厅负责组织制订相关计划与实施。
厨房负责菜单的制定。
采购部责成相关专员负责采购供应。
前厅专人负责展台的物品。
公关部负责老客户信息传递。

2. 协调联络

采购部、公关部、前厅部、餐饮部。

3. 对外宣传

宣传单、指示牌、台卡等。

4. 客户营销

公关部配合整理客户资料，群发短信息。

5. 活动保障

采购部原材料采购，公关部信息传递，前厅专人负责展台的物品，餐厅一线大力推广，厨房控制成本及菜肴质量。

七、环境布置

挂横幅9条，其中新华路2条，水源街2条，维民街2条，西建街2条，酒店正门1条；酒店门前放置升空气球条幅2个；三角旗重排，酒店门前沿途车道插彩旗；大堂到二楼餐厅楼梯挂气球或用金布包裹;珍诱二楼走道挂小红灯笼(数量有待确定);餐厅平顶挂彩带。

八、宣传策划

1. 印制美食节广告彩页随燕赵晚报附送。
2. 主要路段悬挂横幅、直幅、气球条幅、三角旗及插彩旗。
3. 大堂放置美食节宣传广告牌。
4. 邀请媒体记者采访,报道美食节实况。
5. 短信群发,消息散播。

九、费用预算

1. 媒体广告费用:宣传费用1 000元,宣传单印刷夹报2 000元,短信群发2 000元,共计5 000元。
2. 赠送礼品费用:按每天100元计算,合计:100元×8天=800元,送完即止。
3. 装饰费用:横副、灯笼、金布、彩旗、气球(7天)、杂费共计2 000元。
4. 菜肴原材料费用:另计。

工作任务二　餐饮促销

实践操作

一、员工推销

餐厅的每一个员工都是推销员,他们的外表、服务和工作态度都是对餐饮产品的无形推销。

1. 工作准备

(1) 熟悉本店特色及菜单上所有菜品和服务内容。

(2) 个人形象准备。制服:餐饮服务员工穿着统一的制服,可以给人清洁感和统一感,也便于顾客辨认;卫生与外表:餐饮服务人员应该严格遵守卫生条例,保持良好的精神状态,保持良好的职业形象;言谈和举止:员工的言谈举止往往能体现其内在素质、精神面貌和职业素养;语言运用:员工应使用客人易懂的语言,尽可能熟练掌握外语,以保障信息沟通准确,语言亲切自然,富有专业素养。

2. 推销服务

(1) 餐厅服务员针对宾客就餐方式及相关需求帮助顾客点菜。①消费者请客吃便宴,餐厅服务员可较全面地介绍各类菜肴;②消费者是慕名而来,餐厅服务员应重点介绍本餐厅经营的风味菜肴;③顾客有用餐标准,餐厅服务员推荐一些味道可口而价格合适实惠的菜肴;④对于经常来餐厅用餐的常客,餐厅服务员主动介绍当天的特色菜或套菜,使顾客有一种新鲜感。

(2) 餐厅服务员可针对客源特征进行适时推销。①针对客人的地域范围进行推销,向南方客人推销清淡生鲜的菜肴,针对北方客人推荐油多色深的菜肴,对欧美顾客可推荐肉类、禽类等菜肴,对阿拉伯客人推荐牛、羊肉菜肴。②针对客人年龄阶段进行推销,对年轻人可推荐时尚菜肴、新潮风味菜,对老年人推荐营养、健康、易消化、口味清淡的菜肴,对带着孩子来用餐的顾客,可推荐适合儿童心理和生理特征的菜肴,如颜色艳丽、味道可口的菜肴,会引起孩子们的兴趣。

二、特殊活动推销

餐厅为了搞活经营,活跃就餐气氛,增加餐厅和食品的吸引力以招徕顾客,经常举办各种类型的特殊活动(Event),这是推销的有效方法之一。

1. 特殊活动推销时机

(1) 节日特殊推销活动。节日是人们庆祝和娱乐的时光,是餐饮工作人员举办特殊推销活动的大好时机。在节日里进行餐饮推销,需要将餐厅装饰起来,以烘托节日的气氛,一年的各种节日中,如春节、元旦、情人节、中秋节、国庆节等都可以举办各种活动。

(2) 清淡时段推销活动。餐厅为增加清淡时段的客源和提高座位周转率,可在这段时间举办各种推销活动。有些餐厅将清淡时段的推销活动称为"幸福时光"(Happy Hour)活动,在这段时间内可对饮料进行"买一送一"的销售,进行各种演出等等。

(3) 季节性推销活动。餐厅可以在不同的季节中进行多种推销,这种推销可根据顾客在不同季节中的就餐习惯和在不同季节上市的新鲜原料来计划,最常见的季节性推销是时令菜的推销。同时,许多餐厅根据人们在不同季节的气候条件下产生的不同就餐偏好和习惯进行推销,如在酷热的夏天推出清凉菜、在严寒的冬天推出火锅菜系列等。

2. 餐厅特殊活动推销方法

餐饮企业应根据不同情况进行特殊活动推销。可采用以下几种方法。

(1) 演出型。为娱乐顾客,餐厅可通过聘请专业文艺团体和艺员来演出。演出的内容有多种,如卡拉OK、爵士音乐、轻音乐、钢琴演奏、民族歌舞等等。

(2) 艺术型。餐厅中搞些书法表演、国画展览、古董陈列等也能吸引客人,特别是有此专业爱好的客源。

(3) 娱乐型。为活跃餐厅气氛并吸引客人,餐厅可以举办一些娱乐活动,例如猜谜、抽奖、游戏等,甚至可以配备游乐器械等,以刺激人气。

(4) 实惠型。餐厅可利用客人追求实惠的心理进行折价推销、奉送免费礼品等活动。

三、赠品推销

赠品推销是指顾客购买产品时,另外以有价物质或服务等方式来直接提高产品价值的推销活动,其目的是通过直接的利益刺激达到短期内的销售增加。餐饮企业赠品推销可采用以下形式:

1. 商业赠品

餐饮推销人员为鼓励大主顾企业经常光顾,可以赠送商业礼品给一些大主顾。

2. 个人礼品

为鼓励顾客光顾餐厅,在就餐时间可免费向客人赠送礼品,在节日和生日之际向老人和老主顾赠送庆祝的礼品或纪念卡。

3. 广告性赠品

广告性赠品主要起到宣传餐厅、使更多人了解餐厅、提高餐厅知名度的作用。管理人员要选择价格便宜、可大量分送的物品作为这类赠品，比如给客人分发一次性使用的打火机、火柴、菜单、购物提包等，礼品上要印上餐厅的推销性介绍，如餐厅名称、位置及电话号码等。广告赠品对过路的行人和惠顾餐厅的顾客均可赠送。

4. 奖励性赠品

广告性赠品主要是为了让公众和潜在顾客进一步了解餐厅，而奖励性赠品的主要目的是刺激顾客在餐厅中多购买菜品和再次光临，这种礼品是有选择的赠送。例如根据顾客光临餐厅的次数、顾客在餐厅中消费额的多少，分别赠送礼品，有的则根据抽奖结果给幸运者赠送礼品。管理人员要选价值较高的物品作为这种礼品。

四、餐饮展示推销

食品的展示是一种有效的推销形式。这种方法利用视觉效应，激起顾客的购买欲望，吸引客人进餐厅就餐，并且刺激客人追加点菜。可采用以下几种展示推销方法：

1. 原料展示推销

餐厅通过原料展示可使顾客相信本餐厅使用的原料都是新鲜的、卫生的，从而对该餐厅产生信任感，同时也方便消费者点菜。

2. 成品陈列推销

餐厅将烹饪得十分美观的菜肴展示在陈列柜里，其展示效果往往胜于很多文字的描绘。通过对产品的直接观察，方便顾客点菜。

3. 推车服务推销

推车服务推销方式往往更容易达到推销效果，推车上的菜不一定是客人非买不可的，客人若看不见这些菜品不太可能会购买，但看见便可能产生购买动机和行为，这种推销形式是增加餐厅额外收入的有效措施。

4. 现场烹饪展示推销

现场烹制表演会形成在座客人关注的焦点，制作过程中散发出的声音和香味可以刺激客人的食欲，促使客人产生冲动性的消费，大大增加食品的销售机会，同时能减少食品烹调后的放置时间，客人当场品尝，味道会更加鲜美，可提高餐厅的形象，增加饭店美誉度。

五、广告推销

广告推销是由企业承担费用，通过各种媒体传播有关产品、服务或观念的信息，促使消费者采取符合企业意愿的行动的一种信息沟通方式。广告必须能吸引消费者，引起他们的注意，所以广告的设计必须具有创意。

1. 利用报纸广告进行推销

（1）餐饮企业为了树立良好的市场形象，可设计重要广告词语，在报纸上反复传递。

（2）当餐饮企业推广新活动、提供新的服务项目时也可通过在报纸上刊登广告进行推销。

（3）在选择刊登广告的报纸时，应考虑该报纸编辑的内容特点、读者对象、出版时间、报纸声望、广告位置、广告费用等因素,这会影响到推销效果。如镇江的餐厅可选择《京江晚报》,而不能选择政府机关报纸,如《人民日报》等。

(4) 美食节、特别活动、小包价等餐饮广告比较适合在报纸上刊登广告,甚至在其间登载一些优惠券,让读者剪下来凭券享受餐饮优惠活动。

2. 利用杂志广告进行推销

利用餐饮行业杂志做餐饮广告,如《中国烹饪》、《中国旅游饭店》、《饭店世界》等。其目的并不是给顾客看,而是由阅读这些杂志的行业人员、科研人员、教师以及学生通过口碑对餐厅进行宣传,树立餐厅形象,培养潜在顾客。

3. 利用电视广告进行推销

一般晚上七点半至十点半,被认为是广告的最佳时间,费用也相当的高,而且观众们由于过频地被动接受视觉上的广告刺激,对产品的期望过高,一旦在现实消费中"按图索骥"之后,却深受某些虚假广告之苦,反而对那些大做广告的餐饮产品产生不信任感。

因为成本较高,一般餐饮企业不会选择利用电视媒介进行广告,但国际连锁餐厅因其财力雄厚,为更快地占领市场,吊足消费者的胃口,通常会选择电视媒介,如世界五百强之一的百胜餐饮集团旗下的肯德基、必胜客等类型的国际连锁餐饮企业。

4. 利用户外广告进行营销

(1) 广告牌。设在行人较多的马路边上,交通工具经过的道路两旁或主要商业中心和闹市区。

(2) 空中广告。指利用空中飞行物进行的空中广告宣传。

(3) 餐厅招牌。利用饭店建筑物外部的指示牌。

六、电话推销

1. 准备

(1) 心理准备。在你拨打每一通电话之前,都必须有这样一种认识,那就是你所拨打的这通电话很可能就是你这一生的转折点或者是你的现状的转折点。有了这种想法之后你才可能对你所拨打的每一通电话有一个认真负责和坚持的态度,才使你的心态有一种必定成功的积极动力。

(2) 内容准备。在拨打电话之前,要先把你所要表达的内容准备好,最好是先列出几条在你手边的纸张上,以免对方接电话后,自己由于紧张或者是兴奋而忘了自己的讲话内容。另外,和电话另一端的对方沟通时要表达意思的每一句话该如何说,都应该有所准备,必要的话,提前演练到最佳。

2. 时机

打电话时一定要掌握时机,要避免在吃饭的时间里与顾客联系,如果把电话打过去了,也要礼貌地征询顾客是否有时间或方便接听。如"您好,王经理,我是×××公司的×××,这个时候打电话给你,没有打搅你吧?"如果对方有约会恰巧要外出,或刚好有客人在的时候,应该很有礼貌地与其说清再次通话的时间,然后再挂上电话。

如果要找的人不在,需向接电话人索要联系方法时,应有礼貌,如"请问×××先生/小姐的手机是多少?他/她上次打电话/来公司时只留了这个电话,谢谢你的帮助"。

3. 接通电话

（1）电话接通后，接电话者要自报家门。如："您好，这里是某某餐厅"或"您好，我是某某，很高兴为您服务"，绝对禁止抓起电话就问"喂，喂你找谁呀，你是谁呀？"这样不仅浪费时间还很不礼貌，让餐饮企业的形象在顾客心中大打折扣。接听电话前一般要让电话响一到二个长音，切忌不可让电话一直响而缓慢的接听。

（2）记录电话内容。在电话机旁摆放纸笔，这样可以一边听电话一边随手将重点记录下来，电话结束后，接听电话者应该对记录下来的重点事项妥善处理或上报。

（3）重点重复。当顾客打来电话订餐时，谈及用餐标准及人数等信息时，这时不仅要记录下来，还应该向对方复述一遍，以确定无误。

（4）让顾客等候的处理方法。如果通话过程中，需要对方等待，接听者必须说："对不起，请您稍等一下"，之后要说出让他等候的理由，以免因等候而焦急。再次接听电话时必须向对方道歉："对不起让您久等了。"如果让对方等待时间较长，接听人应告知理由，并请他先挂掉电话待处理完后再拨电话过去。

（5）电话对方声音小时的处理方法。如果对方语音太小，接听者可直接说："对不起请您声音大一点好吗？我听不太清楚您讲话。"绝不能大声喊："喂喂大声点"，要大声的是对方，不是你。

4. 挂断前的礼貌

餐厅员工一定要记住向顾客致谢，"感谢您用这么长时间听我介绍，希望能给你带来满意，谢谢，再见"。另外，一定要顾客先挂断电话，餐厅人员才能轻轻挂下电话，以示对顾客的尊重。

5. 挂断后禁忌

挂断顾客的电话后，有许多的业务人员会立即从嘴里跳出几个对顾客不雅的词汇，来放松自己的压力，作为一个餐饮企业员工，这是绝对不允许的。

项目小结

餐饮营销：是指餐饮经营者为了使顾客满意或招揽更多的顾客，并实现其经营目标而展开的一系列有计划、有组织的销售活动。它是一个完整的过程，涉及面广，包含市场调查、设计、开发、定价、推销和流通等方面。

主题营销：就是餐饮企业在组织开展各种营销活动时，根据消费时尚、饭店特色、时令季节等因素，选定一个或多个文化或其他主题为吸引标志，向宾客宣传餐饮企业的形象，以此吸引顾客购买产品。

形象营销：就是企业通过强化整体形象意识，以自身美好的形象与消费者进行沟通，把有关企业、产品以及服务的特色信息传递给消费者，让消费者对本企业、产品和服务有更多的了解、认识和喜爱，以形象力来全面提升企业的竞争力。

网络营销：是指以互联网为传播手段，通过在线活动创造、宣传、传递客户价值，并且对客户关系进行管理，以达到满足消费者需求和商家需求的目的。

心理需求：是指客人就餐过程中的各种精神方面的需求。

顾客饮食爱好的内在因素：主要指菜肴装盘的方式、食品供应时的温度、服务方式。

特殊活动推销：餐厅为了搞活经营,活跃就餐气氛,增加餐厅和食品的吸引力以招徕顾客,经常举办各种类型的特殊活动(Event),这是推销的有效方法之一。

赠品推销：是指顾客购买产品时,另外以有价物质或服务等方式来直接提高产品价值的推销活动,其目的是通过直接的利益刺激达到短期内的销售增加。

食品展示：是一种有效的推销形式。这种方法利用视觉效应,激起顾客的购买欲望,吸引客人进餐厅就餐,并且刺激客人追加点菜。

外部营销：是相对于餐饮内部营销而言的,即营销地点可能在店外的任何地方,营销对象更为广泛。

人员推销：是指餐饮推销人员通过向顾客展示或以语言表达等方式来传递产品信息,引导顾客光顾餐厅,购买和消费本餐厅的产品和服务的过程。

电话推销：包括餐饮推销人员打电话给顾客进行推销和推销人员接到顾客来电进行推销两种。

广告推销：是由企业承担费用,通过各种媒体传播有关产品、服务或观念的信息,促使消费者采取符合企业意愿的行动的一种信息沟通方式。

检 测

一、案例分析

最是一年春好处

有一年春节期间,某饭店宽阔的广场矗立起一座巨大而夺目的花坛。斗春的花儿,在凛冽的寒风中争奇斗艳,以春之使者的风范,恭迎着每一位光临的客人。从那天起,人们在春节里又多了一个绝妙的春游佳景——到饭店赏花、看花展。

饭店举办此次花展,主要是针对春节营业淡季以吸引周边客人消费。一段时间以来,赏花的客人络绎不绝,中餐早茶的生意也随之兴隆,大有春之若至花招来之势。

分析：该饭店利用花展对企业的经营效益有哪些帮助,该饭店是利用何种方式吸引客源的,餐饮企业在进行营销时会考虑哪些因素。

二、小组讨论

1. 餐饮销售是餐饮企业获取经济效益的有效途径,餐饮企业在进行推销时会考虑哪些因素？又是如何进行推销的？
2. 微信营销为餐饮营销模式的革新带来了哪些影响？

三、课内实训

1. 以班级为单位分为若干小组,分别对餐饮人员推销、电话推销、餐饮广告推销这三种方式进行实训。
2. 以某酒店为实例,设计人员推销任务。从收集信息,发现可能的客户,并进行筛选→计划准备→销售访问、洽谈业务→介绍餐饮产品和服务→处理异议和投诉→商定交易和跟踪推销这六大步骤进行操作。

四、课外拓展

1. 以发生在酒店的故事为题材,用表演形式突出餐饮销售等环节的重要性,让学生在娱乐中掌握知识。

2. 餐饮企业往往会使用各种方式进行营销,考察当地一家酒店,帮助其设计促销方案。

3. 考察某餐饮企业,了解其要进行有效的餐饮销售,必须要对哪些因素进行分析,从顾客和餐厅两大角度进行分析。

项目五 餐饮成本管理

学习目标

- 了解餐饮原料采购、验收、库存和发放工作的内容。
- 掌握原料采购程序和原料采购的质量、数量和价格控制方法。
- 掌握原材料验收程序和方法、食品原料储存与发放的程序和管理方法。
- 掌握成本构成和管理控制方法。

项目导读

随着国内餐饮市场竞争的日趋激烈,餐饮企业的高利润已经过去了。餐饮企业在资金的再投入和地盘扩张的同时,应加强企业经营各个环节的成本控制,通过内部强化管理杜绝餐饮企业的各种跑冒滴漏、控制成本达到降本增效的目的。餐饮原料是餐饮生产和服务的重要物质基础,餐饮原料也是餐饮成本的主要构成要素之一,为此要进行采购、验收、库存和发放的控制,通过以上环节,达到控制成本、为顾客提供优质的餐饮服务、保证餐厅的经济效益的目的。本项目要点内容如表5-1。

表5-1 本项目要点内容阅读导引表

餐饮原料管理	餐饮成本控制
采购员的选择	餐饮成本构成、分类、特点
制定采购程序	餐饮成本核算的方法
采购质量控制	餐饮成本核算的流程
采购数量控制	餐饮成本控制要素
采购价格控制	餐饮生产前成本控制
建立验收体系	餐饮生产中成本控制
验收程序	餐饮生产后成本控制
验收表单	餐饮成本分析的意义、方法
原料库存管理	餐饮成本分析组织
原料发放管理	制定餐饮经营指标

模块一　餐饮原料管理

任务导入

餐饮原料管理——掌握餐饮原料采购、验收、储存和发放的管理程序和方法

1. 教师提供餐厅原料管理的案例,供学生分析和讨论,使学生了解餐饮原料管理的重要性。
2. 学生以小组为单位,利用课余时间参观考察本地1~2家餐饮企业,了解餐厅原料采购、验收、储存和发放的程序和要求。
3. 选择2~3种原料,编写采购规格书,说明如何进行原料质量控制。
4. 教师点评,讲解相关知识点。

工作任务一　原料采购管理

采购工作是餐饮成本控制的第一道环节,又是较难控制的一道环节。因而,餐饮部必须制定和实施严格的规章制度,制定标准的采购程序,选择合适的供应商,选用品德优秀、业务熟练的采购员,采用合适的采购方式,对采购的模式、原料的质量和数量、采购的价格等进行严格的管理。

基础知识

一、采购目标

采购目标是五个"适当":

(1) 购买适当的物品。购买适当的物品是指购买到餐饮生产和服务能用、适用而不致浪费或不敷使用的原料、物品。并不是所有的最高等级的原料一定是适当的。为了保证菜肴质量的始终如一,必须使用品质始终如一的食品原料。采购时还要考虑到原料的储存能力,以免造成原料在运输、储存过程中品质的快速下降。

(2) 获得适当的数量。一次购进的原料、物品要满足生产和服务的需要。数量过多,增加保管成本和负担;数量不足,增添生产和服务的工作麻烦。

(3) 支付适当的价格。采购原料、物品所花的费用要恰当,既不可太贵,为生产和服务的成本控制和定价销售带来困难;也不可能过分便宜、经济,供货商的利益卖方会自我保全的。

(4) 把握适当的时间。采购进货要在适当的时间范围之内。太早送货,增加保管工作量不说,还有可能使原料变得不新鲜,甚至变质;过迟进货又会打乱正常工作秩序,严重的情况,可能会延误开餐,造成顾客的不满。

(5) 选择适当的供应商。适当的供应商,不仅可以减少酒店对原料、物品采购的沟通、联系等工作量,而且还可能给酒店带来购货以外的附加服务或积极的帮助,如送货人员协助从事原料加工工作,送货人员提供相关的原料、物品信息、样品等。

二、采购人员

1. 道德素质的要求

一切以所在企业利益为重,不得损公肥私;每花一分钱都应设法获取最大的价值,不得任意挥霍;努力提高业务素质,提高工作水平。善于接受同事、上级领导和供货单位业务员的建设性意见;严格遵守职业道德,增进同供货单位之间的友好关系;在与管理人员、一般职工及供货单位业务员的交往中做到公正诚实;不接受礼物,更不应该高价采购、收取回扣。

2. 业务素质的要求

熟悉食品饮料的产品知识和鉴别要领,掌握原料市场情况和采购渠道,熟知食品制作的要领和厨房业务,熟悉财务制度和财务知识。

【例 5-1】

王女士之前是从事办公室采购工作的,2010年年初从事业单位退下来。她有丰富的采购经验,又是老会计,且对工资待遇没有过高的要求,综合这些,她准备在职业介绍所找一份与采购有关的工作。三个星期后,她果然找到了工作:某酒店的采购人员,薪资为3 800元。她信心很足,说一定要做好,然而出乎意料的是,在从事采购不到一个月后,她又来到职业介绍所找工作。问其原因,她说了一大堆的苦楚:上司要求高、原料采购的时候每天都有差别、买回来的东西还要过磅,等等,听她长长的一番话之后,职业介绍所的工作人员发现,困难其实都可以克服,唯独在采购的本原——资金方面存在较大的理解性错误,如"采购嘛,从中图点小利理所应当""虾买稍微小一点,又看不出来的"等。

采购员的选择对餐饮服务质量和成本控制很重要。有管理专家认为,一个合格的采购员可以为企业节约5%的餐饮成本。

实践操作

一、制定采购程序

实施采购管理首先应制定一个有效的工作程序,使从事采购的有关人员和管理人员都清楚应该怎样做、怎样沟通以形成一个正常的工作流程。图 5-1 为餐饮原料采购的基本工作流程。

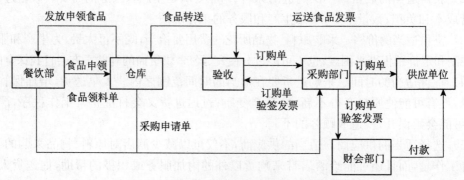

图 5-1　餐饮原料采购的基本工作流程

1. 提出申请

餐饮部和仓库分别通过采购申请单向采购部门提出订货要求。餐饮部的订货品种是除仓储之外的食品,通常为新鲜食品;仓库订购的是各类需储存保管的食品,当库存量低于规定的数量时就要提出审购,补足必要的库存量。请购单如表5-2所示。

表5-2 请购单

日期:_____   请购人:_____
部门:_____   部门负责人签名:_____
要求交货日期:_____   采购部经理审批意见:_____

注意:每份请购单只填写某一类商品

品名	价格	数量	订购单编号	建议供应单位

2. 组织采购

当采购部门接到订货申请后,通过正式的订购单手续向供应单位订货,同时给验收部门一份订购单,以备验收核对。订购单见表5-3所示。

表5-3 订购单

订购单编号:_____   订购日期:_____
                                付款条件:_____
致:(供货单位名称)   订货单位:(企业名称)
   请送下列货物   交货日期:_____

编号	订购数量	项目	规格	运送单位数	单价(元)	小计(元)
1						
2						
3						
4						
5						
合计						

注意:本订单明确规定,只接受上述的、背面注明的条款和条件及本订单附件,或用别的方式说明的附加条款和条件。

(授权签字)

3. 验收入库

到货后,将货交验收部门验收,验收合格的货物转送入库,鲜活原料通知厨房通过审领手续及时领取。进货单见表5-4所示。

表 5-4　进货单

（供货单位名称）

订货日期	项目	单位	单价(元)	单位数	小计(元)	发货票编号	备注

4. 审核付款

验收部门将货票验签后，采购部门再交财务部门审核，然后向供应单位支付货款。

对于未达到或不符合规格质量要求以及超过正常损耗的物品，要及时与供应厂商交涉，要求索赔、退货或催运。

二、控制采购质量

制定食品原材料采购的规格标准，是保证餐饮产品质量的有效措施。采购规格书是以书面的形式对餐饮部要采购的食品原料等规定具体的质量、规格等要求的采购书面标准。

在采购规格书中，一般根据原料的特性，有选择地列出以下项目：产品的通用名称或商业名称、用途、产地、等级、部位、色泽与外观、报价单位或容器、容器中的单位数量或单位大小、重量范围、最大或最小切除量、加工类型和包装、成熟程度、交货时间、防止误解所需要的其他信息。采购规格书的内容和格式见表5-5所示。

表 5-5　原料采购规格书

1. 原料名称
2. 原料用途
   详细介绍物品的用途（如橄榄用来装饰饮料，猪排用来制作烤酿馅猪排）
3. 原料概述
   列出供原料的一般质量指标。如"猪排"：里脊完整无缺，外有脂肪层，厚度2cm，冰冻状态，无不良气味、无解冻、变质现象。
4. 原料的详细说明
   列出有助于识别合格产品的因素。一般包括：产地、规格、比重、品种、份额大小、容器、类型、商标名称、净料率、式样、稠密度、等级、包装物等
5. 原料检验程序
   收货时对应该冷藏保管的原料可用温度计测出，通过计数或称重检验数量
6. 特殊要求
   明确表明质量要求所需的其他信息。如投标程序、包装要求、交货要求等

【特别提示】

编写采购规格书应注意以下事项：

1. 在制定采购规格标准时应该审慎小心，要仔细分析菜单菜谱，既要根据各种菜式的制作实际需要，也要考虑市场供求情况。

2. 餐饮经理应要求厨师长和采购部人员一起研究决定,力求把规格标准制定得实用可行。

3. 规格标准和文字表达要科学、简练、准确,避免使用模棱两可的词语,如"一般"、"较好"等,以免引起误解。

三、控制采购数量

采购规格标准一经确立,在一段时间内则相对稳定,而采购数量却是经常变化的,它与采购的间隔时间密切关联。采购数量过多或过少都会给企业带来产品质量下降和成本上升的不利影响,应加强日常采购中的数量管理,按照采购对象的不同采用合适的采购数量控制方法。

1. 日常采购法控制

日常采购法适用于日常消耗量变化较大、有效保存期短需要经常采购的鲜货类原料。如新鲜肉类、禽类、水产海鲜类原料。餐厅可以设计一份"市场订货单"(原料采购清单)进行控制,见表5-6所示,应采购数量=需使用数量-现有数量。

表5-6 市场订货单

年 月 日

原料名称	需使用数量	现有数量	订货量	供货单位报价(元/千克)		
				甲	乙	丙
果蔬类						
A	70 kg	20 kg	50 kg	2.50	2.75	2.25
B						
C						
D						
……						

食品原料管理员　　　　　厨师长　　　　　采购主管

2. 长期订货法控制

长期订货法主要采购某些鲜货类食品原料,如面包、奶制品、某些水果、蔬菜等,其消耗量一般变化不大,消耗速度相对稳定。

餐厅可以同一个或几个供货商商定,由供货商以固定的价格每天或每隔几天向餐厅供应一定数量的食品原料。

餐厅可设计一份采购定量卡进行控制,见表5-7所示,当日需购量=最高储备量-现存量。

表5-7 原料采购定量卡

原料名称	最高储备量	现存量	需购量
鸡蛋	5箱	2箱	3箱
鲜奶	100 kg	20 kg	80 kg
……			

3. 定期订货法控制

定期订货法是指订货周期固定不变,即订货间隔时间不变,如一周一次或两周一次或每月一次,但订货数量可以根据库存和需要改变的一种采购控制方法。

$$订货数量＝下期需要量－现有数量＋期末需存量$$

期末需存量是指从发出订单至货物到达验收这段时间(订购期)能够保证生产需要的数量(每一订货期末餐厅必须剩下的足以维持到下一次送货日的原料储备量)。

【例 5-2】

某餐厅要每月订购甜玉米罐头一次,消耗量平均每天 10 罐,订货期为 5 天。仓库管理员发现库存甜玉米罐头还有 60 罐。那么这次的订货数量为:

订货数量＝下期需要量(10×30)－现有数量(60)＋期末需存量(10×5)＝300－60＋50＝290 罐

保险储备量。考虑因交通运输、天气、供应情况等方面的原因,可能造成送货延误,很多餐厅都在期末需存量上加上一个保险储备量,以防不测。这个保险储备量一般为理论期末需存量的 50%,这样期末需存量实际上为:期末需存量＝(日平均消耗量×订购期天数)×150%。

上例中,实际订货数量为:订货数量＝(10×30)－60＋(10×5)×150%＝315(罐)

如果订货单位是箱,每箱 12 罐,那么这次的订货数量应为 27 箱,超额进货可以从下次进货中扣除。

4. 永续盘存法控制

永续盘存法是对所有的入库及发料采用连续记录的一种存货控制方法,通过永续盘存卡来指导采购。一般大型餐饮企业尤其是集团经营的大型酒店才会使用这种方法。

在永续盘存表(见表 5-8 所示)上记录进货和发放的数量。各种原料有预定的最高储备量和订货点量。所谓最高储备量是指某种原料在最近一次进货后可以达到但一般不应超过的储备量;所谓订货点量就是定期订货法中的期末需存量,也就是该原料的最低存量。一旦结余数量降至订货点,应填制订货采购单。

表 5-8 永续盘存表

永续盘存表　　　　　　　　编号:3241

品名:玉米粒　　　最高储备量:150 罐
规格:　　　　　　订货点量:75 罐
单价:

日 期	订单号码	进货量	发货量	现存量
				(承前)
1/12	No. 367~389		10	75
2/12			8	67
3/12			11	56
4/12			12	44
5/12			9	35
6/12		132	10	157

【例 5-3】

某餐厅甜玉米罐头日平均消耗量为 10 罐,订货期为 5 天,最高储备量为 150 罐,订货点量为 75 罐。12 月 1 日,仓库管理员发现该原料现存量只有 75 罐,已达到定货点量。于是发出订货通知。订购数量为 $150-75+10\times 5=125$(罐)

由于该原料是以箱为采购单位,12 罐为一箱,管理员应实际订货 11 箱,即 132 罐,这样五天以后,货物到达,库存量又增至 157 罐。

四、控制采购价格

1. 规定采购价格

酒店通过详细的市场调查,对原料规定采购限价。在一定的幅度范围内,按限价进行市场采购。这种方法适用于采购周期短、随进随用的新鲜物品。

2. 规定购货渠道和供应单位

许多酒店规定采购部门只能向那些指定的单位购货,或者只允许购置来自规定渠道的原料,酒店预先已同这些供应商议定了购货价格。这样,既控制了采购价格,也节省了人力,并能获得长期优惠。

3. 控制大宗和贵重原料的购货权

贵重和大宗食品原料的价格是影响餐饮成本的主体。因此,有些酒店规定由餐饮部提供使用情况的报告,采购部门提供供应商的价格,具体向谁购买由酒店决策层确定。

4. 批量采购

大批量的采购可以降低购货单价。并尽量选择大规格包装的原料,这样也可以降低单位价格。

5. 适时采购

当某些原料在市场上供过于求、价格十分低廉而又是厨房大量需要的,只要质量符合标准并有条件储存,可利用这个机会大量购买,以减少价格回升时的开支。当原料刚上市,价格日渐下跌,采购量应尽可能减少,只要能满足短期生产即可,等价格稳定时再进行采购。

6. 直接采购

减少采购中间环节,从批发商、生产商或种植者手中以及市场直接采购,往往可获得优惠价格。

7. 使用大型招标会

对于经常使用到而且使用量比较大的食品原料,餐饮企业可以通过招标会的形式,让有资质的食品原料供应商参加竞标。这种方式可以有效地降低采购价格,也可以保证采购食品原料的质量。

【例 5-4】

拥有 76 家大中型餐馆的北京华天饮食集团公司为使下属各企业在激烈的市场竞争中掌握市场主动权,决定从源头抓起:在保证货源质量的前提下,减少成本,把菜品价格降下来,服务大众,让利于民。基于此种想法,集团公司推出了进货招标的方案,这个方案得到了供应商的积极响应,前来报名竞标的经销商、厂家有 100 多家。经过筛选,有近 50 家供货商获准参加竞标。中标的原则是:同等质量下,选择价格最低的;同等价格下,选择质量最好的。通过质量和价格的认证,28家供货商以质优价廉取得了向华天企业供货的资格证书。

目前,这些厂商均已不同程度地和华天建立了合作关系。包括酒、饮、蛋禽、蔬菜等7大类30多种华天日常所用原料的供应商在内的多家供应商,为了与华天保持长期合作关系,都很注意自身的商誉。这次招标成功,华天不但货源质量有了保证,供货价格也降了下来。

工作任务二 原料验收管理

验收在餐饮经营管理和成本控制流程中处于要害地位。科学合理的验收程序是保证食品质量和成本控制的关键。原材料的验收管理就是要核对采购的数量、质量和价格,检查质量标准是否与订购单一致,核实送货数量和价格是否与发货单一致。验收控制主要通过相关表单进行管理。

基础知识

建立验收体系

1. 验收部门

验收部门的设立以及验收部门与其他部门的关系因酒店规模大小而异,大型酒店有专门的验收部,而中型酒店只设一个验收员就可以了,小型餐厅没有专职的验收员,可由仓库保管员、成本控制员或财务人员兼任,但不能由采购员或厨师长或餐饮部经理兼职。

2. 验收空间和设备

(1) 验收场地。食品原料验收场地一般在酒店或餐馆的后门或边门,靠近储藏室,与厨房和餐厅在同一个区域。在验收场地附近设验收办公室,这样验收员就能从办公室观察到从验收到入库的一切活动,便于验收。验收场地的配置还要同时考虑到车辆进出是否方便,是否有利于卸车搬运、便于验收的堆放和使用搬运工具,是否符合食品卫生要求的环境。

(2) 验收设备与工具。为保证验收工作的效率,验收部门应有适当的验收设备和工具。重要的工具有:重量等级不同的磅秤、温度计、起钉器、纸板箱切割工具、榔头、尖刀等工具。还应有验收单、验收标签、购货发票、收货单、采购规格书等单据、材料。

3. 验收员

选择称职的验收员是验收控制的首要环节,一名合格的验收员应具备以下素质:

(1) 验收员要有很强的责任心,对验收工作感兴趣。

(2) 验收员必须反应灵敏、虚心好学、诚实可靠。

(3) 验收员应具备较丰富的食品原料知识。

(4) 验收员应具备良好的职业道德素质,不徇私舞弊。

实践操作

原材料验收管理

(1) 根据购货清单检查进货。验收员接到货物后,首先将供货单位的送货清单与事先拿到的相应的"订购单"核对。

（2）根据发票检查进货价格。认真核对购货发票和购货清单上采购价格,要做到票货相符、票款相符。

（3）根据采购规格书检查食品原料质量。验收员依据"采购规格书"和"订购单",检查进货质量是否符合质量标准。

（4）根据订购单检查食品原料数量。验收员根据"订购单"对照送货单,通过点数、称重等方法进行核对。若有外包装,先拆掉外包装再核对;若是密封的容器,应进行抽查;未密封的箱装食品原料,凡是以重量计量的食品原料,一定要逐一称重。凡是以件数或个数计量的食品原料,要逐一点数。

（5）抽样检查箱装、盒装或袋装原料。检查原料的单位重量是否足量或符合质量标准。

（6）填写验收单。如能确定原料验收合格,可填写"验收单"正确记录供货单位的名称、收货日期以及所有原料的重量、数量、单位和金额。验收单一式四份:第一联交验收处;第二联交贮藏室;第三联交成本控制室;第四联交财务部。验收单如表5-9所示。

表5-9 货物验收单

	酒店			编号	
供货单位:				日期	
供货单位地址:					
订购单编号:					

存货编号	项目及规格	单 位	数 量	单 价	合 计
总 计					

验收员：_____ 送货员：_____
贮藏室管理员：_____

（7）在发票上签字,加盖验收章。在以上程序完成后,验收人员应在发票上签字并接受原料。有些餐饮企业要求在送货发票或发货单上加盖验收章,验收章的形式见表5-10所示。

表5-10 验收章

××酒店验收章

日期
验收员
管理员
单价   金额
同意付款

（8）退货处理。如果分量不足,或质量不符合订货标准的原料;畜、禽、肉类原料,未经检验或检验不合格的;冰冻原料已化冻变软的;价格提高而又没有通报给采购部的原料。出现以上情况,验收员有权拒绝收货。在退货时,应填写原料"退货单",并取得送货人签字。若因生产需要不退货,应由厨师长或有关管理人员在"验收单"上签字。

（9）鱼、禽、肉类食品标签。鱼、禽、肉类食品原料在采购总成本中占很大比重，因此，在验收时，验收员可以给这些类别的食品原料挂贴货品标签进行控制。食品标签的形式如表5-11所示。

表 5-11　食品标签

标签编号		标签编号	
验收日期		验收日期	
重量	单位	重量	单位
金额		金额	
供应单位		供应单位	
发料日期		发料日期	

（10）验收日报表。验收日报表上须注明原料的去向，有利于分别计算食品成本和饮料成本，为编制有关财务报表提供依据，达到控制成本的目的。验收日报表的形式如表5-12所示。

表 5-12　验收日报表

××餐厅验收日报表　　　　日期：　　　　　　编号：

原料名称	供应商名称	发票号	单位	数量	单价	金额	直接采购		库房采购		其他	
							数量	金额	数量	金额	数量	金额
合计												

工作任务三　原料库存和发放管理

【例 5-5】

关于香蕉的保鲜技术：只要将香蕉与苹果放在一起保存，不久之后，香蕉的颜色就会转黄，变得成熟、美味。另外，香蕉还有一种不失美味的保存方法：将成熟的香蕉剥去外皮之后，用保鲜膜包起来冷冻保存，想吃的时候，无需解冻直接食用，吃起来就像吃冰淇淋一样，感觉更鲜美！

香蕉保存在8～23℃之间最合适，高温容易过熟变色，而温度过低，易发生冻伤现象，因此天热时放在凉爽通风的地方，天冷时用报纸等物品包裹保存。香蕉黄熟速度快，宜放在室内阴凉、干燥、通风处，悬空挂起效果将更好。冬天贮藏时，环境温度不能低于11℃，否则容易发生冻伤。注意绝不能把香蕉放进冰箱中冷藏，否则果肉会变成暗褐色，口感不佳。选择适当的库存方法是保持食品原料的品质。

食品原料验收以后必须要进行有效的储存管理，目的是防止腐败变质和其他可能发生的浪费现象。做好食品原料的储藏与控制既能保证餐饮产品的质量和降低成本，而且还能节省时间。原料库存的基本要求是保证食品原料库存数量适宜;科学储存保管;制定工作程序、严格管理制度;做好出入库管理、完善账务手续。

基础知识

一、原料储存中的质量变化

1. 生理变化和生物学变化

（1）呼吸作用。是粮食、水果、蔬菜等有生命商品生理活动的主要标志。商品的呼吸作用在有氧和缺氧的条件下均能进行,旺盛的呼吸能加速商品成分的分解,引起品质劣变。

（2）后熟作用。是蔬菜水果采收后其成熟过程的继续。在蔬果菜类产品的贮藏中,经过后熟作用果蔬改变颜色,改进风味,提高食用品质。但也失去耐贮性,进而腐坏变质。

（3）萌发与抽苔。高温、高湿、充分的氧气及日光照射等条件,均能促进蔬菜的萌发和抽苔。

（4）僵直和软化。僵直和软化,是指畜、禽、鱼死后一段时间内发生的生化和形态上的变化。

2. 食品储存中由微生物引起的变化

（1）霉腐变化。有机物商品在微生物作用下而改变其原有的外观、强度、气味、食用品质等所表现出来的性质。但微生物需一定条件才能生存和繁殖从而危害有机性商品。在不适宜条件,它的生命活动会被抑制,甚至被杀灭。

（2）酵解变化。多糖类的商品在无氧状态下分解的性质。含糖类的商品,特别是食品,因具有酵解性,在酵母菌和酶的作用下易于发酵分解,而生成其他物质。

（3）食品储存中的脂肪氧化酸败。含有脂肪的商品在酸、碱、酶的作用下水解分解出脂肪酸,产生难闻的气味,影响原料品质。

此外,食品原料包装的锈蚀、破损也会影响食品原料的使用价值。

二、原料储存管理的基本要求

1. 保证食品原料库存数量适宜

合理制定库存物资补充计划,控制最高存量和最低存量,及时发货,及时补充各种食品原料,加快货物流转,控制库存业务。随时掌握库房状况,及时提供库房物资进销调存的数据。

2. 科学储存保管,保证食品原料的质量

餐饮原料品种多样,根据各种原料的特点、用途不同,提供适宜的储存保管条件(温度、湿度、光线、通风情况等)、储存期、保管方法,保证货物安全。

3. 制定工作程序、严格管理制度

一个合理的库房管理程序应该将采购、库房、厨房领用及财务计账核算等有机地结合起来,建立完备的物资验收、领用发放、清仓盘点和清洁卫生制度,以保证库房各项管理工作的衔接和协调,并通过严格的管理制度,对原料从采购入库到出库使用进行控制。

4. 做好出入库管理、完善账务手续

入库和出库是库存管理的两大关键,对各类物品定位、编号并建立库存账卡,做好登记工作。及时掌握各种食品原料的日常使用量和消耗动态,合理控制库存量,加速资金流动。准确反映原料的进、销、调、存动态,控制成本消耗。

三、原料发放的一般规则

食品原料在发放领用时应按照定时发放、凭单发放、先进先出和准确计价等原则进行管理和控制。

四、原料发放的形式

1. 直接发放

主要是易腐败性原料,也就是直接采购的原料。这些原料经验收合格后无需入库保存,从验收处直接发到厨房,其价值按当日进料价格记入当天食品成本账内。

2. 储藏室发放

包括干藏食品、冷藏食品和冻藏食品。这些原料经验收后入库储存,当生产需要时再由储藏室发放到厨房和酒吧,在发出当日转入当日食品成本。

实践操作

一、原料储存环境设计

1. 安排库房的位置、面积

库房的位置最好是位于验收处和厨房之间。如果做不到,一般安排在验收处附近。库存区应尽量避开热源。

库存区位置的具体要求是:确保储存,发料迅速;减小劳动强度;确保安全。

库房的面积也应适当,容量应充裕。一般来说,仓库面积占餐饮总面积的10%～12%。

2. 选用合适的储存条件

库存的食品原料的性质不同,对储存条件的要求也不同。餐饮企业常用原料储存的温度和湿度要求见表5-13所示。

表5-13 常用原料储存的温度和湿度要求

库房类型	原料	适用温度	适用湿度	备注
干藏库	干货类	10～20℃	50%～60%	保持空气流通,每小时换四次空气,阳光不能直接照射,照明用冷光灯
	米面类	10～29℃		
	酒水类	10～20℃		
冷藏库	肉类	0～5℃	75%～85%	阳光不能直接照射,照明用冷光灯
	水产类	0～2℃	85%～95%	
	家禽	0～2℃	75%～85%	
	乳制品	0～2℃	75%～85%	
	黄油和鸡蛋	0～2℃	85%～95%	
	新鲜水果和蔬菜	2～4℃	85%～95%	
	熟食	2℃	85%～95%	
冷冻库	所有需冷冻储存的原料	－18～－24℃	85%～95%	阳光不能直接照射,照明用冷光灯

二、原料库存管理

1. 入库验收

入库验收主要侧重于物品质量和数量的检查和分类工作。质量检查工作的重点有两个方面:一是根据单、货相符的原则,把好质量关,二是对物品自身贮存条件的分析。确认订购的货品是否适宜于存放在储存仓库里。

2. 库存保管

(1) 分类存放。根据食品原料的性质和储存时间要求,将原料存入不同的库房,摆放不同的区域。

(2) 科学摆放

① 定位编号。采用"四号定位"方式,四号是指库号、架号、层号和位号。四号定位就是用四个号码来表示物品在库房中的位置。即将物品进一步按种类、性质、体积、重量等不同情况,分别对应存放在相应的货位上。

② 设立货卡。对定位、编号后的各类原料填写存货标签和永续盘卡。

③ 五五摆放。这种方法是根据分类后的物品形状,以"5"为计量单位进行摆放,做到"五五成堆,五五成行,五五成排,五五成串,五五成捆,五五成层"。这种方法能使物品整齐美观,又便于清点、发放。

货堆的"五距"要求。"五距"指的是货堆的堆距、墙距、柱距、顶距和灯距。一般的平顶楼房,顶距为 50 cm 以上;人字形屋顶,堆货顶面以不超过横梁为准;灯距不应小于 50 cm,以防止照明灯过于接近商品(灯光产生热量)而发生火灾;一般外墙距在 50 cm 以上,内墙距在 30 cm 以上,以便通风散潮和防火,一旦发生火灾,可供消防人员出入;货堆与屋柱的距离即柱距一般为 10~20 cm,以防止柱散发的潮气使商品受潮,并保护柱脚,以免损坏建筑物;货堆之间的距离,通常为 100 cm。

④ 养护措施。仓库温、湿度管理。使用温度计、湿度计,定时检查库内温度和湿度,保持各仓库适宜的温度和湿度,防止原料受热、受潮和被日晒,以保证食品原料的品质。

保持仓库的清洁卫生,定期清洁,保持仓库地面和货架的干净。定期消毒,预防和杜绝虫害、鼠害。

⑤ 在库检查。通常使用逐日检查、定期检查和临时检查三种方法。检查火、电源,检查堆垛是否稳固,检查货物包装是否破损、变形,物品有无潮解、溢漏等,检查库内环境,库房是否漏水,温度、湿度是否达标。检查物品是否账、卡、实相符等。

3. 核对账卡

为了正确反映仓库物品进、出、存动态,仓库要建立保管账和货卡制度。在物品进出库时,由账务员记账,保管员记卡,这样便于及时了解库存,随时检查对账,促使账账相符、账卡相符、账实相符,也便于盘点。

三、库存原料发放控制

1. 定时发放

一般酒店规定每天早上两个小时(如 8:00~10:00)和下午两个小时(2:00~4:00)为仓库发料时间,其他时间除紧急情况外一般不予发料。也可规定领料部门提前一天送交领料单。

2. 凭单发放

（1）生产部门根据自己所需要的食品原料填写领料单，仓库必须按领料单备料、发料。通过领料单控制仓库的库存、核算各厨房的餐饮成本、控制领料量。领料单的形式如表5-14所示。

表 5-14　食品原料领料单

日期：

仓库类别：

品名	货号	请领数量	实法数量	单价（元）	食品金额	饮料金额
				合计		

领料人：
领料部门领导：　　　　　　　　　　　　　　　　　　　本单领料
发料人：　　　　　　　　　　　　　　　　　　　　　　　总金额

（2）领料单一式三份，一联交回领料部门，一联送财务部食品成本控制员，最后一联仓库留存。

3. 如实记录原料使用情况

酒店厨房经常提前为数日后所需原料做准备。如大型宴会的食品常常需要几天前就要准备。因此，如果有的原料不在领取日使用，必须在原料物资领用单上注明该原料消耗日期，以便将该原料价值如实记入当日成本。各部门之间的内部调拨，也同样要办理正规手续。

4. 准确计价

原料从仓库发出后，仓库保管员应该在领料单上列出各项原料的单价，计算金额，并汇总领取食品饮料的总金额。有食品标签的肉类食品和价格相对稳定的干货类食品原料，可采用实际购价计算。如果库房不采用货物标牌制度，可以根据货品库存卡标明的单价，采用先进先出法或最近进价法等方法计价。

5. 原料的内部调拨及转账处理

大型酒店往往拥有多处餐厅、酒吧、厨房。酒吧之间，餐厅之间，餐厅与酒吧、厨房之间等常因业务发展需要发生食品原料的相互调拨、转让。为使各自的成本核算达到应有的准确性，酒店内部原料物品的调拨应该坚持使用调拨单，以记录所有调拨往来。

食品原料调拨单应该一式三份或者四份，调入和调出部门各留存一份，另一份送财务部，有的餐饮企业还会在仓库留存一份。食品原料调拨单的样式如表5-15所示。

表 5-15 食品原料调拨单

调入部门：多功能厅　　　　　　　　日期：2012.12
调出部门：大堂吧　　　　　　　　　编号：3750821

品 名	规 格	单 位	数量		金额（元）	
			请拨数	实拨数	单价	小计
可口可乐	355 ml	箱	4	4	40	160
雪碧	355 ml	箱	4	4	40	160
合计						320

调出部门经手人：_____　　　主管：_____　　　仓库保管员：_____
调入部门经手人：_____　　　主管：_____

模块二　餐饮成本控制

任务导入

餐饮成本控制——理解餐饮成本的构成和特点，掌握餐饮成本核算、
成本控制和分析的方法

1. 教师提供餐厅经营案例，通过讲解，使学生了解餐饮成本的构成和特点。理解成本控制的重要性。

2. 学生以小组为单位，利用课余时间上网查阅资料，了解"三丁包子"的制作原料，核算其原料加工成本。

3. 教师讲解相关知识点。

工作任务一　餐饮成本核算

基础知识

一、餐饮成本构成

餐饮成本，是指餐饮企业在一定时期内的生产经营过程中，所发生的费用支出的总和，即餐饮营业额减去利润的所有支出，是企业在生产经营过程中耗费的全部物化劳动和活劳动的货币形式。一般而言，餐饮成本主要包括食品原料、饮料成本和营业费用。

1. 食品原料、饮料成本

食品原料、饮料成本是餐饮生产的主要开支，占餐饮支出的比例最大。一般档次越高的餐厅，其原料成本率越低；饮料原料的成本率要低于食品原料的成本率。

2. 营业费用

营业费用包括餐饮生产经营中所消耗的一些费用，如人工费用、经营用品费用、水电燃料费、折旧和维修费用以及其他费用。

营业税虽然不属于费用，但它是餐饮部门的一项重要支出，一般占营业收入的5%。

二、餐饮成本分类

成本分类是为做好成本核算和成本管理服务的。成本核算和成本管理的方法和目的不同，成本分类也不一样，餐饮产品的成本，从不同角度可分成不同的种类。

1. 按成本的可控程度划分

（1）可控成本。是指餐饮管理中，通过部门职工的主观努力可以控制的各种消耗，如食品原材料、水电燃料、餐茶用品等消耗。

（2）不可控成本。是指通过部门职工的主观努力很难加以控制的成本开支。在餐饮管理中，有些成本支出，如还本付息分摊、折旧费用、劳动工资等，通过部门人为的努力，在一定经营时期是很难控制的。

2. 按成本性质划分

（1）固定成本。是指在一定时期和一定经营条件下，不随餐饮产品生产销量的变化而变化的那部分成本。在餐饮成本构成中，广义成本中的劳动工资、折旧费用、还本付息费用、管理费用等在一定时期和一定经营条件下，是相对稳定的，所以称为固定成本。

（2）变动成本。则是指在一定时期和一定经营条件下，随产品生产和销售量的变化而变化的那部分成本。在餐饮成本构成中，食品原材料成本、水电费用、燃料消耗、洗涤费用等总是随着产品的产销量而变化，所以称为变动成本。

3. 按成本与产品的形成关系划分

（1）直接成本。是指在产品生产中直接耗用，不需分摊即可加入到产品成本中去的那部分成本。如直接材料、直接人工、直接耗费等。

（2）间接成本。是指需要通过分摊才能加入到产品成本中去的各种耗费。如销售费用、维修费用、管理费用消耗等。

成本核算可以直接成本为主，如主料、配料和调料成本等。间接成本因其不易直接分摊到各个产成品去，可以流通费用为主。这就为餐饮产品的成本核算提供了方便条件，有利于提高成本核算的准确性。

三、餐饮成本的特点

1. 可控成本比重大

除餐饮营业费用中的折旧、大修费、维护费等不可控的费用外，其他大部分费用、成本都是能人为控制的。这部分成本和费用随销售数量的增加而增加，并且这些成本和费用占营业收入的比例很大。

2. 变动成本比重大

在餐饮产品中，产品的变动成本比重大。因此，可以引导餐饮部门经营者将成本管理的重点主要放在变动成本管理上。采取各种措施，控制其成本消耗。而对固定成本则相对给予较少重视。但是，对固定成本相对减少控制是对餐饮产品生产过程来说的。对高层管理人员而言,控制设备购置,处理闲置设备,控制人事编制等,从而降低固定成本,则同样要给予高度重视。

3. 成本泄露点多

餐饮成本和费用的大小受经营管理的影响很大。在餐饮经营活动的许多环节中,如,菜单、采购、验收、储存、发货、加工、切配、烹调、装盘、服务销售、成本核算等,都有可能造成成本流失。

4. 对餐饮设备设施的依赖性强

餐饮原料活养需用循环水及温控设备,原料、半成品储存需要冷藏和冷冻设施设备,厨房生产加工需要各种器械、炉灶等设备,餐厅服务少不了音响、空调等系统,这些设施设备的性能及状态直接影响餐饮成本。要对成本进行有效控制,对其设施设备的管理也是必不可少的。

四、餐饮成本核算方法

餐饮成本核算是针对在生产产品时所消耗的食品原材料成本和其他费用形成的审核和计算。根据厨房产品生产方式和花色品种不同,有不同的核算方法。

1. 顺序结转法

这种方法是根据产品的生产步骤来核算成本,适用于分步加工、最后烹制的餐饮产品成本核算。方法是将产品的每一生产步骤都作为成本核算对象,依次将上一步骤的成本转入下一步骤的成本,逐步计算出产品成本。

2. 平行结转法

这种方法也是根据产品的生产步骤来核算成本。但它和顺序结转法的区别是在生产过程中,食品原材料成本是平行发生的。原料加工一般一步到位,形成净料或直接使用的食品原材料。这时,只要将各个生产步骤的原料成本相加,即可得到产品成本。

3. 定单核算法

这种方法是按产品生产批量或客人订单来核算成本。前者其成本核算只要先核算出每批产品各种原材料成本,然后相加,即可得到批量产品成本和单位产品成本。后者其成本核算只要以订单为基础,分别核算出各种食品原材料成本,然后核算出总成本即可。

4. 分类核算法

这种方法是按产品类别来核算成本。主要适用于产品类别和花色品种较多的零点餐厅。其方法是根据产品类别、性质、耗用原料的加工方式不同,将原料成本分成若干档次,先分类核算出不同档次或不同类别的总成本,再按单位产品用量核算其主料、配料和调料成本,然后相加,即可得到单位产品成本。

【例 5-6】

在滨海市有一位创业英雄,他就是王大成,从原来卖麻辣烫的小老板,经过十年的努力终于在黄金地段开了一家三星级的饭店。大饭店的开业让他心里乐滋滋的,可是半年以后这位老板开始发愁了,虽然每天生意兴隆,可是经营的利润却没有增加反而不断下滑,他请来了酒店的前辈和资深专家帮他找出问题。经过一个月的实际调查,发现原来精打细算的老板由于机构和员工人数的增大,从采购到生产再到销售,存在严重的成本核算问题。比如,在操作中,没有严格按照标准用料;操作中存在浪费现象;采购的原料不达标便随意丢弃;等等。

实践操作

一、餐饮成本核算流程

1. 收集成本资料

成本资料包括食品原材料采购、入库验收、入库单、出库单、领料单、转账单、耗损率、加工单等各种资料。在收集成本资料时,要以原始记录和实测数据为准,不能用估计毛值,以保证成本核算的准确性。

2. 核算餐饮成本

成本分类核算是餐饮产品成本核算的主要环节。餐饮产品的成本核算分为采购成本核算、库房成本核算、厨房加工核算、餐厅成本核算和会计成本核算等多种。上述各种核算互相联系、互相依存,往往前一步的成本数据是后一步成本核算的依据。因此,成本核算往往要分类进行,人员分工和数据处理必须与此相衔接。

3. 做好成本分析

在成本核算的基础上,应定期对成本核算的结果及其核算资料进行成本分析,提出分析报告。一般说来每周每月都应进行一次成本分析,以指导餐饮生产经营活动的顺利展开。

4. 提出改进建议

在成本核算和成本分析的基础上,对采购、库房、厨房、餐厅等各部门、各环节成本管理中存在的问题,应分析具体原因,找出漏洞和偏差,提出改进建议,以便为高中层管理人员加强成本控制、降低成本消耗提供客观依据。

二、原料加工成本核算

餐饮产品成本核算是从原料加工开始的。食品原材料种类不同,加工方式和出料要求不同,其成本核算的具体方法也不一样。

1. 一料一档成本核算

一种原材料经过加工处理后只有一种净料,下脚料已无法利用。其成本核算是以毛料价值为基础,直接核算净料成本。核算公式为:

$$净料单位成本 = \frac{毛料价 \times 毛料重量}{净料重量}$$

$$出料率 = \frac{净料重量}{毛料重量}$$

2. 一料多档成本核算

一种原材料经加工处理后可以得到两种以上的净料或半成品,这时,要分别核算不同档次的原料成本。食品原材料加工处理形成不同的档次后,各档原料的价值是不相同的。为此,要分别确定不同档次的原材料的价值比率,然后才能核算其分档原料成本。其核算公式为:

$$分档原料单位成本 = \frac{毛料价格 \times 毛料重量 \times 各档原料价值比率}{各档净料重量}$$

3. 多料一档成本核算

多种原材料经加工处理后,得到一种净料或半成品,这种情况主要适用于批量生产的餐饮产品成本核算。厨房在生产过程中,某些批量生产的餐饮产品,尽管各种原材料的加工方式不同,但加工后的原料最终混合成一种净料。这时,只要将各种原材料的实际成本汇总,即可核算出单位成本。

4. 多料多档成本核算

指多种原材料经过加工处理后,得到一种以上的净料或半成品。这种情况主要适用于餐饮产品的再加工或分类使用。其成本核算方法是先分档核定原料成本,再确定净料或半成品价值比,最后核定分档原料或半成品成本。其核算公式为:

$$C=\frac{\sum 分档原料价格 \times 分档毛料重量 \times 分档原料或半成品价值比}{分档原料或半成品重量}$$

三、产成品成本核算

产成品成本核算是在食品原材料加工成本核算的基础上进行的。

1. 单件产品成本核算

在日常管理过程中,单件产品的成本核算并不是每天对每件产品的成本消耗进行具体核算,而是采用抽样的方法核算其实际成本和标准成本的差额,纠正偏差,控制成本消耗。具体方法包括三个步骤。

(1) 随机选择产品抽样,测定单件产品实际成本消耗。在日常成本管理中,就可以定期或不定期地随机抽样,选择部分单件产品测定其实际成本消耗,获得有关数据,然后同标准成本比较。

(2) 根据抽样测定结果,计算成本误差。在测定单件产品实际成本的基础上,同标准成本比较,即可发现成本误差。将误差与计划要求比较,即可发现产品成本消耗的合理程度,为厨房成本控制提供客观依据。

(3) 填写抽样成本核算报表,分析原因,提出改进措施。单件产品抽样,其成本核算的产品不只一种。各种抽样产品成本核算的误差值计算出来后,要填写抽样产品成本核算报表,分析造成成本误差的原因,提出改进措施。

2. 批量产品成本核算

批量产品成本核算是根据一批产品的生产数量和各种原料实际消耗进行的。其成本核算方法包括三个步骤:

(1) 根据实际生产耗用,核算本批产品各种原材料成本和单位产品成本。

(2) 比较单位产品实际成本和标准成本,计算成本误差。

(3) 填写生产成本记录表。若成本误差较大,应分析原因,采取控制措施。

3. 分类产品成本核算

分类产品成本核算是在单件产品和批量产品成本核算的基础上进行的。厨房每天生产的餐饮产品花色品种很多,掌握各类产品每天的成本消耗,分类核算热菜、冷荤、面点等分类产品成本才能掌握实际成本消耗,加强成本控制。其方法是:

(1) 根据生产记录和餐厅收款员报告,核算分类产品销售收入。

(2) 根据每日领料、厨房差额调整,核算分类产品当日成本消耗。其中,厨房差额调整包括两项内容:一是指上期或前一天未用完的原料成本;二是指本期或当日未用完的原料成本。前者为正数,后者为负数。

(3) 分类检查标准成本和实际成本消耗,核算成本误差和成本率误差。

(4) 填写分类产品成本记录表。

四、宴会成本核算

宴会都是事先预订,根据宴会订单,应做好单独成本核算。宴会的档次一般较高。其特点是享受成份高,毛利标准高,经营利润大。宴会成本核算是一个复杂的过程,在日常工作中,每次宴会成本核算主要是核算菜点成本,酒水一般是根据客人实际消耗按标准毛利收费。其成本核算方法主要包括五个步骤:

(1) 分析宴会订单,明确宴会服务方式与标准。

(2) 计算宴会可容成本和分类菜点可容成本。

(3) 选择菜点花色品种,安排分类菜点品种和数量。

(4) 按照宴会可容成本组织生产,检查实际成本消耗。

(5) 分析成本误差,填写宴会成本记录表。发现成本控制中的问题,找出原因,提出更改措施。

五、餐饮成本日核算、月核算

1. 餐饮成本日核算与成本日报表

餐饮每日食品成本由直接进料和库房领料成本两部分组成,直接进料成本记入进料当天的食品成本,其数据可从餐饮企业每天的进料日报表上得到;库房领料的成本记入领料日的食品成本,其数据可从领料单上得到。除了这两种成本外,还应考虑各项调拨调整。计算公式如下:直接进料成本(进货日报表直接进料总额)+库存发料成本(领料单成本总额)+转入食品的饮料成本-转出食品成本-员工用餐成本-余料出售收入-招待用餐成本=当日食品成本

计算出食品日成本后,再从会计记录中取得日销售额数据,可计算出日食品成本率。每天定时将当日或昨日餐饮成本发生情况以表格的形式汇总反映出来,餐饮成本日状态报表如表5-16所示。

表5-16 食品成本日报表

10月18日　　　　星期三　　　　　　　　　　　元

项 目	当 日	本周累计	上周累计
营业收入	5 400.00	18 450.00	12 700.00
食品成本	2 180.00	7 356.00	5 345.00
食品成本率	40.4%	39.9%	42.1%

2. 食品成本月核算与成本月报表

食品成本月核算就是计算一个月内食品销售成本。餐饮成本月报表有两种编制方法,一种是领料单确认成本法,另一种是实地盘点法。

(1) 领料单确认成本法。如表 5-17 所示。

表 5-17　食品成本月报表

2005 年 11 月　　　　　　　　　　　　　　　　　　　　　　　　　元

直接净料	337 400
加：库房发料	635 900
加：内部调拨（调入）	4 200
减：内部调拨（调出）	4 700
减：职工用餐	10 200
减：招待用餐	6 600
减：厨房盘点	3 850
减：其他杂项扣除	960
本月食品成本	951 190
本月食品营业收入	2 059 435
本月成本率	46.19%

(2) 实地盘点法。如表 5-18 所示。

表 5-18　食品成本月报表

2005 年 11 月　　　　　　　　　　　　　　　　　　　　　　　　　元

月初库存额	496 447.3
本月采购额	419 879.63
月末实际库存额	510 457.13
本月消耗总额	414 869.8
转调入食品原料	16 049.57
调出食品成本	6 849.29
招待用餐	21 343.68
员工用餐	83 490.54
其他杂项扣除	6 672.59
本月食品成本净额	312 563.27
本月食品营业收入	603 017.25
标准成本率	50%
实际成本率	51.83%

工作任务二　餐饮成本控制

基础知识

餐饮成本控制是以目标成本或标准成本为基础，对各种成本要素进行检查、监督和指导,以纠正偏差、控制消耗、提高经济效益的一种成本管理技术和方法。餐饮成本控制贯穿于它形成的全过程,凡是在餐饮形成过程中影响成本的因素,都是餐饮成本控制的内容。

餐饮成本控制要素

餐饮成本控制是一个系统工程,其构成要素包含以下六个方面:

1. 控制目标

控制目标是管理者在成本控制前期所进行的成本预测、成本决策和成本计划并通过科学的方法制定。

2. 控制主体

控制主体指饭店餐饮成本控制的责任人集合。控制主体包括饭店财务人员、食品采购员和餐饮总监、厨师等。

3. 控制客体

控制客体指餐饮经营过程中所发生的各项成本和费用。

4. 成本信息

餐饮成本控制工作的首要任务就是做好成本信息的收集、传递、总结和反馈并保证信息的准确性。

5. 控制系统

餐饮成本控制系统常由7个环节和3个阶段构成。7个环节包括成本决策、成本计划、成本实施、成本核算、成本考核、成本分析和纠正偏差。3个阶段包括运营前控制,运营中控制和运营后控制。在餐饮成本控制系统中,运营前控制、运营中控制和运营后控制是一个连续而统一的系统。它们紧密衔接、互相配合、互相促进,在空间上并存,在时间上连续,共同推动餐饮成本管理的完善和深入,构成了结构严密、体系完整的成本控制系统。

6. 控制方法

根据餐饮成本管理策略,不同的餐饮成本控制环节有不同的控制方法或手段。通常采用定期盘点法、标准成本管理法和主要材料使用法。

实践操作

一、餐饮生产前成本控制

1. 制定成本控制标准

其制定方法有以下几种:

(1)采取餐饮企业平均数法。例如:类似同档餐饮企业毛利率平均数为44%~47%,那么本企业就可以将毛利率标准定在44%~47%。

(2)分析测定法。以历期财务报表中的成本和销售额数据为基础,通过分析测定,确定标准成本率。如,某餐厅2005年9—11月份总成本率分别为85%、82%、84%。那么,2006年同期成本率可定在83%左右。同时,还需综合考虑销售额与座位周转率等因素,制定一个更合理的成本率。如该时段餐厅座位利用率较低,通过促销等手段提高座位利用率,利润率就会提高,总成本会下降。因此,该餐厅2006年的同期总成本率的标准应适当降低,可以定为80%左右。

(3) 与营业预算同时预测法。近期没有制定各项标准时可用营业预算的数值作为成本控制体系的标准,待经营一段时间后根据实际经营结果调整标准。

(4) 根据实际测试确定餐饮企业内部标准。例如,测试餐厅服务员可同时为多少位客人服务,由此确定服务员人数和服务成本。

【特别提示】

制定标准时,管理人员应注意以下几点:(1)标准应能精确地反映餐饮企业所期望实现的成果;(2)标准应定得较高,但必须是员工通过克服困难,能够达到标准规定的要求;(3)标准必须明确具体,可以衡量;(4)达到原定的标准之后,管理人员应制定更高的标准,促使员工进一步发挥主动性和创造性;如未达标准,应实事求是地进行分析,防止鞭打快牛、挫伤积极性;(5)提供反馈,使员工了解管理人员对自己的评价。

2. 采购环节成本控制

使用原料采购规格标准书控制质量;严格控制采购数量;选择合理的采购价格。

3. 验收环节成本控制

检查原料质量是否符合餐饮企业的采购规格标准;检查交货数量与订购数量;检查价格与报价是否一致;尽快妥善收藏处理各类进货原料。

4. 储存环节成本控制

原料储存应着重以下三方面的控制:

(1) 人员控制。储存工作应有专职人员负责,应尽量控制有权出入库区的人员数。

(2) 环境控制。根据不同的原料应有不同的储存环境,提供干货库、冷冻库、冷藏库等不同的储存环境,一般原料和贵重原料也应分开保管。库房设计建造必须符合安全卫生要求,以杜绝鼠害和虫害,并避免偷盗。

(3) 发料控制。其基本原则是只准领用食品加工烹制所需实际数量的原料,而未经批准,则不得领用。

二、餐饮生产中成本控制

1. 进行切割烹烧测试

厨房应经常进行切割和烹烧测试,制订各类原料的切割、烹烧损耗许可范围,防止和减少加工及切配过程中造成原料浪费。

2. 集中加工,分别取用

对原材料集中加工,分别取用,对边角料进行再利用,尽量达到物尽其用,降低损耗和浪费,是原材料的利用达到最大化,更有效地控制成本。

3. 制订餐饮生产计划

确定各种菜肴的生产数量和供应份数,并据此决定需要领用的原料数量。

4. 坚持标准投料量

在原料配份过程中,必须使用秤、量具,按照标准食谱中规定的投料量进行配份。

5. 控制菜肴分量

按照标准食谱或装盘规格所规定的品种数量进行装盘。

6. 提高技术素质,加强综合利用

厨师技术素质提高,熟练程度增加,无疑会减少事故发生率,提高产成率。努力提高技术,还有利于扩大原料、调料的综合利用,充分发挥其食用价值,降低原料成本开支。

三、餐饮生产后成本控制

1. 分析成本

生产经营一段时间之后,餐饮企业应将实际经营信息加以收集、整理,将在生产经营过程中的实际成本与标准成本进行比较,找出生产经营中各种不正常的、低效能的,以及超标准用量的浪费等问题,采取相应的措施,以达到对原料成本进行有效的控制。

2. 控制成本上升

如果成本上升是因为少数几种菜式,且这几种菜式在整个菜单销售中只占很小比例,则可使用维持原价而适当减少菜式分量以抵消成本增长的办法。

如果成本较高是因为菜单中大部分或占总销售中很大比重的菜肴引起的,可以通过以下几种方法进行控制:

(1) 维持原价。通过促销手段增加这些菜肴的销量,以大量生产获得的效益来抵消成本的增加;或者通过加强成本并未上升的菜肴的推销,来抵消部分菜肴成本的增加量;如果不会引起客人的反感,也可采用减少分量的方法,抵消菜肴成本的增加量。

(2) 调整售价。当以上三种方法都行不通时,管理人员则必须考虑调整售价了。在作价格调整时,必须从客人的角度出发,看看是否物有所值。调整售价的另一要点在于决定调价时机。价格调整的间隔时间应大致相等或是有规律的。同时,调整售价还应考虑菜单整体价格结构,兼顾菜单的全面价格。

3. 控制成本下降

如果一段时间菜点成本偏低,产生不少计划外毛利,这也并非多多益善,要检查分析成本降低的原因。是因为原料进价便宜了,或加工生产工艺改进了,从而使成本减少,还是因为配份串规或缺斤少两而减少了成本,对此都应及时采取必要措施,以维护用餐客人的利益,保证产品规格质量。

工作任务三　餐饮成本分析

基础知识

一、餐饮成本分析的意义

成本分析是指利用成本核算以及其他有关资料,分析成本水平与构成的变动情况,研究影响成本升降的各种因素,寻找降低成本的途径。

餐饮成本分析是对餐饮经营活动过程中发生的成本及其控制结果进行分析,并与同行业成本以及与标准成本进行对比分析的活动,是餐饮成本控制的重要内容。通过对餐饮成本控制效果的分析,可以正确评估餐饮成本控制的业绩,发现餐饮成本控制存在的问题和主要的成本控制漏洞,以便找出原因,采取有针对性的控制措施,加大成本控制的力度,提高成本控制水平。

二、餐饮成本分析的方法

成本分析涵盖餐饮企业经营管理活动的各个方面,一切餐饮经营管理活动都存在成本控制问题,因此就要进行成本分析。

餐饮成本分析方法有直观分析法、流程分析法、表格分析法等。直观分析法是采用观察员工的工作情况、各部门之间的关系、员工劳动强度大小、物料消耗是否有浪费等情况,在此基础上进行成本分析。流程分析法,即通过对物流、资金流、生产工艺流程等进行全过程成本分析,发现问题,解决问题。另外还有表格分析法,即利用各种报表,检查发现漏洞,采取弥补完善措施。餐饮企业可以根据自身规模、管理模式选择采用。

进行同行业、同规模、同档次餐饮经营比较分析,或通过抽取本餐饮企业餐饮一项或几项成本控制的实际情况进行分析,以点观面等等,都可达到成本分析的目的。

实践操作

一、确立餐饮成本分析组织

1. 确定成本分析人员

餐饮成本分析应该由企业财务总监负责,财务部成本分析小组或成本核算人员执行。

2. 聘请成本分析专家

成本分析专家往往能够站得更高,看得更远,能够帮助企业发现那些企业内部成本分析人员不易发现的,而且可能是重大的成本失控问题,可以为企业成本控制水平的迅速提高起到推动作用。

3. 定期召开成本分析会议

餐饮成本分析一定要提高到饭店管理人员特别是高层管理者的重要议事日程上来。定期(每季或半年)组织一次成本分析会议,及时发现成本问题,改善成本控制工作,不断提高成本控制水平。

二、制定餐饮经营指标

通常餐饮经营指标有七个方面,即:经营营业收入、经营直接成本、人力和人力资源费用、能源费用、财务费用、设备维护费用、政府的各种规费等,是否有利可图,关键是在管理人员对前六个方面的管理所产生的业绩。如表 5-19 所示。

表 5-19 餐饮经营指标

编号	名称	公式	含义
1	食品人均消费	$=\dfrac{食品销售收入}{接待人次}$	客人食品消费水平
2	日均营业额	$=\dfrac{计划期销售收入}{营业天}$	反映每日营业量大小

续 表

编号	名 称	公 式	含 义
3	座位日均销售额	$=\dfrac{\text{计划期销售收入}}{\text{餐厅座位数} \times \text{营业天}}$	餐厅座位日营业水平
4	餐饮毛利率	$=\dfrac{\text{营业收入}-\text{原材料成本}}{\text{营业收入}}\times 100\%$	反映价格水平
5	餐饮成本率	$=\dfrac{\text{原材料成本额}}{\text{营业收入}}\times 100\%$	反映餐饮成本水平
6	餐厅销售份额	$=\dfrac{\text{某餐厅销售额}}{\text{各餐厅销售总额}}\times 100\%$	各餐厅经营程度
7	销售利润率	$=\dfrac{\text{销售利润额}}{\text{销售收入}}\times 100\%$	反映餐饮销售利润水平
8	餐饮流通费用	$\sum \text{各项费用额}$	反映餐饮费用大小
9	餐饮费用率	$=\dfrac{\text{计划期流通费用额}}{\text{营业收入}}\times 100\%$	餐饮流通费用水平
10	餐饮利润额	$=\text{营业收入}-\text{成本}-\text{费用}-\text{营业税金}$ $=\text{营业收入}\times(1-\text{成本率}-\text{费用率}-\text{营业税率})$	反映营业利润大小
11	餐饮利润率	$=\dfrac{\text{计划期利润额}}{\text{营业收入}}\times 100\%$	餐饮利润水平
12	工资总额	$=\text{平均工资}\times\text{职工人数}$	人事成本大小
13	月度流动资金平均占用 季度流动资金平均占用 年度流动资金平均占用	$=\dfrac{\text{期初占用}+\text{期末占用}}{2}$ $=\dfrac{\text{季度各月平均占用}}{3}$ $=\dfrac{\text{各季度平均占用}}{4}$	年、季、月流动资金占用水平
14	餐饮成本额	$=\text{营业收入}\times(1-\text{毛利率})$	反映成本大小
15	边际利润率	$=\text{毛利率}-\text{变动费用率}$ $=\dfrac{\text{营业收入}-\text{变动费用}}{\text{营业收入}}\times 100\%$ $=\dfrac{\text{销售份额}-\text{变动费用}}{\text{销售份额}}$	反映边际贡献大小
16	餐饮保本收入	$=\dfrac{\text{固定费用}}{\text{边际利润率}}$	反映餐饮盈利点高低
17	目标营业额	$=\dfrac{\text{固定费用}+\text{目标利润}}{\text{边际利润率}}$	计划利润下的收入水平
18	成本利润率	$=\dfrac{\text{计划期利润额}}{\text{营业成本}}\times 100\%$	成本利用效果
19	资金利润率	$=\dfrac{\text{计划期利润额}}{\text{平均资金占用}}\times 100\%$	资金利用效果
20	投资利润率	$=\dfrac{\text{年度利润}}{\text{总投资}}\times 100\%$	反映投资效果
21	食品原材料净料率	$=\dfrac{\text{净重量}}{\text{毛重量}}\times 100\%$	反映原材料利用程度
22	净料价格	$=\dfrac{\text{毛料价格}}{1-\text{损耗率}}$	净料单位成本

项目小结

采购流程:确保采购管理有效开展的工作程序,从提出申请到组织采购、验收入库,最后审核付款。

招标采购:采购单位以投标邀请的形式将需采购的食品原料名称及规格标准寄给有能力的供货单位,由卖方报价投标。

定点采购:为了减少采购、验收和财务处理的成本费用,餐饮企业将原料进行归类,同类原料相对固定在一个或几个价格低、信誉好、品种多、供货足的供应商中采购的方法。

采购规格书:是以书面的形式对餐饮部要采购的食品原料等规定具体的质量、规格等要求的采购书面标准。用以控制原料采购质量。

四号定位:四号是指库号、架号、层号和位号。四号定位就是用四个号码来表示物品在库房中的位置。即将物品进一步按种类、性质、体积、重量等不同情况,分别对应存放在相应的货位上。

先进先出:库存物品周转和发放的方法,即存贮最长的物品应最先被使用。

永续盘存法:是对所有的入库及发料采用连续记录的一种存货控制方法。

餐饮成本:是指餐饮企业在一定时期内的生产经营过程中,所发生的费用支出的总和,即餐饮营业额减去利润的所有支出,是企业在生产经营过程中耗费的全部物化劳动和活劳动的货币形式。

可控成本:是指餐饮管理中,通过部门职工的主观努力可以控制的各种消耗。

不可控成本:是指通过部门职工的主观努力很难加以控制的成本开支。

固定成本:是指在一定时期和一定经营条件下,不随餐饮产品生产的销量的变化而变化的那部分成本。

变动成本:是指在一定时期和一定经营条件下,随产品生产和销售量的变化而变化的那部分成本。

餐饮成本核算:是针对在生产产品时所消耗的食品原材料成本和其他费用形成的审核和计算。

餐饮成本控制:是以目标成本或标准成本为基础,对各种成本要素进行检查、监督和指导,以纠正偏差、控制消耗、提高经济效益的一种成本管理技术和方法。

餐饮成本分析:是指利用成本核算以及其他有关资料,分析成本水平与构成的变动情况,研究影响成本升降的各种因素,寻找降低成本的途径。

标准成本管理法:是将餐饮产品的原料按经营方针来分析,预定理想成本率,从采购开始至销售等作业过程,朝着理想成本率管理,达到利润目标的计数管理方法。

检 测

一、案例分析

一份青椒牛柳

海派大酒楼创立于2008年,是一个以淮扬菜为主、大众化消费为基调的高级餐厅。前段时间,由于开了分店以后,它们实行了分店自行采购的方法,因为市场价格经常波动,给原料的进货成本控制增加了一定的难度,如牛肉昨天 52 元,今天就达到了 64 元。原料成本的变化给菜品的成本把握也造成了很大困难。另外,厨房师傅出菜装盘分量不统一,比如一份青椒牛柳的青椒,按照标准食谱规定是 120 克,但是出品时却分量不等,影响了菜品质量,造成顾客投诉。

分析:餐厅在采购环节、菜品生产环节存在成本管理问题,找到好的解决方案,根据本餐厅的实际情况设计一套切实可行的成本控制流程方案。

鲍鱼去哪儿了?

2009 年 10 月,上海某饭店承接了婚庆酒筵,共计 20 桌,就餐人员约 200 余人。在婚宴结束以后,婚宴的男方亲戚就问原来婚宴上的鲍鱼怎么没有上?经过饭店核实得知,由于该饭店冷库中存放的鲍鱼在烹制当天才发现丢失了,厨师长就私自做主,说趁婚宴混乱之际肯定不会有人知道有道菜没有上。事发后,饭店依照订餐合同约定向顾客赔偿了损失。

分析:对顾客的赔偿要计算在餐饮成本,本案例在储存环节出现了问题,讨论餐饮成本的控制方法。

二、小组讨论

1. 采取竞争报价采购使餐饮企业获得优势的前提是什么?
2. 确保仓储原料质量的基本存储程序有哪些?
3. 收集校园餐厅的成本控制情况,在成本分析的基础上进行分析评价。

三、课内实训

为校园餐厅设计一套科学的成本控制方法和措施。

四、课外拓展

1. 分小组去酒店了解菜单中几种常用餐饮原料的质量要求,选择 2~3 种原料制定采购规格书。
2. 调查本城市某咖啡厅的餐饮定价及成本控制情况,并写出分析报告,进行小组交流。

项目六 厨房生产管理

学习目标

- 了解厨房生产的环境设计与布局、厨房生产的业务流程。
- 理解厨房卫生的控制管理以及厨房安全管理的基本要求。
- 掌握厨房标准菜谱的制作。
- 运用所学知识,有效预防和灵活应对厨房的各种安全问题。

项目导读

厨房生产管理是一门科学,也是餐饮部和酒店管理重要的组成部分。厨房管理水平对菜肴质量、餐饮卫生与安全和酒店的经济效益有着举足轻重的影响。通过本章的学习,学生可以了解厨房的环境布局,熟悉厨房生产的流程,掌握标准菜谱的制定方法,掌握厨房生产的卫生与安全管理的要求,学会预防和处理厨房生产过程中的安全事故。本项目要点内容如表 6-1 所示。

表 6-1 厨房生产管理要点内容阅读导引表

厨房环境设计布局	厨房生产与控制	厨房卫生安全管理
厨房设计原则	菜品质量标准	食品卫生管理
厨房环境设计	标准菜谱	人员卫生管理
厨房布局	菜品生产流程	安全事故防范/应对处理

模块一 厨房环境布局设计

任务导入

1. 学生分小组参观当地具有代表性的星级酒店,事先了解厨房的环境、布局以及相关职责功能。
2. 教师播放有关酒店厨房的视频资料短片后,各小组就"厨房的布局设计"主题进行发言。
3. 教师总结学生观点,结合行业相关知识,讲解酒店厨房的布局知识要点。

工作任务一 厨房环境设计

基础知识

厨房设计布局是根据餐饮企业经营需要,对厨房各功能所需面积进行分配,所需区域进行定位,进而对各区域、各岗位所需设备进行配置的统筹计划、安排工作。

厨房整体与环境设计是根据厨房生产规模和生产风味的需要,充分考虑现有可利用的空间及相关条件,对厨房的配备进行确定,对厨房的生产环境进行设计,从而提出综合的设计布局方案。

一、厨房设计的原则

厨房作为饭店整体设计布局的组成部分,必须遵循酒店餐饮设计的基本原则:厨房、餐厅前后台作为一个统一的整体进行设计和布局。

(1) 厨房尽可能与餐厅营业场所相邻或相近。

(2) 各个厨房最好在同一楼层平面,并形成以加工厨房为中心呈辐射状设计,保证加工、生产、出品流程的连续畅通。

(3) 同一厨房内的功能区域和作业点安排尽量紧凑,满足流水作业的高效率要求。

(4) 厨房设备要求成套、兼用、组合设计,配置安装便于清洁、维修和保养,符合卫生、消防、安全的标准。

(5) 厨房工作环境的设计要符合"以人为本"的理念,调动员工工作积极性,有利于协作与沟通。

(6) 厨房的设计与布局应留有发展的余地。

二、厨房设计布局的意义

(1) 厨房设计布局决定厨房建设投资。

(2) 厨房设计布局是保证厨房生产特定风味的前提。

(3) 厨房设计布局直接影响出口速度和质量。

(4) 厨房设计布局决定厨房员工工作环境。

(5) 厨房设计布局是为顾客提供良好就餐环境的基础。

三、影响厨房设计布局的因素

(1) 厨房的建筑格局和规模。

(2) 厨房的生产功能。

(3) 公用设施状况。

(4) 政府有关部门的法规要求。

(5) 投资费用。

实践操作

一、厨房环境设计

1. 顶棚

选材:厨房的顶棚平整无裂缝,采用耐火、防潮、无吸附性的材料进行吊顶。

高度:吊顶后厨房天棚的理想高度约 3.5 m。

其他:应充分考虑排风、空调管道和花淋等设备的安装。

2. 地面

选材:选用耐磨、耐重压、耐高温、耐腐蚀以及防滑的地面材质。

构造:地面浇制要平实,防止污水渗透,并能承受重压。同时还要有一定的坡度,防止积水。地面与墙体的交接处通常做成圆角处理,防止污水、污垢的沉积。

3. 墙壁

选材:墙体宜选用蜂窝状空心砖,利于吸音吸湿。墙壁表面采用大块瓷砖,色彩以白色为主,要求从墙角贴到天棚。

构造:距离地面 1.5 m 以下墙体必须进行防水处理。

4. 门和窗

构造:厨房与餐厅连接的门通常设置 2 道,达到卫生和隔音的效果。每道门左右各一扇,进出分设,可做 180 度旋转开关。每扇门上配有小型的透明玻璃窗。每扇门宽度 ≥0.9 m,高度 ≥2.2 m。

厨房与外界出口的门也设置 2 道。第一道是铁门或其他材质的门;第二道是纱门。每扇门宽度 ≥1.1 m,高度 ≥2.2 m,以便货物和服务推车的进出。

厨房的窗户要便于采光,又要便于通风、通气。通常由一道安全窗和一道纱窗构成。

封闭式环境,可采用灯光照明和空调、气扇排气,促使内外空气的对流。

5. 照明

亮度:烹调作业区的照明度相对高,为 200~400 lux。正面照射,不能有阴影。同时,各作业区的亮度不能有强烈反差。更主要的是要消除由金属表面反射光而形成的炫目光。

光度:光色要自然柔和,常用白色荧光灯照明,2 支为一组,有效防止炫光。

构造:照明灯具必须装防护网罩或用透明塑胶板隔档,防止水蒸汽、油烟对灯具的腐蚀。同时提高照明的安全性和美观性,更便于清洁卫生。

6. 温度和湿度

温度:厨房适宜的工作温度,冬季控制在 22~26℃,夏季控制在 24~28℃。

湿度:厨房湿度控制在 40%~60%。

7. 通风

厨房通风分自然通风和机电通风。通风主要包括送风和排风两方面。

【特别提示】

设计厨房室内环境,处理好人与作业环境的关系,使厨房的环境中物质和精神两方面都适合实际工作需要。厨房环境设计总体要求是:提供使员工体力和脑力处于最佳工作状态的物理环境,创造出能使人心情舒畅、团结协作、和谐友善的工作氛围,设计与人体机能相结合的操作方法,消除各种导致员工疲劳的不良因素。

工作任务二　厨房布局设计

实践操作

厨房的布局具有很强的专业技术性,其设计水平直接影响餐饮生产和服务的质量和效率。随着餐饮市场竞争的日益激烈,厨房设计布局和厨具设备的现代化程度也越来越高。厨房布局主要包括厨房位置、厨房面积、厨房区块布局、厨房设备布局四个方面。

一、安排厨房位置

在厨房设计与布局中,必须首先确定厨房的位置。厨房位置的确定应在遵循酒店设施总体规划的前提下,考虑进货、验收、库存、发货、加工、切配、烹制、销售等各个环节的沟通协调与整体管理。

1. 厨房设在低层

绝大多数酒店的厨房设在建筑物低层,即辅楼的1—3楼,并以底层(通常是地面层)为主。厨房应相对集中在一定的区域,便于卸货验收和垃圾清理,便于现场加工生产的控制管理,同时有利于节省费用开支,使水、电、气等基础设施相对集中。

2. 厨房设在地下室

大型酒店的肉类加工厨房、果蔬类加工厨房、粗加工间、艺术厨房及食品仓库、冷库等设于地下室一层,并通过工作电梯由员工传递到地面及其他楼层的厨房进行原材料和半成品的运输发送。

3. 厨房设在高层

当酒店拥有观光餐厅、旋转餐厅或在行政楼层设置会所餐厅时,为了保证菜品的质量,就会在饭店高层或顶楼配备相应的厨房。这类厨房通常只作烹调出品之用,而原材料的粗加工、细加工等往往在底层或地下室的各类加工厨房完成,并通过专设的垂直运输电梯与其他厨房进行工作上的协作。高层厨房的设计应尽可能减少油烟对环境的污染,因此最好用电系统作为热源。

二、确定厨房面积

厨房的面积不仅包括原料加工、切配、烧烤、蒸煮、冷菜、面点等生产厨房的面积,还包括原料采购入口、验收场地、贮存仓库、冷库、垃圾处理场所、办公室、员工设施等后台辅助设施的面积。厨房面积的大小关系到厨房工作效率和餐饮出品的质量,因此,应按照一定的规则来确定厨房的面积。

厨房面积的确定有以下四方面的内容:

(1) 按照餐厅类型确定厨房面积。具体见表6-2所示。

表6-2 餐厅类型与厨房面积的关系

餐厅类型	参考厨房面积/每餐位	餐厅类型	参考厨房面积/每餐位
正餐厅	0.6~0.8 m²	咖啡厅	0.4~0.6 m²
风味餐厅	0.6~0.8 m²	自助餐厅	0.5~0.7 m²

(2) 按照餐厅面积确定厨房面积。在国内,中式烹调工艺比较复杂、流程长,厨房设备的机械化程度不高,手工制作成分多,所以厨房面积的比例比较大,一般要占餐厅面积的40%~50%。而西餐,由于烹制的工艺简单快捷,厨房机械化程度较高,所以厨房面积一般占餐厅面积的30%~40%左右。

(3) 按照餐饮总体面积确定厨房面积。具体见表6-3所示。

表 6-3　餐厅总体面积与厨房面积的关系

设施名称	参考百分比	设施名称	参考百分比
餐饮总体面积	100%	清洗	7.5%
其中:餐厅	50%	仓库	8%
客用设施	7.5%	员工设施	4%
生产厨房	21%	办公室	2%

（4）厨房面积的内部比例分割。在厨房面积确定后，还应根据各厨房业务区块和业务点的流程、工作性质、工作员和设备配备进行内部比例分割。厨房内部的比例关系见表6-4。

表 6-4　厨房内部的比例关系

业务区块	参考百分比	业务区块	参考百分比
厨房总面积	100%	出品区	8%
其中:加工区	23%	厨师长办公室	2%
切配、烹调区	42%	其他	15%
冷菜、烧烤区	10%		

三、厨房区块布局

厨房系统一般有食品加工、原料切配、菜点烹调三大功能，与之相对应的是构成这些功能的各类厨房。厨房区块布局就是指各类厨房、功能区块在空间上的布局与安排。综合性厨房区块布局主要有统间式、分间式和统分结合式三种方式。

1. 统间式

统间式布局是将加工、切配、烹调、面点制作、冷菜制作、餐具洗涤等功能统一布置于一个厨房空间的紧凑布局方法。统间式布局适用于小型酒店。优点：增加了厨房管理的透明度，使厨房各操作岗位便于联系加强合作。缺点：占地面积大、范围广，容易造成厨房操作线路的碰撞，员工之间相互干扰大，增加了厨房日常清洁和食品卫生安全的管理难度。

2. 分间式

分间式布局是将加工、切配、烹调、面点制作、冷菜制作、餐具洗涤等功能分别布局于各自独立的区域。优点：各功能分工明确、各司其职、相互干扰小。缺点：场所空间、设备用途专门化的要求较高，各部门和岗位之间的沟通协作存在空间上的分隔，因而提高了费用，加大了管理难度。

3. 统分结合式

统分式是统间式与分间式的结合，吸取了两者的优点，同时弥补两者的不足，统筹兼顾厨房各业务区块的工作特点。首先，冷菜间、餐具洗涤间单独设立；其次，切配间、烹调间统一在一个空间，使得切配—打荷—烹调环节的连续与高效；最后，面点制作间可以合用或单独分设。统分式布局既节约了空间，又减少了设备的投资，也有利于紧密环节间的沟通协作，是现代大部分酒店厨房采用的方式。

四、厨房设备布局

各类厨房的设备,按其功能分类,可以分为加工设备、烹调加热设备、冷藏设备、恒温保鲜设备、面点制作设备、排油烟设备、调理台设备、清洗设备以及其他辅助设备。

厨房设备布局是指在一个厨房内部(如加工厨房、中餐烹调厨房、面点房、冷菜间、备餐间等),对以上相关厨房设备在空间上的布局。根据厨房空间形状可作以下几种布局安排:

1. 直线形布局

直线形布局适用于空间一线型的大型厨房。优点:整体具有区域分明、设备齐全、流程顺畅的特点;缺点:空间要求比较高,人流和物流的距离长。

2. 相背形布局

相背形布局适用于空间呈方形的厨房。相背型布局要求各厨师在操作上要有协作意识,克服人流与物流有交叉的不利因素。

3. L形布局

L形布局适用于空间L形的小型厨房。面点房、茶餐厅、咖啡厅的厨房经常采用这种布局。优点:操作空间变得机动、宽敞。

4. 其他布局类型

厨房设备布局除上述三种之外,还有U形布局等,这主要取决于厨房空间形状、所供应餐厅种类等具体情况。

模块二 厨房生产与控制

任务导入

1. 学生事先预习了解酒店厨房的生产流程等相关知识。
2. 组织学生参观校企合作酒店的厨房,深入了解酒店厨房的运作过程。
3. 分小组尝试菜肴的制作过程,从中体会厨房控制管理的相关内容,并要求各小组做好实践小结。
4. 教师总结学生活动,讲解酒店厨房的生产流程、成本控制以及生产过程中的卫生、安全控制管理等知识要点。

工作任务一 制定菜品质量标准

基础知识

一、菜品质量内涵

(1) 色是菜之肤。色彩追求自然,色泽追求靓丽。

(2) 香是菜之气。人们在进食时总是先嗅其气,再尝其味。
(3) 味是菜之魂。民以食为天,食以味为先。五味调和百味香。
(4) 形是菜之姿。指菜肴的刀工成型与装盘成型,赋予美的形姿。
(5) 质地是菜之骨。质地要酥脆软,要精细。
(6) 温是菜之脉。热菜上桌一定要烫,要持续,冷菜上桌要凉而不冰。
(7) 器是菜之衣。美食须器皿搭配,可使它身价倍增,相映生辉,相得益彰。
(8) 声是菜之音韵。通过厨师的特别设计或特殊盛器的使用使菜肴上桌时发出响声。
(9) 营养是菜之本。各种人群需要的营养成分不同,营养正在日益为人们关注。
(10) 卫生是菜之基。病从口入,卫生是餐饮的安心工程。

总之,适合于客人、适合于餐厅标准的菜品就是质量高的菜品。如何有效地保证厨房生产的食品质量是厨房生产管理的一项具体而复杂的工作。厨房的生产过程中必须依据标准菜谱,才能有效地做到操作程序化、服务标准化。

二、标准菜谱

1. 概念

以菜谱的形式,列出菜肴(包括点心)的用料配方,规定制作程序,明确装盘规格,标明成品的特点及质量标准,是厨房每道菜点生产全面的技术规定,是不同时期用于核算菜肴或点心成本的可靠依据。

2. 作用

(1) 预示产量。可以根据原料数量,测算生产菜肴的份数,方便成本控制。
(2) 减少督导。厨师熟悉每个菜所需原料及制作方法,只需遵照执行即可。
(3) 高效率安排生产。制作具体菜肴的步骤和质量要求明确以后,安排工作时更加快速高效。
(4) 减少劳动成本。使用标准食谱,可以减少厨师个人的操作技巧和难度,技术性可相对降低,因此有更多的人能担任此项工作,劳动成本因而降低。
(5) 可以随时测算每个菜的成本。菜谱定下来以后,无论原料市场行情如何变化,均可随时根据配方核算每个菜的成本。
(6) 程序书面化。"食谱在头脑中"的厨师若不来工作或临时通知辞职时,该菜的生产无疑要发生混乱,食谱程序书面化,则可以避免对个人的依赖。
(7) 分量标准。按照标准食谱规定的各项用料进行生产制作,可以保证成品的分量标准化。
(8) 减少对存货控制的依赖。通过售出菜品份数与标准用料计算出已用料情况,再扣除部分损耗,便可测出库存原料情况,这更有利于安排生产和进行成本控制。

当然,标准菜谱的制定和使用前的培训,需要消耗一定的时间,增加部分工作量。此外,由于标准食谱强调规范和统一,使部分员工感到工作上没有创造性和独立性,因而可能产生一些消极态度等,这些都需要正面引导和正确督导,使员工正确认识标准菜谱的意义,发挥其应有的作用。

实践操作

一、设计制定标准菜谱

标准菜谱的设计制定是一项十分细致复杂的技术工作,也是厨房生产管理的重要手段,必须认真做好,并给予高度重视。标准菜谱的设计制定应该由简到繁逐步完成和完善,并充分调动厨师的积极性,反复试验,使标准菜谱中的各项规定都能科学合理,切实成为厨师生产操作的准则,以规范厨师烹调菜肴过程中的行为。设计制定的标准菜谱要求文字简明易懂,名称、术语确切规范,项目排列合理,易于操作实施。

1. 确定菜肴名称

由于餐饮产品经营的品种众多,标准菜谱设计的第一步是先确定菜肴名称。菜肴名称的确定必须和餐厅的菜单名称相一致。菜肴名称的确定主要注意两点:一是菜名的直观性,看后、听后让人知道主要成分是什么;二是菜名的艺术性,使人听后、看后具有吸引力和诱惑力。

2. 确定烹制份数和规定盛器

根据餐饮品种的不同,确定菜肴、面点一次加工时的份数。份数的确定要从确保成品质量出发,然后考虑工艺的要求、生产的要求、单位数的要求。同时根据菜肴整体形态、色泽确定盛器的大小、形状、色泽,落实盘饰用料及式样。如整鱼菜肴就应使用鱼形盘,若使用圆形盘,盛装后头、尾两端超出盘外,就显得不雅观。

3. 确定原料种类、配份与用量

这是标准菜谱设计过程中最细致也是最复杂的工作环节。原料的种类可以根据普通菜谱对某种菜肴用料的规定来确定,但用量则必须根据自己饭店的生产情况和销售价格规定,一一对各种原料的数量做出规定,然后通过试制进行测定,并对不合理的进行调整。其中调味品、佐助料较难做出精确的规定,但通过反复试制,可以确定其用量范围。

4. 计算出标准成本

原料配份与使用量确定后,可根据原料的单价,计算出原料的价值,将所有原料价款相加得到的总价款数,就是制作一份或几份菜肴的标准成本,若是几份一起烹制的菜肴,再用总价款数除以份数,可以得出一份菜肴的标准成本。

5. 规定工艺流程与操作步骤

在确定工艺流程和操作步骤时,主要是对具体的技术环节做出规定。如对初加工的质量标准与出成率的规定;切制原料对主、辅料加工切制的形状、大小、粗细、厚薄等的规定;配份厨师在取料配份的具体要求;打荷厨师对原料切配后的处理环节,如预热处理方法、型坯处理方法、浆糊使用的种类等的规定;同时对烹调加热过程的技术要求更应做详细要求,如加热的方式、加热的温度与时间、调味料投放的次序、勾芡的技术要求等。另外,对成菜装盘也应明确规定其装盘方法、装盘的形状、点缀装饰的效果等。

6. 编制标准菜谱初稿

将以上各项设计制定出具体指标后,做出详细记录,然后加以整理,通过草表的形式做成书面的标准菜谱初稿。据此可让厨师进行试制,测试的结果对照初稿中的项目、用量进行调整。

7. 制出标准菜谱文本

将调整确定的各项指标用正式的文字形式规定下来,并请厨师据此烹制出标准菜肴,然后请摄影师拍照,将彩色照片贴在该标准菜谱规定的空格内。形成完备的标准菜谱文本。如表 6-5 所示。

表 6-5 以批量制作、总体核计方式形成的标准菜谱

鸡肉色拉标准食谱			
出菜总量:80 份		每份:一杯	
配料	重量	数量	制作流程
鸡肉	65 磅	—	(1) 将鸡肉放进汤锅中,加水、盐和月桂叶,水沸后,小火煨 2 小时直到熟透
水	—	—	(2) 将鸡肉退骨,然后切成 3～5 cm 长的小块
盐	7 盎司	2/3 杯	(3) 加入配料,搅匀
月桂树叶	—	9 片	(4) 将这些配料混合在一起,然后加到鸡、菜中混合。轻轻搅拌至匀。放进冰箱,以备上席
芹菜,切好	12 磅	2 加仑	
青椒,切好	1 磅 8 盎司	1 夸脱	
洋葱,切好	8 盎司	1 杯	
柠檬汁	—	1 杯	
色拉料	3 磅 4 盎司	6 杯	
盐	4 盎司	6 汤匙	
胡椒	—	1 汤匙	

8. 核对编册

将标准菜谱的各项内容一一核对后,填写设计时间、编号及设计人姓名、制作人姓名。一菜一页,然后装订成册。

为了便于及时对标准菜谱做出调整,所有的材料最好用微机编制、备份,定期或随时对某些品种做调整时,在原来材料的基础上加以修订即成。

9. 按标准食谱培训员工,统一生产出品标准

标准菜谱一经制定,必须严格执行。在使用过程中,要维持其严肃性和权威性,减少随意投料和乱改程序而导致厨房出品质量的不一致、不稳定,使标准菜谱在规定厨房出品质量方面发挥应有的作用。

工作任务二 菜品生产流程

基础知识

一、概述

厨房产品大多要经过多道工序才能生产出来。概括地讲,厨房生产流程主要包括加工、配份、烹调三大阶段,加之点心、冷菜相对独立的两大生产环节,便构成了生产流程管理的主要对

象。针对厨房生产流程不同阶段的特点,明确制定操作标准,规定操作程序,健全相应制度,针对生产中出现的各类问题及时灵活地加以协调督导,则是对厨房生产进行有效控制管理的主要工作。餐厅服务员应该对厨房生产流程有一定的了解,以便于更好地对客服务。

二、厨房部门及职能

由于餐饮企业的规模、档次不同,其生产各部门的职能也会有所区别。一般大型餐饮企业规模大、业务广,厨房各部门的功能会比较专一。而中、小型餐饮企业的厨房功能则会相对合并,结构联系也会比较简单。

(1) 加工部门。主要负责餐饮产品原材料的初加工,向切配岗位提供净料。原材料加工的范围和程度因加工要求不同有较大差别,如有的只负责蔬菜的粗加工,有的只负责禽肉类的粗加工,有的则要负责所有原材料的粗加工,甚至有的还要负责将原材料加工成型后再提供给配菜部门。

(2) 配菜部门。主要负责对原材料加工成形和进行配份,是加工的后一道工序。由于菜肴的数量规格是由配菜部门控制,所以它对菜肴的质量以及成本控制都起着决定性的作用。

(3) 炉灶部门。主要负责将配制成的半成品烹制成菜肴,并及时提供给餐厅,它决定着菜肴的口味和质量。

(4) 冷菜、冻房部门。主要负责冷菜的制作和供应。冻房不仅负责冷菜制作,还负责色拉、水果盆等生冷食品的制作与出品。

(5) 点心部门。主要负责各类点心的制作和供应。点心部又称包饼房,负责各类面包、蛋糕、甜品等的制作与供应。

实践操作

一、厨房生产业务流程

厨房生产流程主要包括加工、配份、烹调三大阶段,加之点心、冷菜相对独立的两大生产环节。见图 6-1。

1. 加工管理

加工阶段包括原料的初步加工和深加工。初步加工是指对冰冻原料的解冻,对解冻原料进行宰杀、洗涤和初步整理;而深加工则是指对原料的切割成型和浆腌工作。这一阶段的工作是整个厨房生产制作的基础,其加工品的规格质量和出品时效对这一阶段的厨房生产产生直接影响。除此之外,加工质量还决定原料出净率的高低,对产品的成本控制亦有较大关系。

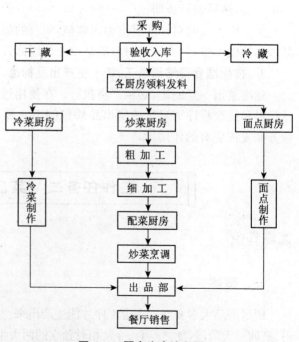

图 6-1 厨房生产流程图

2. 配份管理

菜肴配份就是根据标准菜谱,将菜肴的主料、配料以及料头进行有机配伍、组合,以提供给炉灶岗位直接烹饪的操作过程。一方面可以保证每份菜肴合乎规格,另一方面,又是成本控制的核心。配份岗位操作的同时还应考虑烹调操作的方便性。因此,要求每份菜肴的主料、配料、小料配放要规范,即分别取用各自的器皿,三料三盘,这样烹调岗位操作就十分便利,为提高出品速度和质量提供了便利。

3. 烹饪管理

烹饪阶段是确定菜肴色泽、口味、质地的关键。烹调阶段管理主要应从烹调厨师的操作规范、烹制数量、出菜速度、成菜温度以及对失手菜肴的处理等几个方面加以督导、控制。烹调阶段控制得好,出品质量可靠,节奏适宜;控制不力,出菜秩序混乱,菜肴回炉返工率增加,客人投诉增多。因此,切不可掉以轻心。

4. 冷菜、点心管理

冷菜和点心是厨房生产相对独立的两个部门,其生产和出品管理与热菜有不尽相同的特点。冷菜品质优良,出品及时,可以诱发客人食欲,给客人以美好的第一印象。点心虽然多在就餐的最后或中途穿插出品,但其口味和造型同样能给客人以愉快的享受,留下美好的记忆。

二、控制厨房生产

1. 程序控制法

按照厨房生产的流程,从加工、配份到烹调的三个程序中,每一道流程都应是前一道流程的控制点,每一道流程生产者都要对前一道流程的食品质量实行严格地检查控制,不合标准的要及时提出,帮助前道工序及时纠正。这样才能使整个产品在生产的每个过程都受到监控。

2. 责任控制法

按厨房的生产分工,每个岗位都担负着一个方面的工作。因此,岗位责任制必须体现生产责任。首先,每位员工必须对自己的生产质量负责。其次,各部门负责人必须对本部门的生产质量实行检查控制,并对本部门的生产问题承担责任,厨师长要把好出菜质量关,并对菜肴产品的质量和整个厨房的生产负责。

3. 重点控制法

把那些经常和容易出现生产问题的环节或部门作为控制的重点,这些重点是不固定的。某个时期某几个环节出现生产问题较多,这个时期就对这几个环节加强控制,当这几个环节的生产问题解决了,另外几个环节有质量问题时,再把另外几个环节作为重点来检查控制。

模块三 厨房卫生安全管理

任务导入

1. 学生事先预习了解厨房的生产安全与卫生等相关知识。

2. 组织学生利用网络学习厨房安全与卫生管理等相关案例视频,并要求各小组讨论并做好小结。

3. 教师讲解有关知识。

工作任务一　厨房卫生管理

基础知识

厨房卫生是厨房生产第一条需要遵守的准则。厨房卫生就是要保证食品在选择、生产和销售的全过程中,都确保其处在安全的状态。为了保证厨房生产出来的产品具有安全性,采购的食品原料必须是未受污染、不带病菌的,食品原料须在卫生许可的条件下贮藏;厨房在食品生产的过程中必须符合卫生条件;厨房环境设备等要求清洁,厨房生产人员身体必须健康。销售中要时刻防止污染,将食品安全可靠地提供给客人。因此,一切接触食品的有关人员和管理者,在食品生产中必须自始至终地遵循卫生准则,并承担各自的职责。

一、食品卫生的重要性

厨房卫生及其卫生管理对消费者、饭店和厨房生产人员都有着直接或间接影响,其重要性集中表现在以下几个方面:

1. 卫生是保证宾客安全消费的重要条件

消费者到饭店用餐,饭店在提供物有所值的产品时,首先必须做到洁净、卫生;这既包括烹饪原料、产品生产和销售经营环境的卫生,还包括就餐客人食用过程以及食用后的身心健康。

2. 卫生是创造餐饮声誉的基本前提

餐饮竞争的加剧,表现为厨房生产、服务技术技巧、营销能力、产品新意和适应性、价格水平等方面综合实力的竞争。而所有这些,卫生才是根本,卫生是饭店投身市场竞争的基本前提,有了这方面的保障,才有更高层次的策划,才更有可能取胜。

3. 卫生决定餐饮企业成败

厨房卫生影响饭店声誉,进而影响客人对饭店的选择。厨房卫生长期不达标,或出现食物中毒的事故,政府有关部门将出于保护消费者利益为前提,要求甚至责令饭店停业整顿。

4. 卫生构成员工工作环境

厨房卫生,既是对消费者负责,同时也是关心、爱护员工,保护员工利益的具体体现。一方面,购买卫生合格的原料,在符合卫生条件的状态下进行加工、生产、服务销售,员工工作会踏实自然,员工的身心健康得到保护;另一方面,食物中毒等卫生事故一旦发生,饭店蒙受损失的同时,员工的名誉、利益也因此而遭受影响。因此,一以贯之的卫生工作高标准、严要求,在创造、保持员工良好工作环境的同时,也是保护员工利益的切实体现。

二、食品卫生管理的职责

(1) 真正落实卫生责任制,层层把好卫生关。管理者经常进行检查和监督,及时处理违反卫生条例的行为。

（2）正确处理卫生工作与生产经营获利之间的关系。

（3）强化卫生监测手段，充分发挥食品化验室的作用。

（4）定期开展卫生培训，学习国家卫生法规，开展职业道德教育，增强卫生意识，对新员工要进行上岗前的卫生培训，考核成绩合格者才能正式上岗工作。

实践操作

一、控制食品卫生

1. 控制厨房环境卫生

（1）厨房在选址时，要考虑下述两个因素：一是要注意防止周围企业对厨房环境的污染，尽量避开排放"三废"（废水、废渣、废气）的企业。二是厨房最好不要设在地下室，因为地下室不利于通风、采光、排放烟尘和防潮，食品也极易霉烂变质。

（2）厨房要有消除苍蝇、老鼠、蟑螂和其他有害昆虫及其孳生条件的措施。

（3）每一个厨房对垃圾和废物的处理，必须符合卫生的规程。室外的垃圾箱要易于清理，要防止虫、鼠的进入，防止污水的渗漏，并按时处理，以保护周围环境不受气味、虫和细菌的污染。厨房内的垃圾桶（箱）必须加盖，并要有足够的容量来盛装垃圾，必须按照卫生要求进行袋装化管理，并及时清理和清洗，桶、箱内外要用热水、洗洁剂清洗。这项工作要安排在适当的时间内进行。

（4）对于厨房内地面、墙壁、下水道、设备等方面的卫生要求，前面已有详述。

2. 控制粗加工间卫生

（1）刀、砧板、工作台面、抹布保持清洁，及时清除解冻水池、洗涤水池的物料和垃圾，以防堵塞。

（2）购进的各类食品原料，按不同要求分类分别加工，对于容易腐败变质的原料，应尽量缩短加工时间和暴露在高温下的时间。对于原料解冻，一是要采用正确的方法，二是要迅速解冻，三是各类食品的原料应分别解冻，切不可混在一起解冻。加工后的原料应分别盛装，再用保鲜膜封存，放入相应冷库待用。

（3）食品原料入冷库后，应分类摆放在不同的食品架上，以便于取用。冷库要及时清除地上的污面、积水，定时整理食品架，食物不得超期存放。一般来说，当天需取用的原料应存放于冷藏库（2～5℃），存放时间不得超过 24 小时，需贮存较长时间的原料则应标明日期存放于冻藏库内（-18～-23℃），原料取用时应遵循"先存先用"的原则，不得随意取用。

（4）各类食品机械如锯骨机、刨片机、绞肉机、去皮机等使用完毕后，应去除食物残渣，及时清洁，使之处于最佳使用状态。

3. 控制配菜间卫生

（1）每日开餐前，彻底清理所属冰箱，检查原料是否变质。

（2）刀、砧板、抹布、配菜盘等用具要清洁，做到无污迹，无异味。

（3）配料、小料要分别盛装，摆放整齐，配料的水盆要定时换水。需冷藏保鲜的食品原料应放置在相应的冰箱内。

(4) 在开启罐头食品时,首先要把罐头表面清洁一下,再用专用开启刀打开,切忌用其他工具,避免金属或玻璃碎片掉入。破碎的玻璃罐头食品不能食用。

(5) 配菜过程中,随时注意食品原料的新鲜度及卫生状况,认真配菜,严格把关。

(6) 营业结束后,各种用具要及时清洁,归位放置,剩余的食品原料按不同的贮藏要求分别储存。

4. 控制炉灶区卫生

(1) 每日开餐前彻底清洗炒锅、手勺、笊篱、抹布等用品,检查调味罐内的调味品是否变质。淀粉要经常换水。油钵要每日过滤一次,新油、老油(使用时间较长油色发深黄或发黑的油)要分开存放;酱油、醋、料酒等调味罐不可一次投放过多,常用常添,以防变质及挥发。精盐、食糖、味精等要注意防潮、防污染,开餐结束后调味容器都应加盖。

(2) 食品原料在符合菜肴烹调要求的前提下,要充分烧透煮透,防止外熟里生,达不到杀灭细菌的目的。

(3) 切配和烹调要实行双盘制。配菜应使用专用配菜盘、碗,当原料下锅后应当及时撤掉,换用消毒后的盘、碗盛装烹调成熟后的菜肴。

在烹调操作时,试尝口味应使用小碗和汤匙,尝后余汁切忌倒入锅内。用手勺尝味时,手勺须清洁后再用。

(4) 营业结束后,清洁用具,归位摆放,清洗汤锅,清理调料。

每日用洗涤剂擦拭清洗吸烟罩和灶面的油腻和污垢,做到卫生、光洁、无油腻。清理烤箱、蒸笼内的剩余食品,去除烤盘内的油污,放尽蒸笼锅内的水。

5. 控制冷菜间卫生

(1) 冷菜间要做到专人,专用具,专用冰箱,并要有紫外线消毒设备。防蝇、防尘设备要健全、良好。

(2) 每日清理所属冰箱,注意食品的卫生状况,生、熟食品要分别放置。

(3) 刀、砧板、抹布、餐具等用具要彻底清洗,消毒后再使用,抹布要经常搓洗,不能一布多用,以免交叉污染。

(4) 要严格操作规程,做到生熟食品的刀、砧板、盛器、抹布等严格分开,不能混用。尤其在制作凉拌菜、冷荤菜时,一定要用经过消毒处理的专用工具制作,防止交叉污染。

(5) 在冷盘切配操作时员工应戴口罩。

(6) 营业结束后,各种调味汁和食品原料要放置在相应的冰箱内贮藏,用具彻底清洗,归位摆放,工作台保持清洁、光亮、无油污。一些机械设备如切片机要拆卸清洗,彻底清除食物残渣,以防机械损坏和设备污染。

6. 控制点心间卫生

(1) 保证各种原料和馅料的新鲜卫生,定时检查所属冰箱。

(2) 刀、砧板、面案要保持清洁,抹布洁净,各种花色模具、面杖,随用随清洁,以防面粉油脂等残留物腐败,从而影响其使用寿命和污染食品。

(3) 营业结束后,清洗各类用具,归位摆放。先取出剩余食物,将蒸笼锅放尽水,用洁布擦尽油污和水分,清除滴入笼底的油脂。切断烤箱电源,取出剩余食物。清洗烤盘,擦干水分。清理灶面调料和用具,清洁灶面、吸烟罩。各类馅料、原料按不同贮藏要求分别放入冰箱贮藏。

二、人员卫生管理

员工卫生管理包括职工的个人清洁和职工的身体健康管理、职工工作服管理和职工的卫生知识培训。

1. 个人清洁管理

个人清洁是个人卫生管理的基础,个人清洁状况不仅显示个人的自尊自爱,也代表着饭店和餐厅的形象。饭店和餐饮业根据国家卫生法规,只准许健康的人参与餐饮产品的制作和服务。因此,餐饮工作人员的个人清洁管理应以培养个人良好的卫生习惯为前提,包括:

(1) 每天洗澡,换衣服。每天刷牙,尽量在每次用餐后刷牙。

(2) 上岗时,头发必须清洁、无异味和无头屑,服装必须整齐干净。

(3) 上班前必须洗手,特别是使用了卫生间后,要认真将手清洗。许多餐厅和厨房对职工洗手程序做出规定:应用热水洗手,用指甲刷刷洗指甲,用洗涤剂(液体、固体)搓洗手数次,洗手完毕必须将手擦干或烤干(烤手器)。

(4) 勤剪指甲,保持指甲卫生,不可在指甲上涂抹指甲油。

(5) 餐厅和厨房的职工工作时,应戴发帽。不可用手抓头发,防止头发和头屑落在食物上,防止交叉感染食物。

(6) 工作时,不可用手摸鼻子,不可以打喷嚏,擦鼻子可以用手纸,用毕,将纸扔掉,手应清洗消毒。

(7) 工作时,不可用手接触口部,品尝食品时,应使用干净的小碗或小碟,品尝完毕,应将使用过的餐具消毒。

(8) 禁止在餐厅和厨房咳嗽、挖耳朵等动作。

(9) 保持身体健康,注意牙齿卫生、脚的卫生、伤口卫生等。餐饮职工应定期检查牙齿并防止患有脚病。当职工在受到较轻的刀伤时,应包扎好伤口决不能让伤口接触食物。

(10) 餐厅和厨房工作人员化妆要适度,化妆完毕应洗手。

(11) 餐饮工作人员在工作时,禁止带手表、戒指、项链等装饰品。

(12) 餐厅、厨房、备餐间等工作区域严禁吸烟和吐痰。

2. 保持职工的身体健康

保持餐饮工作人员身体健康非常重要,这是防止将病菌带入餐厅和厨房的一个重要环节。因此要做到以下几点:

(1) 饭店和餐厅管理人员应当重视和关心职工的身体健康,并为他们创造良好的工作条件,不要随意让职工加班加点。

(2) 餐饮职工应适当休息和锻炼,吸收新鲜空气和均衡饮食。由于餐厅和厨房工作时间长,工作节奏快,部分员工上两头班(早晚班)。因此,餐饮职工需要有充分的睡眠和休息。下班后,他们应得到放松,特别需要吸收新鲜空气。

(3) 餐饮职工需要丰富和有营养的食品,喝干净的水,养成良好的饮食习惯,善于放松自己,不要焦虑,以保持身体的健康。

3. 工作服卫生管理

(1) 餐厅和厨房工作人员的工作服应合体、干净、无破损,便于工作。

(2) 饭店或餐厅应为餐饮工作人员准备两套以上的工作服,特别是厨师和餐厅服务员应准备 3~4 套。工作服必须每天或定期清洗,更换。

(3) 厨师工作服应具备保护厨师的作用,工作服应当是结实、耐洗、适合的颜色、轻便、舒适并且具有吸汗作用。厨师工作服应包括上衣、裤子、帽子、围巾和围裙。工作服为长袖、双排扣式(胸部双层)。这样的工作服可以保护员工的胸部及胳膊,使其免于热汤汁溅在身上。通常,厨师工作服为白色上衣,黑色或黑白格的裤子。工作服由棉布制成,其优点是干净、易于发现工作服上的污点。工作服的大小应当适合每个员工身材,使员工感到轻松、舒适。

(4) 厨师的帽子应当轻、吸汗。这样,既能防止头发和头屑掉在菜肴上,又可以使空气在帽子内循环。厨师的工作鞋应该结实,保护脚的安全,使其免遭烫伤和砸伤,并能够有效地支撑身体。许多饭店和餐厅将皮靴作为工作鞋,皮靴作为工作鞋可增加人们的站立时间,但是,便鞋和运动鞋也各有特点。

(5) 餐厅服务员穿的民族服装和制服要每天更换。工作服应当整齐和干净,没有油污和破损。女服务员穿裙子时,一定要穿长筒浅褐色丝袜。男服务员应穿深色袜子。餐厅服务员应穿黑色皮鞋。

4. 餐饮工作人员身体检查

按照国家和地方卫生法规,餐饮生产和服务人员每年应做一次体检。身体检查的重点是肠道传染病、肝炎、肺结核、渗出性皮炎等。上述各种疾病患者及带菌者均不可从事餐饮生产和服务工作。

5. 遵守卫生法规和建立卫生制度

在饭店业或餐饮业,无论是管理者还是生产者,都应严格遵守国家和地方的卫生法规。此外,饭店和餐厅还应建立一些具有针对本企业的、具体的卫生管理制度。如餐饮原料采购和保管的卫生管理制度、餐饮加工和烹调的卫生管理制度、定期清理环境卫生制度、卫生工作责任制等以完善卫生管理工作。

三、其他环节的卫生控制

1. 原料采购控制

采购人员必须对所采购的物品负责,保证食品原料处于良好的卫生状态,无腐败、污染和其他感染。

食品来源必须符合有关卫生标准要求,禁止购买和使用不是正式食品加工企业加工的罐头、袋装或密封的食品。禁止采购无商标、无生产厂家、无生产日期的食品。

2. 原料验收控制

建立严格的验收制度,指定专人负责验收,当发现有不合卫生要求的原料时应拒绝接受,并追究采购人员的责任。

3. 原料保管控制

合理贮藏,保证原料质量。贮藏室的卫生要做到:"四勤",即勤打扫、勤检查、勤整理、勤翻晒;"五无",即无虫、无鼠害、无蟑螂、无蜘蛛网和灰尘、无污染;"二分开",即生熟分开,干湿分开,防止污染。

4. 厨房生产控制

厨房人员要做到不加工腐败变质的食品原料,烹调时严格遵守卫生要求,保证菜点质量。

5. 区域控制

原料加工场地要与生产和销售场地隔离,杜绝交叉污染。

6. 餐具用品控制

用具、餐具、炊具都必须进行严格的消毒。要求做到"一刮、二洗、三冲、四消毒、五保洁"。

7. 人员控制

禁止闲杂人员进入厨房。

四、食物中毒事故的处理

如有客人食用餐饮产品身体不适,管理人员和员工应沉着冷静,忙而不乱,尽可能控制势态,及时加以处理。其基本处理步骤如下:

(1) 记下客人的姓名、地址和电话号码。

(2) 询问具体的征兆和症状。

(3) 弄清楚吃过的食物和就餐方式,食用日期、时间,发病时间,病痛持续时间,用过的药,过敏史,病前的医疗情况或免疫接种等。

(4) 记下看病医生的姓名和医院的名称、地址和电话号码。

(5) 有本企业的医生在场协助处理,了解病情,掌握现场资料。

(6) 立即通知由餐饮部经理、厨师长等人员组成的事故处理小组,对整个生产过程进行重新检查。

(7) 将相关信息递交给本企业的医生,以便更好地处理事故,如确实是食物中毒则承担一切责任。

(8) 查明同样的食物供应了多少份,收集样品,送化验室分析化验。

(9) 查明这些可疑的菜点是由哪个员工制作的,对所有与制作过程有关的员工进行体检,查找有无急性患病或近期生病及疾病带菌者。

(10) 分析并记录整个制作过程中的情况,明确可能在哪些地方,食物如何受到污染;哪些地方存在细菌,以及这些细菌在食物中繁殖的机会等。

(11) 从厨房设备上取一些标本送化验室化验。

(12) 分析并记录餐饮生产和销售最近一段时期的卫生检查结果。

工作任务二　厨房安全管理

基础知识

一、安全管理的目的

所谓安全,是指避免任何有害于企业、宾客及员工的事故。事故一般都是由于人们的粗心大意而造成的,事故往往具有不可估计和不可预料性,执行安全措施,具有安全意识,可减少或避免事故的发生。因此,无论是管理者还是每一位员工,都必须认识到要努力遵守安全操作规程,并具有承担维护安全的义务。

厨房安全管理的目的,就是要消除不安全因素,消除事故的隐患,保障员工的人身安全和企业及厨房财产不受损失。厨房不安全因素主要来自主观、客观两个方面:主观上是员工思想上的麻痹,违反安全操作规程及管理混乱;客观上是厨房本身工作环境较差,设备、器具繁杂集中,从而导致厨房事故的发生。

二、厨房安全管理的主要任务

厨房安全管理的任务就是实施安全监督和检查机制。通过细致的监督和检查,使员工养成安全操作的习惯,确保厨房设备和设施的正确运行,以避免事故的发生。安全检查的工作重点可放在厨房安全操作程序的检查和厨房设备的检查这两个方面。

三、常见厨房安全事故及其原因

厨房常见事故有割伤、跌伤、撞伤、扭伤、烧烫伤、触电、盗窃、火灾等。

1. 跌伤与撞伤的原因

跌伤和撞伤是餐饮服务和餐饮生产中最容易发生的事故。在餐厅中,顾客和服务人员摔伤的原因主要是餐厅入口处的冰雪、餐厅的地面潮湿、楼梯损坏和照明原因等。而撞伤的原因主要是服务线路不明确及不遵守服务规范等原因。厨房中的跌伤与撞伤多发生在厨房通道和门口处。通道的地面潮湿、有油污和杂物及员工没有穿防滑的工作鞋是跌伤的主要原因。而员工在搬运物品时,由于货物堆放得过高,造成视线障碍或员工在门口的粗心等是造成撞伤的主要原因。

2. 切伤的原因

在餐饮服务和生产安全事故中,切伤发生率仅次于跌伤和撞伤,尤其是厨房的切伤事故。造成切伤的主要原因是职工在工作时精神不集中、工作姿势或程序不正确、刀具钝或刀柄滑、作业区光线不足或刀具摆放的位置不正确等原因。同时,切割设备没有安全防护装置也是造成切伤的主要原因。

3. 烫伤的原因

烫伤主要是由于员工工作时的粗心大意造成的。餐厅营业时,非常繁忙,员工在忙乱中偶然接触到热锅、热锅柄、热油、热汤汁和热蒸汽等造成了烫伤。

4. 扭伤的原因

扭伤俗称扭腰或闪腰,当餐厅和厨房员工搬运过重物体或使用不正确的搬运方法造成腰部肌肉损伤时,扭伤就发生了。

5. 电击伤的原因

电击伤在餐饮服务和生产中很少发生,但是,电击伤的危害很大,应当特别注意。电击伤发生的原因主要是设备老化、电线有破损、接线点处理不当等,其次,湿手接触电设备也是造成电击伤的主要原因。

实践操作

一、预防生产中摔伤事故发生

预防餐饮服务和生产中的摔伤和撞伤必须做好以下几点：

（1）餐厅的门口处必须干净整洁，尤其不能有冰雪。必要时，可放防滑的垫毯，及时修理松动的瓷砖和地板。

（2）工作人员走路时，应精神集中，眼看着前方和地面，穿防滑工作鞋和低跟防滑鞋，系好鞋带。

（3）保持餐厅和厨房地面的整洁、干净，随时清理地面杂物，在刚清洗过的地面上，放置"小心防滑"的牌子。

（4）员工运送货物时，应用手推车，控制车上货物的高度，不可超过人的视线。

（5）员工在比较高的地方送取货物时，不要用脚踩废旧箱子和椅子，应使用结实的梯子。

（6）走路时，应靠右侧行走，不能奔跑。出入门时，注意过往的其他员工。餐厅与厨房内的各种弹簧门应安装有缓速装置。

（7）餐饮服务区和生产区应有足够的照明设备，尤其是在楼梯井的位置更应当注意。

二、预防生产中切伤事故发生

预防切伤应当注意以下几点：

（1）餐饮管理人员应教育厨房职工，刀具是切割食物时使用的，决不允许用刀具打闹。

（2）应当保持刀刃的锋利，越是不锋利的刀具，越容易发生切伤事故，由于刀越是钝，切割时越是用力，食品一旦滑动时，切伤事故就很容易发生。

（3）厨师在工作时，应精神集中，不要用刀具开罐头，保持刀具的清洁，不要将刀具放在抽屉中。

（4）厨师手持刀具时，不要指手划脚，防止刀具伤人，当刀具落地时，不要用手去接，应使其自然落地。

（5）员工在接触破损餐具时，应特别留心。

（6）在使用电气切割设备之前，仔细阅读该设备使用说明书，确保各种设备上装有安全防护设备。使用绞肉机时，用木棒和塑料棒填肉，决不能用手直接按压。

（7）清洗和调节设备时，必须先切断电源，按照规定的程序操作。

三、预防生产中烫伤事故发生

防止烫伤应做好以下几个方面的工作：

（1）餐厅服务员使用热水器的开关时，应当小心谨慎，不要将容器内的开水装得太满。

（2）当餐厅服务员运送热汤菜时，一定注意周围的顾客和服务员。当将热汤菜送至餐桌时，一定要说声："打扰了！"并注意餐桌周围顾客的动态。

（3）烹调时，炒锅一定要放稳，不要使用手柄松动的锅。容器内不要装入过多的液体。检查锅柄和容器柄是否牢固，不要将锅柄和容器柄放在炉火的上方。

(4) 厨师打开热锅盖时,应先打开离自己远的一边,再打开全部锅盖。
(5) 需要油炸的食物应先沥去水分,防止锅中的食油外溢而伤人。
(6) 经常检查蒸汽管道和阀门,防止出现漏气伤人事故。
(7) 厨师应随身携带干毛巾,养成使用干毛巾的习惯。

四、预防生产中扭伤事故发生

防止扭伤的发生应做到以下几点:
(1) 职工搬运物体时,应量力而行,不要举起过重的物体并且掌握正确的搬运姿势。
(2) 举物体时,应使用腿力,而不使用背力与腰力,被举物体不应超过头部。
(3) 举起物体时,双脚应分开,弯曲双腿,挺直背部,抓紧被举的物体。

五、预防生产中电击伤事故发生

可通过以下几个措施防止电击伤事故的发生:
(1) 厨房和备餐间中所有电设备都应安装地线。不要将电线放在地上,即便是临时措施也很危险。
(2) 保持配电盘的清洁,所有电设备开关应安装在操作人员的操作位置上。员工使用电设备后,应立即关掉电源。
(3) 为电设备做清洁时,一定要先关掉电源。员工接触电设备前,一定要保证自己站在干燥的地方,并且手是干燥的。
(4) 在容易发生触电事故的地方做标记,提醒员工注意。

工作任务三 防范火灾

基础知识

厨房内设有各种电器、各种管道和易燃物品。厨房是火灾易发地区,火灾危害顾客和工作人员生命,造成企业财产损失。因此,厨房防火是非常必要的。厨房防火除了要有具体措施外,还应教育和培训厨师及辅助人员,使他们了解火灾发生的原因及防火知识。

一、厨房起火的原因

火灾发生的三个基本条件是火源、氧气和可燃物质。当这三个因素都具备时,火灾便发生了。厨房发生火灾的具体原因有许多,通常情况下,厨房起火有以下几种原因:
(1) 厨房员工在使用煤气或液化石油气时,因设备阀门破损等而造成可燃气体泄漏,遇到明火或高温发生燃烧。
(2) 厨师在操作时,因油炸食品时锅内食油放得太满,以致食油溢出,遇明火后发生燃烧。
(3) 厨师操作时,因油锅加温过高,或厨师离开炉灶时间过长而发生燃烧。
(4) 因厨房内油渣等处置不妥,聚热后发生燃烧。

(5) 因各种烤箱使用不当或开关失灵而发生燃烧。
(6) 排烟管道油污垢太多太厚,遇明火发生燃烧。

二、火灾类型及灭火物质

火灾分为 A 型、B 型和 C 型三种:A 型火灾表示由木头、布、垃圾和塑料引起的火灾,扑灭 A 型火灾适用的物质有水、干粉和干化学剂;B 型火灾由易燃液体引起,如油漆、油脂、石油等,灭 B 型火的物质有二氧化碳、干粉、干化学剂;C 型火灾由电动机、控电板等电设备引起,扑灭 C 型火适用的物质与 B 型相同。

实践操作

一、预防厨房生产中火灾的发生

(1) 厨房内的易燃气体管道、接头、仪表、阀门必须定期检查,发现有易燃气体跑漏现象,要立刻关闭阀门,及时通风,并严禁使用明火。

(2) 使用瓶装液化石油气时,冬天不得使用明火烘烤气罐,以防发生爆炸。在房内的煤气通道及各种灶具附近不准堆放可燃、易燃、易爆物品。

(3) 应指定专人负责各种灶具及煤气罐的维修与保养。液化石油气罐即使气已用完,也不能乱倒罐内的水。

(4) 必须制定厨房各种电器设备的使用和操作规程,并严格执行。各种电器设备的安装和使用必须符合防火安全要求,严禁野蛮操作。各种电器绝缘要好,接头要牢,要有严格的保险装置。

(5) 要保持炉灶清洁,定期擦洗、保养抽排油烟设备,保证设备正常运转。油炸、烘烤食物时,油锅及烤箱温度应控制得法,锅内油的容量不得超过最大限度。

(6) 正常使用火源的工作人员不得随意离开自己的岗位,不得粗心大意,以防发生意外。下班前,各岗位要有专人负责关闭能源阀门及开关,负责检查火种是否已全部熄灭。

(7) 厨房必须备有足够的灭火设备,每个厨房员工都应知道灭火器材的摆放位置和使用方法。

二、正确使用灭火器材

(1) 石棉布在厨房非常适用。当炒锅中的食油燃烧时,可将石棉布盖在炒锅上,中断火焰与氧气的接触以扑灭火焰,这样,不会污染食物。

(2) 手提式灭火器配有泡沫、二氧化碳和干化学剂等类型。灭火器应安装在火灾易发地区,而且要避免污染物品。要经常对灭火器进行检查和保养,应每月称一下灭火器的重量,检查灭火器中的化学剂,看其是否挥发掉。不同的手提灭火器,其喷射距离不同。如二氧化碳、干化学剂类,手提灭火器的喷射距离是 2~3 m,泡沫类手提灭火器的喷射距离是 10~12 m。

项目小结

标准菜谱:标准菜谱是以菜谱的形式,列出菜肴(包括点心)的用料配方,规定制作程序,明确装盘规格,标明成品的特点及质量标准,是厨房每道菜点生产全面的技术规定,是不同时期用于核算菜肴或点心成本的可靠依据。

厨房环境设计:内容主要包括确定厨房的位置、面积和高度、墙面、天花板、地面、门窗、通风、排水、能源等内部环境的设计。

厨房的布局:应考虑投资、功能、设备、能源和国家法律法令等因素,还必须考虑厨房的照明、温度和噪声等。

厨房生产流程:厨房一般由加工部门、点心部门、炉灶部门、冷菜部门和配菜部门等构成。厨房生产流程主要包括加工、配份、烹调三大阶段,加之点心、冷菜相对独立的两大生产环节。

厨房卫生管理:卫生是厨房生产的命脉,所有厨房工作人员都必须加以重视。厨房必须切实做好环境卫生、食品卫生、用具卫生、个人卫生和操作卫生等方面的管理工作。因此,一切接触食品的有关人员和管理者,在食品生产中必须自始至终地遵循卫生准则,并承担各自的职责。

厨房安全管理:要消除厨房生产过程的不安全因素,消除事故的隐患,保障员工的人身安全和企业及厨房财产不受损失。学会有效预防与应对厨房生产过程的割伤、跌伤、撞伤、扭伤、烧烫伤、触电、盗窃、火灾等发生。厨房工作人员应牢固树立安全意识,坚持安全生产。

检 测

一、案例分析

餐厅配备保安

一日,陈女士与朋友带着孩子去德克士餐厅就餐,当孩子进入德克士餐厅内部设置的游戏区玩耍时,陈女士和朋友只顾看孩子(其他的也没有注意),这时她感觉有个男子坐在了她旁边的位置。一会儿,就听见有人对她说:"小心你的东西!"陈女士扭头一看,那个男子的手已经伸到了朋友放在旁边座位上的包里,陈女士一把将包抢了过来,并把该男子抓住。朋友查看包内物品后,发现手机不见了,于是她们让服务员把保安找来,准备将小偷交给他们处理,可服务员告诉她们,餐厅没有保安。无奈之余,陈女士只好拨打了110,找来警察帮助。

分析:德克士餐厅没有配备保安,只采取一些措施,比如每个值班经理每隔15分钟都会在餐厅内巡视一次,店内每隔一小时会通过喇叭提醒消费者注意随身物品的安全等。虽然减少了安全事故的发生,但还是应该在餐厅内设置保安,保障消费者的就餐安全。

二、小组课堂讨论

1. 厨房生产场所布局的基本要求有哪些?
2. 学生讨论设计餐饮卫生管理考核表,了解餐饮卫生管理包括哪些内容?

三、课内实训

厨房火灾应急处理。进行专项灭火培训,识别不同类型的火灾及灭火装置,学会正确使用灭火器。

四、课外拓展

利用课余时间前往酒店调研,根据当地的饮食口味特点和原材料来源,为东坡肘子制作一份标准菜谱,并对其成本构成进行分析。

项目七 餐饮服务质量管理

学习目标

- 了解餐饮服务质量的定义、有形产品质量和无形产品质量的主要内容。
- 理解餐饮服务质量的构成要素、餐饮服务质量的主要分析方法。
- 掌握餐饮服务质量控制的基础、餐饮服务质量的控制方法、客人投诉处理的程序和方法。
- 应用餐饮服务质量监督检查的方法,实施服务质量改进措施,以此保证服务质量,使顾客达到最大满意度。

项目导读

服务质量是餐饮企业生存与发展的基础。饭店之间的竞争从本质上讲是服务质量的竞争。现代企业都非常重视服务质量,希望通过质量管理为客人提供稳定的优质服务,满足客人的各种需求并在竞争中立于不败之地。因此,不断提高服务质量,以质量求效率是每一家餐饮企业发展的必经之路。

优质服务可以提高饭店知名度,吸引客源,增加回头客,最终给饭店带来可观的经济效益。对餐饮服务质量含义的正确理解以及其特点、内容的把握则是进行餐饮质量管理最基本的前提。本项目要点内容如表7-1所示。

表7-1 餐饮服务质量要点内容阅读导引表

餐饮服务质量管理流程	餐饮风险防范与危机管理	处理宾客投诉
餐饮服务质量的构成要素	餐饮风险的类型	投诉的种类
餐饮服务质量的预先控制	防范餐饮公共安全风险	投诉的来源
餐饮服务质量的现场控制	处理食品安全事故	投诉的原因
餐饮服务质量的反馈控制	餐饮服务质量监督检查	投诉处理的原则
餐饮服务质量的提升	—	投诉处理的程序和标准

模块一 餐饮服务质量管理流程

任务导入

餐饮服务质量管理流程——掌握餐饮服务质量评价要素、服务质量的管理控制方法

1. 学生以小组为单位,讨论其所熟悉的餐厅在对客服务过程中哪些方面较易受到投

诉,并设计服务质量问题统计表。
2. 学生进行市场调研,完成服务质量问题统计表。
3. 将调研结果以 PPT 的形式进行展示,并提出解决方案。
4. 教师点评,并讲解餐饮服务质量内容及餐饮服务质量控制的主要方法。

工作任务一　餐饮服务质量构成

基础知识

一、餐饮服务质量的含义

餐饮服务质量是指餐饮企业以其所拥有的设备设施为依托,为客人所提供的服务在使用价值上适合和满足客人物质和心理需求的程度。

餐饮企业提供的服务既要在使用价值上适合和满足客人生活的基础需求(即物质上的需求),更要满足客人的心理需求(即精神上的需求)。适合是指餐饮部为客人提供服务的价值能否为客人所接受和喜爱;满足是指该种使用价值能否为客人带来身心愉快和享受。因此,餐饮服务的使用价值适合和满足客人需要程度的高低即体现了餐饮服务质量的优劣。适合和满足客人的程度越高,服务质量就越好;反之,服务质量就差。

二、餐饮服务质量的构成

餐饮部向客人提供的服务通常是由餐饮设备设施、餐点酒水和劳务服务的使用价值共同组成。餐饮服务质量包含有形产品质量和无形产品质量两方面。

1. 餐饮有形产品质量

有形产品质量是指餐饮部提供的设备设施和实物产品以及服务环境的质量,满足客人物质上的需求。主要包括餐饮设备设施质量、餐饮实物产品质量、餐饮服务环境质量等方面。

2. 餐饮无形产品质量

无形产品质量是餐饮部提供的劳务服务的使用价值的质量,即劳务服务质量,主要是满足客人心理上、精神上的需求。劳务服务的使用价值使用以后,其劳务形态便消失了,仅给客人留下不同的感受和满意度。劳务服务质量主要包括礼节礼貌、服务态度、服务技能、服务效率等几个方面。

【特别提示】

有形产品质量和无形劳务质量的最终结果是客人满意度。客人满意度是指客人享受餐饮服务后的感受、印象和评价。它是餐饮服务质量的最终体现,因而也是餐饮服务质量管理努力的目标。客人满意度主要取决于餐饮服务的内容是否适合和满足客人的需要,是否为客人带了享受感。餐饮管理者重视客人满意度自然也就必须重视餐饮服务质量构成的所有内容。

实践操作

构建餐饮服务质量评价要素

衡量餐饮服务质量的优劣取决于顾客的亲身体验。顾客的亲身体验来自顾客与餐厅的接触过程。国外把这一接触时间称为影响服务质量的"关键时刻"。在这"关键时刻"餐厅有机会向顾客展示服务的内容,如果机会错过顾客便会离去;如果提供的服务出现问题,就会影响服务质量。餐饮服务的内容提供了全面的可感知的服务质量。餐饮服务的内容主要表现在以下几个方面:

1. 餐饮环境

(1) 容量。酒店需配有各种类型的餐厅,以满足多类型、多层次的顾客消费需求。餐厅总座位数最低不得少于客房数的1.6倍。餐厅空间需宽敞,色调柔和,家具舒适,功能齐全,此外,餐厅的温度分布需均匀,空气更换及时,保证清新。

(2) 餐厅环境布局。设备配置适用、齐全、安全、方便;设备摆放满足方便使用的原则,运用对称和自由、分散和集中、高低错落对比和映衬以及借景、眼神、渗透等装饰布置手法,形成美好的空间构图形象。同时,要做好环境美化,主要包括装饰布局的色彩选择运用,窗帘、天花板、墙壁的装饰,盆栽、盆景的选择和运用。

(3) 音响。一般使用轻音乐,音量适中,音质柔和。餐厅内噪音不应超过50分贝,最好控制在45分贝以内。

(4) 照明。餐厅灯光注重文化气息,光线柔和,分布均匀,适合客人阅读,灯具与餐厅风格一致。

2. 设备设施

要注意设备的保养和维修,保证为客人提供的一切设备、设施运转良好,使客人得到方便、舒适的享受。尤其是桌椅、洗手间、电梯等设备设施运行状况一定要品质精良,状态良好。餐厅家具摆放须便于客人进餐行走及服务员操作服务。家具选择和室内装饰要协调,桌椅必须牢固结实,款式、质地、色彩及高度需协调一致,桌椅配套,同时应配备儿童座椅。电梯。客梯计算等候时间不超过40 s;载重量至少1 600 kg(不包括装饰材料重量);轿厢内净尺寸:$1.8 \text{ m}(L) \times 2.25(W) \times 2.5 \text{ m}(H)$;速度:2~5F 为 0.75m/s,5~12F 为 1.75 m/s~2.25 m/s,12F 以上为 2.5 m/s。

3. 安全服务

安全性是评价餐饮服务质量高低的一个重要指标。餐饮产品的安全性是指餐饮产品在存放和使用过程中对消费者的财产和人身不会构成损害的特性。不管产品的使用性能如何、经济性如何,如果产品存在安全隐患,那不仅是消费者所不能接受的,政府有关部门也会出面干涉或处罚生产企业。注意防火、防毒,保证顾客人身安全;尊重客人的隐私权;让客人在使用餐具、进食菜点时有安全感。

4. 整洁卫生

餐饮服务首先要保证餐饮卫生,包括服务人员的衣着卫生、个人卫生、菜肴卫生、环境卫生等。服务操作过程中的清洁卫生是人们外出用餐时最为关心的问题。客人用餐过程中的方便和卫生也应在产品设计和服务时加以关注,提供相应条件。

5. 食品饮料

食品饮料是餐饮服务的基础,客人主要通过用餐品尝、鉴赏和享用食品饮料而获得感受。餐厅提供的菜肴、点心、饮品选料要精细,品质要优良,品种要多样,适应目标顾客的风俗习惯和口味;菜肴的制作要注重色、香、味、形、器、质地、温度、营养和卫生等,各方面感官质量指标应优良,风味要典型纯正。

6. 服务技能

服务技能的高低取决于服务人员的专业知识和操作技术,要求其掌握丰富的专业知识,具备娴熟的操作技能,并能根据具体情况灵活运用,从而达到具有艺术性、给人以美感的服务效果。只有掌握好服务技能,才能使餐饮服务达到标准,保证餐饮服务质量。

7. 服务时效

餐饮产品的特征之一是要求提供即时服务,如时间过长、热菜变凉、凉菜变温都会影响餐饮产品的消费感受。同样,无形服务产品也有使用的有效时间。消费者希望在一定的时间段内得到应有的服务,如顾客预订的时间应予保证。随着消费者生活、工作节奏的加快,时间观念大大加强。缺乏时间观念的服务是不能适应市场需要的。同时,消费者要求缩短取得服务的时间,如寻找时间、等候时间、上菜时间、结账时间等,在这方面耗费的时间越短越好。许多餐饮管理企业规定冷菜客人点后3分钟必须上桌,第一道热菜上桌不得超过15分钟;客人无特殊要求整个零点菜点50分钟内必须上齐。这正是对客人服务时效性的体现。

8. 交流能力

具有娴熟的人际交往的能力,懂得语言沟通与身体语言沟通的艺术。能娴熟地向顾客介绍菜品和酒水知识、介绍服务内容及费用标准,并解决顾客提出的问题。

9. 礼节礼貌

服务人员的语言、行为和仪表,反映餐厅对客人的基本态度,也反映员工的文化素质和业务修养,是吸引顾客的重要方面。

10. 服务态度

服务态度的好坏是由员工的主动性、创造性、积极性、责任感和素质高低决定的,因而餐饮行业要求服务人员应具有端庄的仪表仪容、文雅的语言谈吐、得体的行为举止等,具有"宾客至上"的服务意识,并能够主动、热情、耐心、周到地为客人提供服务。餐饮服务人员服务态度是很多客人关注的焦点,尤其当出现问题时,服务态度常常成为解决问题的关键,客人可以原谅餐饮服务中的许多过错,但往往不能忍受餐饮服务人员恶劣的服务态度。因此,服务态度是餐饮服务质量的关键所在,直接影响餐饮服务的质量。

工作任务二　餐饮服务质量控制

实践操作

一、基础工作

1. 制定餐饮服务规程

服务规程是餐饮服务所应达到的规格、程序和标准。餐饮服务质量标准就是服务过程的标准,为了提高和保证服务质量,餐饮企业应该把服务规程视为工作人员应当遵守的准则和内部服务工作的法规。

餐厅中的工种很多,各个岗位的服务内容和操作要求都不相同,为了检查和控制服务质量,餐厅必须分别针对散餐、团体餐和宴会以及咖啡厅、酒吧等的整个服务对象制定出迎宾、引座、点菜、走菜、酒水服务等全套的服务程序。用服务规程来统一各项服务工作,从而使之达到服务质量的标准化、服务过程的程序化和服务方式的规范化。

制定服务规程时,首先要确定服务的环节和顺序,再确定每个环节服务人员的动作、语言、姿态、质量、时间以及对用具、手续、意外处理、临时措施的要求等。每套程序在开始和结尾处应有与相连服务过程中相互联系、相互衔接的规定。不要照搬其他饭店的服务程序,而应该在广泛汲取国内外先进管理经验、接待方式的基础上,紧密结合本饭店大多数顾客的饮食习惯和本地的风味特点,推出全新的服务规范和程序。

2. 收集质量信息

餐饮管理人员应该知道服务的结果如何,即宾客是否感到满意,从而采取改进服务、提高质量的措施。应该根据餐饮服务的目的和服务规程,通过巡视、定量抽查、统计报表、听取顾客意见等方式来收集服务质量信息。

3. 抓好全员培训

企业之间质量竞争的实质是人才的竞争、员工素质的竞争。很难设想一个没有经过良好训练的服务员能提供高质量的服务。因此,新员工在上岗前,必须进行严格的基本功训练和业务知识培训,不允许未经职业技术培训、没有取得上岗资格的人上岗操作,在职员工必须利用淡季和空闲时间进行培训,以提高业务技术,丰富业务知识。

二、预先控制

所谓预先控制,就是为使服务结果达到预定的目标,在开餐前所做的一切管理上的努力。预先控制的目的是防止开餐服务中所使用的各种资源在数量和质量上产生偏差。预先控制的主要内容包括人力资源、物资资源、卫生质量与事故。

1. 人力资源的预先控制

餐厅应根据自身的特点灵活安排人员班次、保证开餐时有足够的人力资源。那种"闲时无事干,忙时疲劳战",开餐中顾客与服务员在人数比例上大失调等都是人力资源使用不当的现象。

2. 物资资源的预先控制

开餐前,必须按规格摆好餐台,准备好餐车、托盘、菜单、点菜单、预订单、开瓶工具及工作车小物件等。另外,还必须备足相当数量的"翻台"用品,如桌布、餐巾、餐纸、刀叉、调料、火柴、牙签、烟灰缸等。

3. 卫生质量的预先控制

开餐前半小时,对餐厅的环境卫生从地面、墙面、柱面、天花板、灯具、通风口到餐具、餐台、台布、台料、餐椅、餐台摆设等都要做一遍仔细检查。发现不符合要求的地方,要安排迅速返工。

4. 事故的预先控制

开餐前,餐厅主管必须与厨师长联系,核对前后台所接到的客情预报或宴会通知单是否一致，以免因信息的传递失误而引起事故。另外，还要了解当日的菜肴供应情况，如个别菜肴缺货，应让全体服务员知道。这样，一旦宾客点到该菜，服务员就可及时地向宾客道歉，避免事后引起宾客不满和投诉。

三、现场控制

现场控制是指监督现场正在进行的餐饮服务，使其程序化、规范化，并迅速妥善地处理意外事件。这是餐厅管理者的主要责任之一。餐饮部经理也应将现场控制作为管理工作的重要内容。餐饮服务质量现场控制的主要内容包括服务程序、上菜时机、意外事件及开餐期间的人力。

1. 服务规程的现场控制

开餐期间，餐厅主管应始终站在第一线，通过亲自观察、判断、监督，指挥服务员按标准程序服务，发现偏差，及时纠正。

2. 上菜时机的现场控制

掌握好上菜时机要根据宾客用餐的速度、菜肴的烹制时间等，做到恰到好处，既不要让宾客等候太久，也不能将所有菜肴一下全上。餐厅主管应时常注意并提醒服务员掌握上菜时间，尤其是大型宴会，每道菜的上菜时间应由餐厅主管亲自掌握。

3. 意外事件的现场控制

餐饮服务是与宾客面对面直接交往，极容易引起宾客的投诉。一旦引起投诉，主管一定要迅速采取弥补措施，以防止事态扩大，影响其他宾客的用餐情绪。如果是服务员方面原因引起的投诉，主管除向宾客道歉之外，还可在菜肴饮品上给予一定的补偿。发现有醉酒或将要醉酒的宾客，应告诫服务员停止添加酒精性饮料；对已醉酒的宾客，要设法让其早点离开，以保护餐厅的和谐气氛。

4. 开餐期间的人力控制

一般餐厅在工作时实行服务员分区看台负责制，服务员在固定区域服务（可按照每个服务员每小时能接待 20 名散客的工作量来安排服务区域）。但是，主管应根据客情变化，对服务员在班中进行第二次分工、第三次分工……如果某一个区域的宾客突然来的太多，应该从其他服务区域抽调人力来支援，待情况正常后在将其调回原服务区域。当用餐高潮已经过去，则应让一部分先休息一下，留下另一部分员工继续工作，到了一定的时间再进行交换，以提高员工的工作效率。这种方法对于营业时间长的散席餐厅、咖啡厅等特别有效。

四、反馈控制

反馈控制就是通过质量的信息反馈，找出服务工作在准备阶段和执行阶段的不足，采取措施，加强预先控制和现场控制，提高服务质量，使顾客更加满意。

质量信息反馈由内部系统和外部系统构成。内部系统，指信息来自服务员、厨师和中高层管理人员等。在每餐结束后，应召开简短的总结会，以利于不断改进服务水平，提高服务质量。信息反馈的外部系统，是指来自就餐宾客的信息。为了及时获取宾客的意见，餐桌上可放置宾客意见表；在宾客用餐后，也可主动征求宾客意见。宾客通过大堂、旅行社、新闻传播媒介等反馈回来的投诉，属于强反馈，应予以高度重视，切实保证以后不再发生类似的服务质量问题。建立和健全两个信息反馈系统,餐厅服务质量才能不断提高,从而更好地满足宾客的需求。

【特别提示】

根据餐饮服务质量控制的预先控制、现场控制和反馈控制三个阶段相应方法的运用,可提高餐饮企业的服务质量,增加顾客满意度,吸引回头客,从而为餐饮企业带来丰厚的回报。三个阶段的质量控制工作,以预先控制为主,可以减少成本,现场控制保证质量符合要求,反馈控制则可以使服务质量更完美,为后续质量控制管理工作服务。

五、提升餐饮服务质量

1. 酒店服务的演进

酒店服务从早期的情绪化服务逐渐发展到占主导地位的规范化服务,直至今日随着以提供特殊服务、满足特殊市场需求的理念的诞生,个性化服务、定制化服务被推向了酒店服务的前沿。

情绪化服务,是指服务人员以自我为中心判定服务的优劣和正确与否,不设身处地为客人着想,让宾客在适应服务人员要求的情况下才可能满足自身愿望的一种服务方式。标准化服务,即规范化服务,是指在标准意识的指导下,酒店运用规范化的管理制度,统一的技术标准,统一的服务项目和操作程序,以及预定目标的设计与培训,为酒店的宾客提供统一的、可追溯和检验的重复服务的一种服务方式。个性化服务,是从客人的具体需要出发,通过现代科技手段及管理体系,为每个客人提供针对其个性需求的服务。酒店服务的演进,其间所伴随的酒店经营思想的变革与创新促进了酒店服务的内容与形式实现一次次更新与突破,促进服务水平和质量的不断提高,并为酒店业的蓬勃发展带来了生机与活力。

2. 提高服务质量的主要措施

(1) 餐饮企业的高、中、基层管理人员应具备丰富的质量管理经验。有关质量的标准和准则,需严格执行,否则不易被餐厅员工自觉接受并执行。

(2) 餐饮企业全体员工需关心和负责质量控制及维持,进行全过程的管理和参与,这样才能有服务质量的稳定和提高。

(3) 餐饮企业各部门应该有清晰的职能划分,各岗位的工作人员应该有明确的职责分工,并严格遵循服务规格和规程,才能为宾客提供稳定的高质量的服务。

(4) 前台质量和后台质量必须保持一致。前台质量管理的目的是确立并加强良性循环的机制;后台质量管理的目的是拥有可供选择的各种质量管理的策略。

(5) 对已取得的质量成果需不断巩固加强,保证餐饮服务质量的稳定性。

(6) 随着服务项目的变化,大众需求的日新月异,餐饮企业需要提出新的质量标准和实施计划,同时进行跟踪监督。

(7) 加强现场指挥,管理人员以身作则,切实提高餐饮销售,增强服务技能,保证服务质量。

模块二 餐饮风险防范与危机管理

任务导入

餐饮风险防范和危机管理——掌握餐饮风险防范的监督检查方法、正确处理宾客投诉

1. 学生以小组为单位,讨论餐饮服务质量监督检查的要点。
2. 学生根据讨论结果,以小组为单位设计质量检查表。
3. 学生通过互联网、餐饮企业等渠道,收集1~2个餐饮服务突发事件的案例,课堂交流分析如何预防和处理。
4. 教师点评,并讲解餐饮服务质量控制的知识点。

工作任务一 餐饮风险防范

基础知识

一、餐饮风险的类型

1. 公共安全风险

餐饮公共安全风险主要是指客人在用餐期间,因为公共区域的设施设备或客人自身而造成的人身、财产受损风险。造成公共安全风险的原因有设施设备缺陷:地滑、设施故障、物品破损;客人自身失误:醉酒、争执、打架、偷窃等。

2. 食品安全风险

餐饮服务中,食品安全隐患风险最为显著。风险因素主要有:进货非正规渠道;进货原料索证不全;原料保存不符合规范,产生变质和虫蛀鼠害;加工工艺不严格执行,产生毒素,危及安全;发生食品安全事故或者食物中毒。

二、餐饮服务风险防范中监督检查的内容

餐饮风险防范中质量监督检查的内容包括对餐饮企业内部的各项管理制度和岗位规范进行督导检查;通过内部及外部反馈系统了解服务质量情况;组织调查研究,得出相应改进方案;对管理工作进行检查,找出其中的薄弱环节;组织定期或不定期的现场检查。

(1) 制定并负责执行各项管理制度和岗位规范,抓好礼貌待客、优质服务教育,实施服务质量标准化、规范化。

(2) 通过反馈系统了解服务质量情况,及时总结工作中的正反典型事例的经验和教训并及时处理宾客投诉。

(3) 组织调查研究,提出改进和提高服务质量的方案、措施和建议,促进餐饮服务质量和餐饮经营管理水平的提高。

（4）分析管理工作中的薄弱环节，改革规章制度，整顿工作纪律，纠正不正之风。

（5）组织定期或不定期的现场检查，开展评比和组织优质服务的竞赛活动。

实践操作

一、防范餐饮公共安全风险

1. 滑倒防范

（1）确保餐厅开餐前，进行区域卫生打扫完毕并预留30分钟风干时间，避免客人行走时滑倒或者摔伤。

（2）在用餐中，如有传菜员等不小心撒漏油污，即可请PA用干的拖布清理，并及时撒适量食盐防滑。

（3）对于年老幼小客人在用餐时，切记提示监护人在老人儿童行走时的安全防护，防止老人儿童在行走时滑倒或者摔伤事故发生。

（4）如有滑倒、摔伤事故发生时，必须第一时间搀扶起客人，并报告当值经理按以下程序处理：

① 搀扶客人到人员较少的包间或者办公室休息，防止影响其他客人正常用餐，有利于纠纷解决。

② 询问客人具体受伤或者摔伤的部位及严重情况，询问是否需要拨打120急救，必要时，采取录音取证。

③ 通过拨打120或者送客人到就近医院就医，同时通知酒店签约保险公司经办人到现场了解情况处理问题。

④ 通知公司法务协同处理，就客人的营养费、损失费进行一揽子协商处理，先内部协商好赔偿底线，并尽可能与客人一次性处理，双方以备忘录形式签字确认，防止遗留问题发生。

⑤ 在纠纷交涉时，酒店方要做好亲属及受伤客人的安抚和情感照顾工作，一日三餐及专人照顾必须做到细致、细心，一般有利于纠纷的解决。

⑥ 对于漫天要价者，法务做好诉讼准备，必要时，进行诉讼解决纠纷。

2. 设备故障防范

（1）员工每天收档时，必须检查餐厅经营区域设施设备的完好性，如发现设施设备损坏，必须及时报修，否则此瑕疵可能会产生客人投诉、拒绝买单等事项发生。

（2）如果客人在用餐中，发生空调故障事故，一般冬季此类情况客人因为用餐、喝酒等，不会过于计较；当盛夏空调易发故障时期出现空调故障，当值服务员应采取以下步骤应对：

① 立刻通知工程部进行紧急维修，并得出是否可以短时间维修成功的结论，并每桌加冰桶(或者风扇)散热。

② 如果10分钟内无法维修且故障较为严重，即可给客人调换用餐位置，并根据情况给客人额外赠送菜、打折等优惠以安抚情绪。

③ 如果客人因空调故障而提出的恶意打折或者免单要求时，不得随意答应。

④ 对于恶意客人,应采取冷处理的方法,避免在客人多的情况下进行协调,采取在人少的地方,尽可能与男主宾(或者其中相对好沟通者)进行有效沟通,取得谅解,并及时说明我方菜肴的优惠和从业的艰辛,达成共识,及时买单送客。

3. 物品破损风险防范

酒店餐饮所使用的器皿多为玻璃、瓷器,客人在使用过程中易打碎器皿,或者因为器皿破损导致客人受伤事故发生。当发现客人打碎器皿时,当值服务员迅速到达现场,询问客人是否受伤,如客人受伤,应及时送医治疗。服务人员到现场后,同时查看器皿破损是用餐前破损还是用餐中破损。如果器皿是用餐前破损,客人对于器皿没有赔偿的义务,我方对于受伤客人按摔伤客人处理程序处理。如果器皿在用餐时,由客人原因破损引起的器皿破损或者客人受伤,酒店原则上免责,仅对受伤客人负人道主义援助,同时客人有按折旧价赔偿器皿的责任。

二、处理食品安全事故

餐饮服务中,尽管各种防范和规范措施到位,但是在执行环节中,因为餐饮人工依赖性很强,发生食物中毒时,应严格按照规范进行处理,防止事态扩大,减少客人、酒店损失。具体步骤如下:

(1) 第一时间报告餐饮部负责人及值班经理、总经理,并及时将中毒人员送达就近医院救治。

(2) 餐饮部负责人在原因未知的情况下,安抚其他客人,会同保安员封锁厨房现场,对于可疑投毒时间,请示总经理后可报警处理。

(3) 厨师长负责封存可疑食物及餐具,留样待查,必要时送交防疫站进行检验,为确定食物中毒提供可靠依据。

(4) 行政负责人安排救治护理人员的陪护及食宿,安抚中毒人员及亲属情绪,同时告知法务和保险公司介入处理此事。

(5) 将食物中毒事故形成报告,当日 2 小时内上报归口食品药品监督管理局备案。

三、餐饮服务质量监督检查

在对餐饮进行风险防范中监督检查时,可借助于餐厅服务质量检查表操作,如表 7-2 所示。

表 7-2 餐厅服务质量检查表

餐厅/班组/姓名:_____ 时间:____月____日____时 检查者:_____

一、服务规格检查					
序号	检查细则	等级			
		优	良	中	差
1	对进入餐厅的宾客是否问候表示欢迎?				
2	迎接宾客是否使用敬语?				
3	使用敬语时是否点头致意?				
4	在通道上行走是否妨碍宾客?				

续　表

5	是否协助宾客入座？				
6	对入席宾客是否端茶、送巾？				
7	是否让宾客等候过久？				
8	回答宾客提问是否清脆、流利、悦耳？				
9	与宾客谈话，是否先说"对不起，麻烦您了"？				
10	发生疏忽或不妥时，是否向宾客道歉？				
11	对告别结账离座的宾客，是否说"谢谢"？				
12	接受点菜时，是否仔细聆听并复述？				
13	能否正确地解释菜单？				
14	能否向宾客提建议并进行适时推销？				
15	能否根据点菜单准备好必要的餐具？				
16	斟酒是否按照操作规程进行？				
17	递送物品是否使用托盘？				
18	上菜时，是否介绍菜名？				
19	宾客招呼时，能否迅速到达桌旁？				
20	撤换餐具时，是否发出过大声响？				
21	是否及时、正确地更换烟灰缸？				
22	结账是否迅速、准确、无误？				
23	是否检查餐桌、餐椅及地面（有无宾客失落的物件）？				
24	是否在送客后马上翻台？				
25	翻台时，是否影响周围宾客？				
26	翻台时，是否按操作规程作业？				
27	与宾客谈话是否点头行礼？				
28	是否能根据菜单预先备好餐具及佐料？				
29	拿送玻璃杯是否叠放？持杯时，是否只握下半部？				
30	领位、值台、上菜、斟酒时的站立、行走、操作等服务姿势是否符合规程？				

二、就餐环境检查

序号	检查细则	等　级			
		优	良	中	差
1	玻璃门窗及镜面是否清洁、无灰尘、无裂痕？				
2	窗框、工作台、桌椅是否无灰尘和污渍？				
3	地板有无碎屑及污痕？				
4	墙面有无污痕或破损处？				

续 表

序号	检查细则	优	良	中	差
5	盆景花卉有无枯萎、带灰尘现象?				
6	墙面装饰品有无破损、污痕?				
7	天花板是否清洁、有无污痕?				
8	天花板有无破损、漏水痕迹?				
9	通风口是否清洁,通风是否正常?				
10	灯泡、灯管、灯罩有无脱落、破损、污痕?				
11	吊灯照明是否正常?吊灯是否完整?				
12	餐厅内温度和通风是否正常?				
13	餐厅通道有无障碍物?				
14	餐桌椅是否无破损、无灰尘、无污痕?				
15	广告宣传品有无破损、灰尘、污痕?				
16	菜单是否清洁,是否有缺页、破损?				
17	台料是否清洁卫生?				
18	背景音乐是否适合就餐气氛?				
19	背景音乐音量是否过大或过小?				
20	总的环境是否能吸引宾客?				

三、仪表仪容检查

序号	检查细则	等级			
		优	良	中	差
1	服务员是否按规定着装并穿戴整齐?				
2	制服是否合体、清洁?有无破损、油污?				
3	名号牌是否端正地挂于左胸前?				
4	服务员的打扮是否过分?				
5	服务员是否留有怪异发型?				
6	男服务员是否蓄胡须、留大鬓角?				
7	女服务员的头发是否清洁、干净?				
8	外衣是否烫平、挺括、无污边、无褶皱?				
9	指甲是否修剪整齐、不露出于指头之外?				
10	牙齿是否清洁?				
11	口中是否发出异味?				
12	衣裤口袋中是否放有杂物?				
13	女服务员是否涂有彩色指甲油?				
14	女服务员发夹式样是否过于花哨?				

续 表

15	除手表戒指外,是否还戴有其他的饰物?				
16	是否有浓妆艳抹现象?				
17	使用香水是否过分?				
18	衬衫领口是否清洁并扣好?				
19	男服务员是否穿深色鞋袜?				
20	女服务员着裙时是否穿肉色长袜?				

四、工作纪律检查

序号	检查细则	等级			
		优	良	中	差
1	工作时间是否扎堆闲谈或窃窃私语?				
2	工作时间是否大声喧哗?				
3	工作时间是否有人放下手中的工作?				
4	是否有人在上班时间打私人电话?				
5	有无在柜台或值班区域内随意走动?				
6	有无交手抱臂或手插入衣袋现象?				
7	有无在前台区域吸烟、喝水、吃东西现象?				
8	上班时间有无看书、干私事等行为?				
9	有无在宾客面前打哈欠、伸懒腰行为?				
10	值班时有无倚、靠、趴在柜台的现象?				
11	有无随背景音乐哼唱现象?				
12	有无对宾客指指点点的动作?				
13	有无嘲笑宾客失慎的现象?				
14	有无在宾客投诉时做辩解的现象?				
15	有无不理会宾客询问?				
16	有无在态度上、动作上对宾客撒气的现象?				
17	有无对宾客过分亲热的现象?				
18	有无对熟客过分随便的现象?				
19	对所有宾客能否做到一视同仁,又能提供个别服务?				
20	有没有对老、幼、残宾客提供方便服务?是否对特殊情况提供了针对性服务?				

工作任务二　宾客投诉处理

基础知识

一、宾客投诉分析

1. 投诉的含义

投诉是指客人对提供的服务不满或失望,而向餐厅有关部门提出的批评性意见。客人投诉是企业提高服务质量的动力,餐饮企业必须认真对待客人的投诉。

2. 投诉的种类

(1) 控告性投诉。特点是:投诉人已被激怒,情绪激动,要求饭店做出某种承诺或解决方案。

(2) 批评性投诉。特点是:投诉人心有不满,但情绪相对平静,只是把这种不满告诉酒店方,但不一定要其做出承诺。

(3) 建议性投诉。特点是:投诉人一般不是在心情不佳的情况下投诉的,恰恰相反,这种投诉很可能是随着对饭店的赞誉而产生的。如在表扬的同时提出了一些遗憾,这类投诉往往被管理人员忽视。

3. 投诉的来源

(1) 来自客人。饭店客源构成饭店的市场,客人的喜怒哀乐会直接影响饭店的声誉和形象,进而影响饭店的效益。一般来说,客人的投诉总会事出有因,但可能因感情或情绪的影响而有所夸张,作为饭店的一员,服务员首先要做的是,检讨自己为什么会造成客人投诉,而不是与客人在一些细节上的纠缠。无论如何,客人的任何投诉都应成为饭店改进工作的重要依据。

(2) 来自舆情。尽管它对饭店经济效益产生的副作用是间接的,但所形成的饭店负效应及给饭店声誉所造成的损失却是巨大的。树立良好形象并非一日之功,破坏良好的形象却是一瞬间的事。

(3) 来自上级。来自上级的投诉有些可能是转达客人的意见,有些则可能是上级领导自己发现问题,与前两类相比,这类投诉更富有理性和针对性,往往更具有现实指导意义。

(4) 来自内部。来自酒店内部的投诉往往很容易被忽视,因为它所造成的压力远不及前三类强,即使处理不善也不太容易造成严重的后果。然而,饭店是一个有机的整体,应特别强调团队协作精神,如不能妥善处理酒店内部横向之间的投诉,其结果会造成内部各个岗位的严重不协调和人际关系的极度紧张,最终导致酒店利益受损。

4. 投诉产生的原因

(1) 酒店方面的原因。表现为消费环境、消费场所、设施设备未能满足客人的要求;部门缺乏沟通和协作精神,管理人员督导不力;员工业务水平较低,工作不称职,容易出现工作过失;对客人尊重程度不够等。

(2) 客人方面的原因。表现为对酒店的期望要求较高,一旦现实与期望相去甚远,必然会产生失落感；对酒店宣传内容的理解与酒店方有分歧；个别客人对酒店工作过于挑剔等。

5. 客人投诉时的表达方式

（1）理智型。这类客人在投诉时情绪上显得比较压抑，他们力图以理智的态度、平和的语气和准确清晰的表达方式向受理投诉者陈述事件的经过及自己的看法和要求。

（2）火爆型。这类客人很难抑制自己的情绪，比较冲动，言谈不加修饰，动作有力迅捷，希望能尽快解决问题。

（3）失望痛心型。这类客人情绪起伏较大，时而愤怒，时而遗憾，时而厉声质询，对酒店或事情很失望。此类客人投诉的内容多是自以为无法忍耐的，希望通过投诉能达到某种程度的补偿。

二、处理投诉的基本原则

酒店员工应正确认识投诉，客人对酒店投诉是正常现象，也是客人对酒店信任的表现。正确处理投诉是提高服务质量的必要保证。因而服务员在处理客人投诉时，应注意遵守下列三项基本原则：

1. 真心诚意地帮助客人解决问题

客人投诉，说明酒店的管理及服务工作有漏洞，说明客人的某些需求尚未被重视。服务员应理解客人的心情，同情客人的处境，努力识别及满足他们的真正需求，满怀诚意地帮助客人解决问题。只有这样，才能赢得客人的信任与好感，才能有助于问题的解决。

2. 绝不与客人争辩

当客人怒气冲冲前来投诉时，首先应适当地选择处理投诉的地点，避免在公共场合接受投诉；其次应该让客人把话讲完，然后对客人的遭遇表示歉意，还应感谢客人对酒店的关心。

当客人情绪激动时，服务人员更应注意礼貌，绝不能与客人争辩。如果不给客人一个投诉的机会，与客人逞强好胜，表面上看来服务员似乎得胜了，但实际上却输了，因为，当客人被证明犯了错误时，他下次再也不会光临我们的酒店了。因此，服务员应设法平息客人的怒气，请管理人员前来接待客人，解决问题。

3. 不损害酒店的利益

首先，服务员对客人的投诉进行解答时，必须注意合乎逻辑，不能推卸责任，随意贬低他人或其他部门。因为采取这种做法，实际上会使服务员处于一个相互矛盾的地位，一方面，希望酒店的过失能得到客人的谅解；另一方面却在指责酒店的某个部门。其次，除了客人的物品被遗失或损坏外，退款及减少收费不是解决问题的最有效的方法。对于大部分的客人投诉，酒店是通过提供面对面的额外服务，以及对客人的关心、体谅、照顾来得到解决的。

实践操作

一、准确分析客人投诉

1. 分析顾客的价值

顾客的价值应体现在两方面：一是顾客的终身价值，即一位顾客一生中某项服务消费总的消费金额;二是顾客的连带价值,即一位顾客可以影响的其他顾客消费选择的人数。不同顾客的终身价值和连带价值是不尽相同的,我们在处理具体投诉问题时,应分析该顾客的终身价值和连带价值,在此基础上来明确该投诉处理的原则和要点。

2. 分析顾客投诉心理

不同顾客投诉的目的是不同的,一般有以下几类情况:一是希望得到经济补偿。顾客在消费过程中没有获得相应的利益,如服务设施不完善、服务水平低下等,就会表现出不公平感,从而希望餐饮企业对其精神和物质上的损失给予经济上的补偿;二是希望求得心理上的平衡,满足自己得到尊重的心理要求;三是综合性的目的,经济和精神上的需求皆有,但是这两者有侧重点。我们必须在分析顾客投诉心理的基础上来确定对顾客进行补偿的方式,使顾客能获得满意的补偿方式。

3. 分析顾客投诉成本

投诉成本是指顾客在投诉行动中所付出的费用、精力、时间。如顾客为投诉而产生的交通费用、通信费用,以及为此而耽误的工作时间等。餐饮企业在处理顾客投诉时不应该仅仅是"退赔",而应在分析顾客投诉成本的基础上予以一些额外的补偿,这种额外补偿不一定是经济上的,也可以是精神层面的,在处理时应根据投诉目的进行考量。

4. 确定超额补偿的额度与形式

超额补偿是指不仅弥补顾客因服务失败而遭受的损失,还要从心理角度满足顾客投诉的目的。餐饮企业可通过为顾客提供额外礼物来让顾客觉得餐饮企业处理投诉的真诚性。

从顾客角度分析,其所付出的代价有两方面:一是服务失败给其带来的损失;二是投诉成本,如果餐饮企业给其的补偿超过其付出的代价,则该顾客就会觉得获得了超额补偿,心理满足程度会加大。

从餐饮企业角度分析,其付出的补偿就是处理顾客投诉的成本,而顾客的价值就是处理该投诉的收益,餐饮企业作为盈利性组织,只有当收益大于成本时,该经济行为才是可行的。所以,餐饮企业在处理投诉时应该要进行成本收益分析,选择令顾客和企业均满意的处理方式。

从餐饮企业所处的法律环境分析,餐饮企业在确定超额补偿时必然会受到其所处国家或地区的相应法律、法规的影响,而一个国家或地区的法律环境是受到该国家或地区的经济发展水平、政治、历史等多方面因素影响的,不同法律环境下的顾客对心理补偿的期望值是不等的,所以同一相似投诉事件在不同的区域下确定的超额补偿原则是不尽相同的。

【特别提示】

在提供超额补偿的数量和具体方式上不可盲目,也不可对任何顾客都采取一致的补偿方式,而应该具体分析顾客、餐饮企业及餐饮企业所处的法律环境三个方面来确定超额补偿的数量和具体方式。

二、处理客人投诉

妥善处理客人投诉,是一次与客交友从而培养回头客,甚至是忠实顾客的好机会。妥善处理客人投诉,能够让客人感受到酒店对他的重视,处理事情的高效率,从而在客人心中建立管理严格、制度完善的良好形象,也是对酒店的一次宣传。处理投诉的程序与标准如表 7-3 所示:

表 7-3　餐厅投诉处理程序

服务步骤	服务标准
接受投诉	1. 遇到客人投诉时须有礼貌,耐心等待 2. 表示对客人投诉的关心,使客人平静下来 3. 倾听客人的投诉 4. 真诚地向客人致歉,正面回答客人的问题 5. 不可与客人发生争执 6. 不得推卸责任或进行不得当的解释
处理投诉	1. 了解客人最初的需要和问题所在 2. 找相关人员进行查询,了解实际情况 3. 积极寻求解决办法,满足客人合理而可能的要求 4. 与客人共同协商解决办法,不得强迫客人接受 5. 协商后,按双方认可的办法解决客人问题 6. 向客人致歉
善后处理	1. 以总经理名义写信给客人,以表歉意及诚意 2. 问题解决后,再次向客人致歉 3. 将投诉的原因和解决办法做详细记录,上报经理后归档留存

【特别提示】

处理客人投诉的技巧:

1. 熟练掌握处理投诉的程序。

2. 保持冷静,增强自控。当客人对你抱怨时,注意避免与客人发生冲突,时刻保持冷静的头脑和克制的态度,积极、迅速处理问题。

3. 掌握一定的语言技巧。要能控制住与客人的谈话,逐渐地变被动为主动,不能被客人的情绪所影响,或被客人左右你的思路,忘记谈话的初衷。

4. 认真倾听,永远不要和客人争辩。

5. 以解决问题为目标。处理投诉的关键点是解决问题,而不是追究责任。

6. 同情客人,维护客人的自尊心。当客人对你投诉时,先致歉,表示理解;适当安慰,博取信任;讨论解决方案,不推卸责任。

7. 做好记录。表示重视,让客人心理得到安慰。

8. 足够重视,尽快处理。尽快将解决方案提供给客人,听取客人的意见,征得同意后予以实施。

9. 问题出现时,要及时上报,并做挽救处理。不能害怕承担责任,推卸责任或企图掩盖问题。

10. 信息反馈。注意对投诉客人进行意见征询,确认处理结果是否满意。

接待投诉客人,无论对服务人员还是管理人员,都是一种挑战。酒店员工须掌握处理客人投诉的程序、方法和艺术,并在工作中进一步提升处理投诉的能力和技巧,会使得接待投诉客人的工作变得轻松,同时又能使客人满意。

项目小结

餐饮服务质量:指饭店餐饮部以其所拥有的设备设施为依托,为客人所提供的服务在使用价值上适合和满足客人物质和心理需求的程度。

有形产品质量:指餐饮部提供的设备设施和实物产品以及服务环境的质量,满足客人物质上的需求。

无形产品质量:餐饮部提供的劳务服务的使用价值的质量,即劳务服务质量,主要是满足客人心理上、精神上的需求。

餐饮服务质量的构成要素:服务质量分析的构成对象,如服务态度、礼节礼貌、设施设备、服务效率、服务技能、食品质量等。

有效餐饮服务质量控制具备的基本条件:制定服务规程、收集餐饮服务质量信息、抓好全员培训。

预先控制:就是为使服务结果达到预定的目标,在开餐前所做的一切管理上的努力。预先控制的目的是防止开餐服务中所使用的各种资源在数量和质量上产生偏差。预先控制的主要内容包括人力资源、物资资源、卫生质量与事故。

现场控制:是指监督现场正在进行的餐饮服务,使其程序化、规范化,并迅速妥善地处理意外事件。餐饮服务质量现场控制的主要内容包括服务程序、上菜时机、意外事件及开餐期间的人力。

反馈控制:就是通过质量的信息反馈,找出服务工作在准备阶段和执行阶段的不足,采取措施,加强预先控制和现场控制,提高服务质量,使顾客更加满意。

餐饮服务质量控制方法:包括餐饮服务质量的预先控制、餐饮服务质量的现场控制、餐饮服务质量的反馈控制。

餐饮服务质量监督检查的内容:包括对餐饮企业内部的各项管理制度和岗位规范进行督导检查;通过内部及外部反馈系统了解服务质量情况;组织调查研究,得出相应改进方案;对管理工作进行检查,找出其中的薄弱环节;组织定期或不定期的现场检查。

餐饮服务质量监督检查的方法:根据餐饮服务质量内容中对服务员礼节礼貌、仪容仪表、服务态度、清洁卫生、服务技能和服务效率等方面的要求,将其归纳为"服务规格""就餐环境""仪容仪表""工作纪律"四个大项并对此进行有的放矢的检查,设计相应的检查表,这种服务质量检查表既可以作为餐厅常规管理的细则,又可以将其量化,作为餐厅与餐厅之间、班组与班组之间、个人与个人之间竞赛评比或餐饮服务员考核的标准。

投诉:投诉是指客人对提供的服务不满或失望,而向餐厅有关部门提出的批评性意见。

处理投诉的基本原则:真心诚意地帮助客人解决问题;绝不与客人争辩;不损害酒店的利益。

检 测

一、案例分析

拂袖而去的客人

一天,餐厅里来了三位衣着讲究的客人,服务员引领他们到餐厅坐定,其中一位客人便开了口:"我要点××菜,你们一定要将味调得浓些,样子摆得漂亮一些。"同时转身对同伴说:"这道菜很好吃,今天你们一定要尝尝。"菜点完后,服务员拿菜单去了厨房。再次上来时,便礼貌地对客人说:"先生,对不起,今天没有这道菜,给您换一道菜可以吗?"客人一听勃然大怒:"你为什么不事先告诉我?让我们无故等了这么久,早说就去另一家餐厅了。"发完了脾气,客人仍觉得在朋友面前丢了面子,于是,拂袖而去。

分析:值台服务员在点菜环节的服务出现了问题,应采用餐饮服务质量控制方法进行控制。

二、小组讨论

1. 餐饮服务质量涉及的主要内容有哪些,尝试从有形产品质量和无形产品质量两大角度分析。

2. 餐饮服务质量管理的必要性。

三、课内实训

1. 以班级为单位分为若干小组,每组设组长一名担任领班角色,每班设班长一名担任主管角色。根据餐饮服务的准备阶段、执行阶段和结束阶段,完成值台服务员服务质量的预先控制、现场控制和反馈控制。

2. 制定一套餐饮突发事件处理方案。

四、课外拓展

1. 请调研当地一家餐饮企业领班,请他谈谈日常工作中应如何实施餐饮服务质量管理。

2. 考察某餐饮企业正确处理投诉的案例,了解处理程序和方法。讨论如何防范类似问题的出现。

项目八 餐饮经营管理创新

学习目标

- 了解餐饮经营模式构成要素、餐饮品牌特征及功能、餐饮核心竞争力的特征及构成要素。
- 理解餐饮产品卖点、餐饮产品创新的要求、餐饮服务创新的路径、餐饮娱乐项目设计原则。
- 掌握餐饮产品创新程序、餐饮产品的创新设计、餐饮服务创新的技巧、餐饮经营模式创新方法。

项目导读

近年来,餐饮行业面临着举步维艰的窘境:限制"三公消费"使高档餐饮市场明显萎缩;食品危机后的市民对食品安全的恐慌心理;餐饮企业的人才、食材、水电气等因素的高成本支出;宏观经济调整的下行压力等"四大原因",使餐饮业尤其是高档餐饮企业遭遇到前所未有的巨大冲击,2013年全国过半重点餐饮企业利润大幅下降,全国限额以上餐饮收入同比下降1.8%,比上年回落14.7个百分点,出现了史上首次负增长。同时,我国餐饮行业在市场结构和商业模式上发生了深层次的变化,整个市场在波动和震荡中前行。随着大吃大喝的奢靡之风得到有效遏制,餐饮市场呈现"健康理性消费、反对铺张浪费"的良好氛围,大众餐饮逐步走向前台,成为餐饮行业发展的主力军,全年保持了稳定增长,快餐和小吃企业生意火爆。高端餐饮市场在转型与调整中趋于理性,逐渐在"高品质而非高价位"中找到方向。以顺峰、俏江南、北京宴、御仙都等为代表的高端餐饮企业纷纷更新菜单推出平价亲民菜。一些企业还积极改变经营策略,向家宴、团体、早餐等方面拓展市场,瞄准特殊人群提供定制服务,实施多品牌集约复制、网络营销,寻找新的增长点。餐饮业的这些变化是一种理性的回归,是一种结构的优化。国家要进一步推进厉行节约各项措施的制度化、规范化、长效化,强化监督约束,推动厉行节约的常态化管理。餐饮企业客观压力依旧,维持无利经营和关停并转的企业面临洗牌。餐饮行业已步入精细化的科学管理时代,原来粗放式、作坊式的管理就能挣钱的环境很难再现。面对充斥餐饮行业的用工荒、人力成本的不断提高、食材成本的不断攀升、食品安全条例的严格执行、原料的可追溯性等经营形势,改变传统的管理模式势在必行。在外部信息技术的冲击下和企业内部管理理念的创新中,众多餐饮企业正不断探索新的服务方式,推动商业模式创新,运用互联网促进线上线下融合,挖掘潜在消费需求,朝着日渐成熟的现代餐饮业迈进。因此,餐饮经营管理要善于转型升级,不断创新,树立自己的企业品牌,增强企业的核心竞争力。本项目要点内容如表8-1所示。

表 8-1　本项目要点内容阅读导引表

餐饮经营创新	餐饮产品创新
餐饮经营模式构成要素	餐饮出品创新
餐饮经营模式创新方法	餐饮服务创新
餐饮品牌特征/功能	餐饮氛围创新
餐饮品牌设计/管理	餐饮主题宴会台面设计
餐饮企业核心竞争力	餐饮娱乐项目开发

模块一　餐饮经营创新

任务导入

餐饮经营创新——掌握餐饮经营模式创新方法、餐饮品牌设计与管理方法

1. 学生上网收集 1~2 个知名餐饮品牌实例，分组讨论品牌的含义、品牌设计要素、品牌管理等方面的知识。
2. 学生以小组为单位，选择 1 家餐厅进行市场调研，分析其核心竞争力体现在哪些方面，完成调研报告。
3. 教师点评，并讲解相关知识。

工作任务一　餐饮经营模式创新

基础知识

一、餐饮经营模式及其构成要素

所谓餐饮经营模式，就是餐饮企业面对不同商圈顾客群，根据自身条件，采取相应经营方法的概括和总结。它既能够表现出自身的经营特点，又能够便于顾客识别和选择。常见的餐饮经营模式有烤鸭店、火锅店、拉面店、包子店、粤菜馆、川湘菜馆、饭庄、大排档、烤肉店、海鲜店等等。这些模式，为顾客带来了档次高低、品种多寡、价格贵贱、服务繁简等不同体会，也为企业自身生存培育了不同的生存土壤。餐饮经营模式构成要素有：

1. 商圈分析

商圈分析是指对商圈的构成、特点和影响商圈规模变化的各种因素进行综合性的研究。对餐饮企业来讲，商圈分析有重要的意义。它有助于企业选择适宜店址；有助于餐饮企业对商圈内的客流进行分析，选择本餐厅的基本顾客群和潜在顾客群，不断扩大商圈范围;有助于企业开展有针对性的营销,有效地进行市场竞争。

2. 顾客锁定

顾客锁定是交易活动中的常见现象,它是指经济主体为了特定目的,在特定交易领域,通过提高对方转移成本的方式,对交易伙伴所达成的排他性稳定状态。锁定的结果是留住了顾客。

3. 战略定位

所谓战略定位就是具有攻击性的市场准定位。比如餐饮企业要打开市场,就要有一个核心定位,一切以全局为中心,以它为市场攻破的核心。

4. 形象塑造

由于餐饮服务的特殊性,餐饮企业的形象和口碑的塑造对于促进销售具有特别重要的作用。餐饮企业要成功地树立企业的形象和口碑,首先要树立产品的系统形象,产品宜少而精,保持优良品质,展示服务个性,体现物有所值;其次要提高人的素质,特别是提高企业领导者的素质。

5. 氛围设计

环境氛围是影响顾客选择就餐场所的因素之一,而且环境氛围在餐饮营销过程中起着非常重要的作用。经过精心设计的消费环境气氛,往往会对消费者的消费情绪产生积极的影响,这种影响主导了客人对餐饮产品的选择,增加了他们购买的可能性。

6. 品种搭配

与在家就餐不同,在外就餐的主要动力并非健康,而是追求便捷、美食和社会心理需求。然而,满足美食和社交的需求,与引导食物搭配趋向合理,两者并非不可兼得。

由于在外就餐时,消费者根据餐馆提供的菜单自己决定食物品种,因此餐馆的职责是必须提供一定比例的低脂菜肴,提供一定比例的蔬菜,并通过点菜员来引导顾客合理搭配菜肴品种,使顾客的点菜选择与健康膳食结构的距离尽可能地拉近。

食物的进食顺序也应适当调整。传统上菜的顺序是"先凉菜后热菜,先喝酒再吃菜",最后是汤、主食和果盘。这样的上菜顺序,也是导致就餐的饮食模式不健康的一大原因。如果能够改革上菜顺序,顾客刚刚入座就送上果盘,更有利于身体健康。餐前上些开胃汤也有类似的作用,可以保护胃肠,控制食量。

7. 服务规范

餐饮服务质量标准是从客人角度出发,对餐厅服务的环境、产品、人员三个方面提出的基本要求,是饭店形象、服务功能性以及精神享受方面最本质的标准化服务规范。让客人在整洁美观的环境中感受到亲切礼貌的服务态度,享受到安全有效的服务,这是使客人满意的必要条件和基本保证。

8. 企业文化提炼

良好的管理团队需要了解企业的隐形文化,并将其提炼、升华,最终添加上管理者的意识,推广给企业内部的成员,进而使之成为一种群体的潜意识,推动团队的前进。

9. 业务营销

餐饮行业存在着比较激烈的市场竞争,要想使自己的企业能够正常地持续稳定地经营下去,餐饮经营者必须总体上把握和分析当前餐饮市场的整体状况,然后全面分析当前餐饮行业的发展方向和前景,制定合适的市场营销策略和广告策略。

【特别提示】
各个要素之间的关系,是息息相关、紧密配合的。管理学中著名的木桶理论可以很好地解释这种关系:餐饮经营模式的塑造,取决于各要素中最短的"一个木块",否则,其他的木块再高,也做不到把木桶装满水。通俗的讲,就是餐饮经营模式的各个要素要一边高,彼此依傍,效果才会明显。

二、餐饮经营模式创新的原则

餐饮创新的根本目的,在于迎合市场,满足顾客需求,最终赢得较好的社会效益和经济效益。现代餐饮的创新,需要人们运用新的理念、手段和方法来整合饭店餐饮资源,以创造一种新的餐饮经营模式。

1. 突出文化主题原则

自古以来,中国餐饮就以美的风格和文化特色而著称于世。当今时代,餐饮的文化性更渗透到经营的方方面面,从餐厅的设计布局、装饰到菜品的色、香、味、形、器,无一不是文化的结合体。在餐饮创新过程中,应始终把提升文化特色作为经营的主要方向。

2. 拓展经营项目原则

餐饮产品的创新,需要经营者不断研究餐饮市场的变化,树立新的经营理念,转变经营方针,敢于开拓新的思路。如酒店餐饮不能只局限于原有的现状,可适当增加菜品风味,开发风味餐厅、特色餐厅、主题餐厅等;将用餐与其他活动结合起来,产生一种全新的服务理念,使美食融多种文化形式于一体,提高餐饮的参与性、观赏性和娱乐性,这样不仅提高餐饮的经营档次,增加文化含量,而且可以增加餐厅的特色项目,营造独特的餐饮氛围,提高餐饮的消费水准,扩大餐厅的社会影响,带来良好的效益。

3. 适应目标顾客群原则

随着市场细分的深化,餐饮经营创新也将更加注重细化的市场层面,各种主题餐厅如红楼餐厅、沙滩餐厅、女士餐厅、运动餐厅等不断问世。

不同风格的餐厅营造不同的文化特色,一方面要考虑到本地人的消费特点和习惯爱好,另一方面要考虑到某一消费群体的接受程度,在设计和装饰上既要体现时代特色,更要反映文化的时尚性,做到雅俗共赏,耐人寻味。

4. 引领餐饮潮流原则

餐饮产品的创新,将不仅仅是菜点的创新,而应是在菜点、菜谱、环境、服务、活动等方面不断引领餐饮潮流。

实践操作

打造餐饮经营模式

1. 分析企业所处商圈的具体情况

要有针对性地对企业所处商圈进行分析,对商圈内的客流进行分类,选定企业自身的服务人群。

2. 研究同一商圈内的竞争对手

餐饮企业在确定经营模式时,应有意识避免与竞争对手正面冲突,以免两败俱伤。要寻找市场空隙,屏蔽竞争对手,做到"相争不相克",共同做大区域市场的"蛋糕",提高本商圈的综合竞争力。

3. 分析投资者的经济实力和个人喜好

合理的餐饮经营模式,不是单一的,在同一商圈内,存在着若干选项。不同的投资者,因个人经济实力和习惯秉性存在差异,即使面对相同的市场环境,所作出的选择也是不同的。

4. 采用餐饮经营模式创新方法

（1）突出重点法。根据企业的主要经营项目,进行浓缩包装。江苏省镇江市的中华老字号宴春酒楼,沿袭了当地传统的早餐做法,主打蟹黄汤包和肴肉的早餐重点品种,形成了以单品带菜系的淮扬菜酒楼,成为当地与众不同的个性餐饮企业。

（2）文化搭台法。这是一种常见的模式塑造方法。借助于风土人情、传说掌故的力量,重新整合酒店的消费方式和菜品结构,让顾客在酒店消费体验到文化的魅力。比如咸亨酒店借用鲁迅笔下的酒店名称,选用浙江省宁波市的人文底蕴作为背景,增添历史韵味,渲染品牌效果。

（3）器皿渲染法。以菜品加工或烹制用的器皿为依据,创新餐饮模式。景泰蓝火锅店利用火锅器皿的革新进步,大举推介景泰蓝火锅的文化品味,制造出与众不同的效果。还有近几年来风头正劲的"紫砂锅"、"纸上烤肉"、"水晶火锅"等均属于这一模式。

（4）品种当家法。这是一种古老但生命力极其旺盛的餐饮模式,许多百年老店沿袭至今,不敢越雷池半步。以单一品种为菜品领袖,独步食材,极易获取顾客的信任,比如北京全聚德的烤鸭,用果木烤鸭做招牌,火爆经营一百多年,足见招牌菜的魅力。尤其是刚刚进入餐饮业的新手,采用品牌当家法更容易建立特色,奠基运营基础。

（5）烹调方法绑定法。专门突出菜品的烹调模式。如水煮鱼川菜馆,用"水煮"做卖点,暗示餐饮企业的正统和老陈,同样可以起到事半功倍的效果。

（6）格调植入法。以营造消费气氛为卖点,环境舒适,价格不菲。北京的兰会所,瞄准高端消费人群,制造令人震撼的环境氛围,关注品质,突出品位,淡化价格,为顾客提供超值服务。

（7）人群分层法。按照客户群体的消费档次,把顾客分成上中下三个档次,依据各档次人群的数量,确定自身的经营模式。在每个档次中,还可以再次分成上中下三个档次。细分的目的,是为了在确定模式时,定位精准。百姓家常菜馆定位普通老百姓为顾客,盘大量足,价廉物美,餐饮企业开在社区如同百姓食堂,深受普通百姓的欢迎。高档餐馆定位在高端人群,菜品精致有型,环境舒适有品质。

（8）母体寄生法。餐饮是寄生行业,靠零售为主,对人群的依赖性极大。在人群比较集中的地方,建立合适的经营模式,分别寄生在超市、商场和宾馆里,同样会得到顾客的认可。来自瑞典的宜家餐厅依托宜家家居,专门为光临宜家家具店的顾客而打造,提供北欧风味的美食,深受青睐。在宜家餐厅的商业模式中,尤其以会员顾客可以免费享用多种饮品为卖点,极大地增加了到店顾客的快乐体验。

（9）精华引入法。本地或本国尚没有此法,但外地或国外已经发展得非常成熟,在不违反相关法律的情况下,照抄照搬,可以起到事半功倍的作用。如当前比较流行的泰国餐厅,以浓郁的异国风情为基调,结合个性的餐饮文化,制造出迥异的餐吧效果。虽然菜式简单,但是仍然获得了目标顾客的认同感。

（10）功能搭配法。在正常的营业功能基础上，增设吸引顾客的新功能，放大产品魅力。海底捞火锅点设立等位区，增加免费食品，为顾客提供超值服务，让顾客感同身受。麦当劳和肯德基开辟出专门供儿童游乐的游乐设施，吸引儿童游玩，乐此不疲，甚至淡化了餐厅的功能。

工作任务二　餐饮品牌设计与维护

基础知识

一、品牌及餐饮品牌

品牌是一种名称、术语、标记、符号或图案，或是他们的相互组合，用以识别企业提供给某个或某群消费者的产品或服务，并使之与竞争对手的产品或服务相区别。品牌是企业或品牌主体（包括城市、个人等）一切无形资产总和的全息浓缩，而"这一浓缩"又可以以特定的"符号"来识别。品牌的强度与价值由品牌的知名度、美誉度、忠诚度、品牌联想和市场影响等因素共同决定。

餐饮品牌是餐饮组织形象的标志，是经济实力的标尺，可以化无形为有形，具有强大的功能。首先，消费者通过品牌要素（名称、标志、色彩等）及其所提供的核心价值识别产品，使之在消费者心中形成一定的认知度，从而形成品牌记忆，产生品牌联想，稳定餐饮市场。其次，品牌是诚信的载体、质量的保证，购买品牌产品能减少消费者在身体上、财务上、社交上、心理上等多重风险，增强消费者的满意度，从而形成品牌忠诚。最后，餐饮品牌是餐饮企业重要的无形资产，它本身可以作为商品被买卖或转让、出借。因而，只要经营得好，餐饮品牌就会具有很强的增值功能。

二、餐饮品牌特征分析

1. 品牌的专有性

品牌是用以识别生产或销售者的产品或服务的。品牌拥有者经过法律程序的认定，享有品牌的专有权，有权要求其他企业或个人不能仿冒、伪造。

2. 品牌的价值性

由于品牌拥有者可以凭借品牌的优势不断获取利益，可以利用品牌的市场开拓力形成扩张力，因此品牌具有价值性。这种价值能使企业的无形资产迅速增大，并且可以作为商品在市场上进行交易。1994年世界品牌排名第一的是美国的可口可乐，其品牌价值为359.5亿美元，相当于其销售额的4倍。

3. 品牌发展的风险性和不确定性

品牌创立后，在其成长的过程中，由于市场的不断变化、需求的不断提高，企业的品牌资本可能壮大，也可能缩小，甚至在竞争中退出市场。

4. 品牌的表象性

品牌是企业的无形资产，不具有独立的实体，不占有空间，但它的目的就是让人们通过一个比较容易记忆的形式来记住某一产品或企业,因此,品牌必须有物质载体,需要通过一系列的物质载体来表现自己。品牌的直接载体主要是文字、图案和符号,间接载体主要有产品的质量、产品服务、知名度、美誉度、市场占有率。优秀的品牌在载体方面表现较为突出,如"可口可乐"的文字,使人们联想到其饮料的饮后效果,其红色图案及相应包装也能起到独特的效果。

5. 品牌的扩张性

品牌具有识别功能,代表一种产品、一个企业。企业可以利用这一优点施展品牌对市场的开拓能力,还可以帮助企业利用品牌资本进行扩张。

三、品牌要素分析

对顾客来讲,选择知名品牌无疑是一种省时、可靠又不冒险的决定。一个成功的品牌必须具备如下要件:

1. 必须符合市场需求

餐饮企业在制定品牌策划时,一定要先考虑产品是否符合顾客的愿望,要具有市场观念,以顾客优先的原则来制订生产计划。

2. 必须满足顾客的预期品质

预期品牌是消费者对产品或服务的整体品质或优越性能做出的预期。预期品质这个概念有同于产品品质,前者具有一定的主观性,主要原因是因为消费者在个性、需要和偏好上有相当大的差异。例如酒店的一个品牌可能有许多种规格,品牌量也有差异,顾客们由于各自的具体情况不同,有的可能会选高质高价的产品,有的则可能对质次但价格非常便宜的产品感兴趣。

3. 必须能激发顾客的忠诚

顾客对品牌的忠诚度是品牌成功的核心要素。如果消费者对你的品牌无动于衷,主要关心的是功能和价格,那么这个品牌就没有什么价值。成功的品牌会在竞争对手的产品有更好的功能和价格的情况下,使消费者依然决定购买你牌子下的商品。

4. 必须不断创新

在竞争激烈的环境中,刻意求新、独树一帜是使自己的产品兴盛不衰的主要办法。

5. 必须注意自身形象

良好的餐饮企业形象,能产生持续的名牌效应,给消费者一种安全感和信赖感。麦当劳的招牌有着明显的金黄色双拱门"M"标志,象征着欢乐和美味,站立在门口的麦当劳叔叔,和蔼可亲、笑容满面、深受大家喜爱。麦当劳向顾客提供快捷、准确的服务,排队不超过二分钟,专门为小朋友准备了漂亮的小礼物,服务小姐彬彬有礼,服务周到。麦当劳餐厅不仅使用统一造型的餐桌椅,而且光线明亮,餐厅里外干干净净,整整齐齐,给人一种宾至如归的感觉,消费者对麦当劳无不称赞有加。

四、餐饮品牌功能

1. 识别功能

品牌在消费者心目中是产品的标志,它代表着产品的品质、特色,同时品牌也是餐饮企业的代号。品牌在消费者的心目中代表着餐饮企业的经营特色、质量管理要求等,从而在一定程度上迎合了消费者的兴趣偏好,节省了消费者购买商品时所花费的精力。

2. 保护消费者权益的功能

由于品牌具有排他的专用性特征,品牌中的商标通过注册以后受到法律保护,禁止他人使用。如果产品质量有问题,消费者就可以根据品牌溯本求源,追究品牌经营者的责任,依法向其索赔,以保护自己的正当权益不受侵犯。

3. 促销的功能

品牌的促销功能主要表现在两方面:一是由于品牌是产品品质标志,消费者常常按照品牌选择产品,因此品牌有利于引起消费者的注意,满足他们的欲求,实现扩大产品销售的目的。二是由于消费者往往依照品牌选择产品,这就促使生产经营者更加关心品牌的声誉,不断开发新产品,加强质量管理,树立良好的餐饮企业形象,使品牌经营走上良性循环的轨道。

4. 增值的功能

品牌是一种无形资产,它是与品牌名称、品牌标识物、品牌知晓度、品牌忠诚度相联系的,能够给餐饮企业带来收益的资产。

【例8-1】

美国希尔顿饭店创立于1919年,在不到90年的时间里,从一家饭店扩展到100多家,遍布世界五大洲的各大城市,成为全球最大规模的饭店之一。80多年来,希尔顿饭店生意如此之好,财富增长如此之快,这令世界品牌实验室(brand.icxo.com)不禁要问:它成功的秘诀是什么呢?通过研究发现其成功的秘诀就在于牢牢确立自己的企业理念,并把这个理念上升为品牌文化,贯彻到每一个员工的思想和行为之中,饭店创造"宾至如归"的文化氛围,注重企业员工礼仪的培养,并通过服务人员的"微笑服务"体现出来。

实践操作

一、餐饮品牌外显要素设计

餐饮品牌外显要素包括名称(酒店名称、餐厅名称、菜点名称)、标识、标准色、标准字体。

1. 名称设计

(1) 个性鲜明,突出特色。

(2) 精练概括,简洁明了。

(3) 通俗易懂,易于辨认。

(4) 巧设意境,赋予联想。

(5) 符合国际通用性。

2. 标识设计

Logo设计将具体的事物、事件、场景和抽象的精神、理念、方向通过特殊的图形固定下来,使人们在看到logo标志的同时,自然地产生联想,从而对企业产生认同。如图8-1。

品牌	东来顺	小肥羊
品牌标示	东来顺	（图标）

图 8-1　餐饮品牌标识

二、餐饮品牌文化内涵设计

1. 档次定位

依据品牌在消费者心目中的价值高低区分出不同的档次。由于档次定位综合反映品牌价值，因此不同品质、价位的产品不能使用同一品牌。如我国台湾地区顶新集团在中档方便面市场成功推出"康师傅"，在推出低档方便面时使用了新的品牌"福满多"。

2. 利益定位

依据品牌向消费者提供的利益定位，这一利益点是其他品牌无法提供或没有考虑过的。运用利益定位，在同类产品品牌众多、市场竞争激烈的情况下，可以突出品牌的特点和优势，引起消费者的重视。

3. 使用者定位

依据品牌与某类消费者的生活形态和生活方式的关联作为定位。如百事可乐定位于"新一代的可乐"，要成为"年轻、活泼、时尚的象征"。

4. 类别定位

依据产品的类别建立起品牌联想，被称为类别定位。如七喜汽水的"非可乐"定位就是借助于类别定位的例子。为了避免与可口可乐和百事可乐的竞争，七喜定位于"非可乐"饮料，成为可乐饮料之外的另一种选择，这种定位使七喜的市场地位与可乐饮料并列。

5. 情景定位

情景定位是将品牌与一定环境、场合下产生的使用情况联系起来，以唤起消费者在特定情况下对该品牌的联想。如雀巢咖啡通过调查发现顾客会在 9 种环境下饮用雀巢咖啡，因此，雀巢咖啡在广告中充分利用了这些场景，使顾客产生了丰富的品牌联想。

6. 文化定位

注入某种文化内涵于品牌中，形成文化上的品牌差异。从某种意义上说，顾客的忠诚度来自组织的文化，或者说，忠诚度就是一种心理文化倾向。无论何种文化定位都要选择一个主题，在此主题下营造相应的环境和氛围，从而烘托出一种气氛和情调，以此产生吸引力和新鲜感。

麦氏咖啡进入我国台湾市场时，进行了充分的市场调查，根据中国特别重视亲朋好友之间的友谊的文化传统，提出"好东西与好朋友分享"的广告主题，获得了台湾地区消费者的共鸣，取得了市场的成功。

三、餐饮品牌运作与管理

1. 餐饮品牌运作

（1）品牌导入。①差异化价值观。产品性能领先，推出全新的卖点，提高新的利益。②品牌定位选择。选择新品牌档次、竞争对象、服务对象、目标等。③产品定型。④产品定价。

(2) 品牌成长。新品牌进入市场,餐饮企业就要培育它并促进它不断成长。加大对消费者的促销力度,加大广告投放力度。

(3) 品牌成熟。提高品牌形象;提高产品性能;提高产品质量;提高产品服务质量,提高产品社会地位;提高行业地位,提供合理价格。

2. 餐饮品牌管理

(1) 更新观念,树立"品牌经营"理念。打破产品经营时代的陈腐观念,确立餐饮品牌经营理念,将餐饮品牌放在战略管理的高度予以重视。

(2) 找准定位,创建品牌。根据人们的消费水平和消费观念的变化,将餐饮品牌的功能、特征与消费者需求联接起来,找到二者的最佳结合点。

在菜品精制、服务高档的商务性餐厅,应定向于高档消费者;而格调清新、菜肴独特的民俗型餐厅,应定向于都市回归族;环境温馨、服务周到的家居型餐厅,应定向于百姓大众。产品宣传应根据消费者目标人群的需要,重点突出餐厅的某些方面,并以树品牌、巩固形象为突破口,强化产品在消费者中的已有的印象。通常采用在电视、电台、报纸、灯箱、立牌上做宣传的办法。有选择性地举办一些让消费者受益且难以忘怀的活动,以确实提升企业形象,促进经济效益的改观。

(3) 提升文化内涵,打造文化餐饮。餐饮企业在创立品牌时,要把品牌和文化有机结合起来,找到品牌文化的支撑点。如麦当劳提倡的 Q、S、C、V 价值文化理念,使之在餐饮市场上具有强大的竞争力。

强化整合传播力度。要注重广告的到达范围、传达频率、接受率、消费者印象、销售增长情况等等广告效果的测定,重视广告活动的整体策划,注重整体效应与长期效应。成都"巴国布衣"酒楼近来先后成功地策划了文化、民俗菜系的发掘、都市村庄的回归等一系列的品牌推广活动,使一家专营川西乡土民俗菜的餐饮企业,在广大消费者的心目中树起了返朴归真、原汁原味的民俗餐厅的形象,并通过媒体广告,推出介绍本店特色新菜"巴国布衣每周一菜"的系列广告宣传,不断提升了企业形象,促进产品知名度、美誉度的升华。

(4) 坚持创新,巩固品牌。餐饮企业应紧随餐饮市场需求的变化,坚持菜品创新、服务创新,跟随餐饮时代发展的潮流,掌握市场的主动权。

中国餐饮业有一大批历史悠久的品牌即所谓"老字号",它们在消费者心目中很有地位,有大量的忠实顾客。"老字号"企业通常有一个其他企业无法比拟的优势,就是丰富的文化内涵。"老字号"品牌的巩固就是要从文化出发,通过"以小见大"的手法,扩充餐饮文化的内涵,形成特色。利用诸多政府要员和名人雅士来店时留下的珍贵照片与墨宝,翻开老字号的店史,可以知道许多轶事与史话,挖掘老字号的名菜名点中的掌故与趣闻,所有这一切都是老字号无形的资产。

在餐厅设计和装修上应有明确的文化主题作为基本的设计理念,使餐厅成为品牌文化的重要载体。如"乡土餐厅"以古朴的土墙灰瓦,成串的辣椒、玉米、大蒜等乡土特产,蓝印花布,原木的条凳方桌,形成饭店餐饮"乡土"品牌特色。

餐厅中文化品展示,包括摆放小艺术品、书法表演、国画展览、古董陈列等方式,使餐厅具有浓郁的文化气息,增添餐饮企业品牌文化的厚度,让顾客有耳目一新、清新脱俗的感觉,对于被现代物质文明和快餐文化所包围的现代人来讲,具有很大的吸引力。

此外,还可在餐厅举行各类文化性的活动,如饮食文化讲座、饮食情趣表演、美食家侃美食讲座、烹饪技艺大比拼等,展现餐厅品牌文化。

(5) 重视危机管理,加强品牌保护。餐饮企业应强化危机意识,推行危机管理。危机管理重在防范,当危机发生时,想尽一切办法减少损失;对员工进行有效的沟通和激励,避免"后院起火";对大众媒体要高度重视并迅速沟通;对外界要及时公开危机产生的过程与处理结果。同时,企业要勇于承担责任,为公众负责。危机处理得好,不但不会影响企业形象,还能提升企业形象,加强品牌保护。

【例 8-2】

忽如一夜梨花开。2005 年 3 月创始人凭着"外婆做的烧饼大家都爱吃"的信念,第一个将土家族烧饼引入武汉。从湖北恩施走出的土烧饼正以迅雷不及掩耳之势席卷中国——转战武汉、席卷长沙、攻占北京、夺取上海、南下广州、挺进南京、西进成都重庆⋯⋯在不到一年的时间里,土烧饼在全国主要大城市迅速完成了从地方小吃到全国小吃的蜕变。然而,2006 年 3 月中旬之后,掉渣烧饼开始退热——商家没有钱赚了,消费者尝鲜的热情开始退去。淘宝网、易趣网等网站上以 3 000 元、100 元、80 元甚至 38 元的价格公开叫卖掉渣烧饼的配方、设备材料供货商名录、店头设计标准等系列文件资料,似乎更进一步注定了掉渣烧饼走向衰败。品牌缺乏内涵、核心技术不高、缺少品牌维护等是导致其失败的主要原因。

工作任务三 餐饮企业核心竞争力

基础知识

一、核心竞争力定义

核心竞争力是指企业独具的长期形成的并融入企业内质中的支撑企业竞争优势、使企业能在竞争中取得可持续生存与发展的核心性竞争力。它是伴随知识经济而产生的一个新的概念,是传统意义上竞争概念的深层次发展。它是在一个组织内部经过整合了的知识和技能,尤其是涉及企业应怎样整合不同技术的知识和技能。

二、餐饮企业核心竞争力特征

餐饮企业核心竞争力的形成要经历餐饮企业内部资源、知识、技术等的积累、整合过程。正是通过这一系列的有效积累与整合,形成持续的竞争优势后,才能为获取超额利润提供保证。但是,并不是餐饮企业的所有资源、知识和能力都能形成持续的竞争优势,都能发展成为核心能力。要成为核心竞争力必须具备以下几个特点:

(1) 有价值。也就是核心能力必须能够提高餐饮企业的效率,可以帮助餐饮企业在创造价值和降低成本方面比其竞争对手做得更好。

(2) 异质。核心能力是餐饮企业所独有而未被当前或潜在竞争对手所拥有的。

(3) 不可模仿。如果该能力易被竞争对手所模仿,或通过努力很容易达到,则它就不可能给餐饮企业提供持久的竞争优势。

(4) 难以替代。一般产品、能力很有可能受到替代品的威胁,但核心能力应当是难以被替代的。

(5) 可扩展。核心能力可以通过一定的方式衍生出一系列的新产品或服务,它犹如一个"技能源",由此向外发散,为消费者不断提供新的产品或服务。北京大学张维迎教授把核心竞争力形象地描述为"偷不去,买不来,拆不开,带不走,溜不掉"。

三、餐饮企业核心竞争力构成要素

1. 人力资源

通过高质量的人力资源超越顾客期望来赢得顾客忠诚,从而达到客户资本的升华,餐饮企业核心竞争力的最典型体现,也是培育餐饮企业核心竞争力的中心环节。它包括员工个人的知识技能水平、餐饮企业员工的整体素质与知识技能结构,这是核心竞争力得以形成的基础。员工的适应能力表明了餐饮企业本身的灵活性,员工的忠诚度和奉献精神往往决定了餐饮企业维持竞争优势的能力。

2. 声誉

餐饮企业的声誉往往由餐饮企业产品的市场地位、形象、对顾客的服务、对员工的公正性所构成。餐饮企业可以通过产品、品牌、质量与顾客的关系,从而建立起在顾客、供应商、金融界、公众、员工等心目中的声誉和形象。

3. 技术体系

技术体系是一个由一系列配套的技术专利、技术诀窍、设施装备、技术规范组成的,包括硬件和软件的相互配合与协调的有机系统。它既包括以研究开发为表现形式的隐性技术系统,也包括以核心技术和一般技术为表现形式的显性技术资源。它是核心竞争力得以形成的关键。

4. 管理体系

与核心竞争力完全契合的是餐饮企业的管理。包括管理模式、激励机制、文化形成和组织学习等机制。管理体系通过各种规章制度、组织系统及餐饮企业文化,对餐饮企业的生产经营和研究开发活动进行组织、激励和控制。

5. 信息系统

随着市场竞争的加剧和科学技术的迅猛发展,产品和技术的生命周期大大缩短,更新换代的速度日益加快,餐饮企业能否及时获取最新的技术、产品和市场等信息,并在组织内部迅速准确地传递、处理是餐饮企业保持核心竞争力的前提。

6. 价值观

指在餐饮企业内部占统治地位的规范、态度和行为,它是餐饮企业文化的一部分。在餐饮企业中占主导地位的价值观念是构成餐饮企业核心竞争力的无形因素,它通过影响餐饮企业员工的行为方式与偏好体现在餐饮企业经营决策和管理实践中。

实践操作

一、餐饮企业核心竞争力培育

企业竞争力主要体现在以下三个方面:一是市场和事业开拓的能力;二是对消费者提

供显著贡献的能力;三是防止竞争者模仿的能力。

企业所有的互不相同而又相互关联的生产经营活动,使构成了创造价值的一系列动态过程,即价值链。事实上,餐饮企业的所有能力包括核心能力也都是围绕其价值链而形成的。如图8-2。

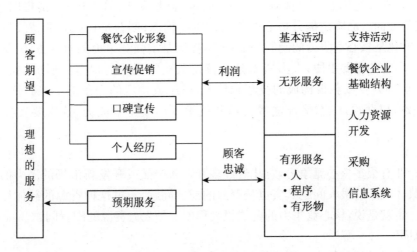

图8-2 餐饮企业核心价值链

打造餐厅的核心竞争力,主要从以下几个方面进行:

1. 核心技术

餐饮企业要研发特色主打产品,特别是主打产品要有核心技术诀窍,并能进行标准化操作生产。

2. 科学管理

完善相关管理措施以及实现规范化管理。充分体现人的价值,在对人的本质特性准确把握的基础上,通过确立一套价值观体系来引导员工的意志行为选择,使员工为餐饮企业贡献自己的资源。

3. 建立品牌

餐饮企业品牌的发展要靠市场洞察能力和推广能力,目前大多数的企业都维持在王婆卖瓜,自卖自夸,或者维持在简单的业内竞争层面,而没有真正的关注消费者看重的是什么,因此必须要关注消费者心理和需求,逐步建立起品牌。

4. 建立企业文化

企业最终的竞争本质还要落实在企业文化层面。企业文化是支持企业长期发展的思想和动力源泉。而且企业文化并不依个人的意志改变而存在着。一个企业有没有适合其发展的企业文化如一个民族是否有民族精神一样重要。

二、餐饮企业核心竞争力管理

1. 识别

餐饮企业有效"管理"核心竞争力的前提是餐饮企业经理首先要对现有核心竞争力有清晰地认识。首先要明确,餐饮企业是否存在核心竞争力,进而决定下一步努力的方向。

其次,对于已经获得竞争优势的餐饮企业,识别核心竞争力的过程实际上就是全面深入理解餐饮企业获得当前成功技巧的过程。此过程主要通过一系列由高层领导参加并主持的研讨会或恳谈会来完成。

2. 形成

餐饮企业核心竞争力主要体现在品牌、创新、企业文化、管理模式、销售网络、服务规范、专营权等方面。品牌是提升核心竞争力的重要标志;创新是构成企业持续发展的关键所在;企业文化是核心竞争力的制胜法宝;成本控制是增强竞争力的有效方法;保证质量是保持核心竞争力的重要手段;人力资本是保持持久竞争优势的根本。形成核心竞争力一靠物质基础,即开发或获得构成的技巧和技术,以组成特定的竞争能力,通过物质和精神的投入一般可以获得;二靠整合这些技巧和技术以形成竞争能力,这需要发挥人的主观能动性。

3. 应用

餐饮企业有很多核心竞争力,意味着许多开发新产品或开发新市场的潜力的存在。核心竞争力具体应用的最大问题其实也是资源的配置问题,不过这种资源的载体往往体现为人力资源。也就是说,核心竞争力的配置很大程度上是人力资源的配置问题。

4. 巩固

餐饮企业经过长期努力所形成的核心竞争力也存在丧失的可能,这需要公司高层管理者对其保护和加强,始终给以高度警惕。

不同于实物资产的管理,核心竞争力这种无形资产的管理只能是"软"方式的管理,这意味着通过管理要使此概念渗透于每个经理和雇员的内心深处,意味着上述四个环节的融会贯通,并构成一个不断反馈的动态闭环系统。

模块二　餐饮产品创新

任务导入

餐饮产品创新——掌握餐饮出品创新、餐饮服务创新、餐饮氛围创新方法

1. 通过让学生到酒店实地考察、在网上收集整理资料、研究性自主学习主题宴会台面设计、探讨"宴会台面设计创新之路"课题活动,让学生体验解决问题策略的多样性,发展实践能力和创新精神。

2. 学生通过互联网搜索某一主题宴会菜品的构成,分析讨论其创新点和方法。

3. 学生通过互联网和其他媒体收集知名餐饮品牌实例,讨论其品牌管理的成功之处。让学生积极参与教学过程与实际操作活动,体会自己动手的乐趣,感受探究学习中的合作成果。

4. 教师讲解相关知识。

工作任务一　餐饮出品创新

基础知识

一、餐饮出品创新的要求

1. 用准确的产品定位吸引客源

准确的市场定位是企业生存和发展的前提,只有准确地定位才会让消费者有信任感,企业的产品才能够吸引消费者继而赢得消费者的信赖。因此必须从顾客需求出发设计菜点的特征和风味。如宴会菜点强调精良、精致和高档,而家常菜则要求经济实惠、口感入味。

2. 在经营中要推出代表性产品

作为餐饮行业,在经营方式上与其他行业有所不同,餐饮业大品牌是先让消费者记住品牌后慢慢熟悉特色,小品牌则是先让消费者记住特色后慢慢记住品牌。

3. 不断推出创新型产品

有了代表性产品,连锁餐饮酒店只是有了形象产品,但这还不够,还需要拥有跑量的产品。所谓跑量的产品就是根据酒店的产品定位,而推出的创新型产品和系列化产品。

4. 用良好的服务巩固目标客源

连锁餐饮酒店要想在旅游市场上揽客,就要掌握特定顾客的爱好,提供给他们喜爱的菜品,把眼光放在针对顾客的个性化服务上,这方面做得完美,才能拥有较强的竞争力。

二、餐饮出品创新的方法

1. 投其所好

根据餐饮企业目标顾客群体的喜好筛选适宜的产品构思和设计方案,而不必兼顾所有顾客。如年轻人喜欢新奇、方便、噱头、颜色鲜艳、造型独特的产品。在日本开的一家"厕所"餐厅、在济南开的一家"火车"餐厅,它们就都满足了年轻人新奇、噱头的就餐欲望。

2. 供其所需

不论新老产品,有无创意,只要消费者有确切的一定规模的需要,就可以开发生产相应的产品。如仿古菜、民间菜、私房菜等。

3. 激其所欲

用奇特的构思或推出特色的餐饮项目,激发顾客的潜在需要。如饭店及时推出的每天特选菜、每日奉送菜、活动大抽奖以及烟雾菜、桑拿菜等,都会引起顾客的购买欲望。

4. 适其所向

预测分析顾客需求动向和偏好变化,适时调整产品结构与内容,开拓和引导市场。如根据市场需要最先推出美容食品、健脑食品、长寿食品、方便食品等。

5. 补其所缺

首先要了解市场的行情,分析现在的餐饮市场还缺什么?需要补充什么?不论产品价值大小,只要有一定的市场需求量,就是一种非常可行、有效的新产品开发思路。如市场缺少拉丁餐厅,可以开巴西烤肉,或饭店外卖、儿童节、情人节、重阳节食品。

6. 释其所疑

开发出的产品让消费者买得放心、吃得舒心、用得明白,减少顾客的疑问。如饭店餐厅为厨房生产原料和产品提供检测设备,并开发绿色生态食品生产产业链、无味精食品、人工大灶食品等。

实践操作

一、调查研究,收集信息

调查是预测和决策的基础,调查的目的是为新产品创意构思和筛选方案提供依据,调查包括市场调查、技术调查和企业自身条件分析。市场调查主要了解国内外餐饮市场对餐饮产品品种、数量、质量、价格、供应等的需求,根据需求选定产品创意的目标。技术调查主要了解国内外有关餐饮产品的技术现状和发展趋势,估计该产品完成时技术上处于什么样的水平,为制定新产品的技术方案提供依据,提高产品的技术含量。企业自身条件分析主要是技术能力、生产条件和资金等三个方面的分析,考察企业是否具备创新该产品的条件。

二、创意构思

创意是指对产品的一种新启示或新意向;构思是指此所作的进一步设想或方案。餐饮企业可从顾客、技术人员、竞争对手、企业经营者、咨询公司、学术团体或大学、各种媒体等多方面收集各种创意构思,寻求能够刺激消费、快速创造商业价值的"卖点"。

【特别提示】

餐饮产品卖点设计主要包括以下几种方法:

1. 流行型卖点。流行卖点是伴随着消费者心理行动的热点转换而成的商业价值。比如,习总书记在庆丰包子铺亲自买食包子的新闻,使得庆丰包子的猪肉大葱馅的包子被餐饮商家列为了卖点,以至于货品连续脱销。

2. 稳定型卖点。稳定型卖点能够在比较长的时间里被消费者所接受并能够获得长久的商业价值。比如,餐饮业中的传统名菜、看家菜、品牌菜。

3. 季节性卖点。季节性卖点是餐饮企业能够在不同的季节里热销并被消费者追捧的商业价值。比如,冬季是羊肉和狗肉的热销季节,很多餐饮企业推出狗肉宴席、全羊宴席等等。

三、创意筛选

对寻求到的许多创意构思方案进行分析研究,从中选择可行性较高、具备开发条件的创意构思。

四、形成产品概念

餐饮企业从消费者的角度出发,如一道菜肴,主要考虑其色、香、味、形、营养、价格、服务等,对所选创意的整体形象所做的描述,将新产品的构思具体化用文字或图形描绘出来,将产品创意发展成产品概念。

一种产品创意构思可以产生许多不同的产品概念,企业要对它们进行评价,评价标准是:对顾客的吸引力、市场销售量、利润率、生产能力等,并分析它可能同哪些产品竞争,据此进行产品和品牌定位的决策。

五、产品开发试制

将用文字描述的产品设计变成可以进行生产的实际产品,包括设计、试制等过程。这是产品创新的主体阶段,无论是烹饪原料、设施的准备,还是烹调工艺的组织、产品的上桌服务,都要考虑实际操作的可能性。

六、市场试销

在对开发试验结果满意的基础上,着手设计品牌名称、包装和初步市场营销方案,并收集整理试销得到的反馈信息。

七、商业化投产

企业决定将新产品投放到市场时,应做出以下决策:选择最适宜的上市时机,选择最适宜的投放地点,选择最有利的目标顾客,制定最有利的营销策略。

【例 8-3】
构思和设计餐饮系列产品,以适应不同顾客的消费需要

(1) 不同功能的餐饮产品设计。不同质量、性能及价格水平的菜品组成的产品系列,可以满足不同消费层次、不同购买动机的顾客的需要。比如靓汤可以推出系列性品种:虫草炖老鸭、老鸡煲活蛇、文蛤豆腐汤、百合山药炖猪手、莲藕炖子排、瓦罐煨牛尾、浓汤银杏腰片等。菜品系列越多,品种越齐全,对顾客的品牌认知来讲就意味着特色和专业化。

(2) 不同用途的餐饮产品设计。适用于不同用途、不同环境条件的同类产品系列,是餐饮企业产品开发设计的基本思路。如南京饭店的"龙马精神",此菜在菜品的配料上注重男、女之间生理上的差异,配料中男女有别,形成了独特的菜品风格。

(3) 不同规格的餐饮产品设计。由于不同容量、大小的餐饮产品组成的餐饮产品系列,用以满足不同消费者对菜品的不同需求。这是由市场消费者的差异化决定的,因此餐饮企业在餐饮产品创新开发设计时通常都可以生产出不同规格、型号的系列产品。如同一菜肴有大盘、中盘、例盘;名菜微型化;出售半份菜等。

(4) 不同外观的餐饮产品系列设计。不同外观、造型、质感、口味的菜品组成的产品系列,其基本风味特点相近,能够较好地满足消费者个性化需求。如浙江嘉兴粽子系列的馅心多样化。

工作任务二　餐饮服务创新

基础知识

服务的最高目标是"做到满意,赢得惊喜,创造鼓动,产生留恋"。正确的餐饮服务理念与强有力的领导是服务目标实现的关键。叶伯平教授提出了服务的"四双理论",这里着重介绍其中两个理论:双服务理论与双因素理论。

1. 双服务理论

从客我"服务——被服务"的社会角色关系来分析,客人希望购买的产品应该包括功能服务与心理服务的双重服务的产品。

(1) 功能服务。从顾客消费心理分析,可以从两方面来理解服务:一是把为客人解决实际问题的服务称为功能服务;二是在功能服务过程中提供满足客人心理需求的心理服务。功能服务是指服务中具有一定客观标准的部分,它满足客人期待着的"实用性"与"享受性"的需求。客人购买餐饮产品,首先"人"来了,带来了身体,有许多生理上的需求,有许多实用性的目的,因此服务工作应首先为客人解决具体的实际问题。服务不能只依靠耍嘴皮子、摆花架子,而要落实到具体实际问题上去,这就是实用性。享受性是指通过环境气氛、设施设备、服务项目、服务态度、服务技能等硬、软件服务,使客人产生方便感、舒适感与安全感。

功能服务主要靠完善、完好的设施设备,客用物品和餐饮出品,以及一定的服务项目和服务客观标准来完成。在心理层面上,功能服务给人的感觉一般只能维持在"有——没有",至多是"方便——不方便"这一评价方式的程度上。因此,功能服务缺乏个性,更无法创造个性。在理论上,靠功能服务获取客人好评或创造出一种适合于产生好的服务评价气氛都是不可能的。每个客人所接受的实用性与享受性的服务都一样,使客人很难感到其中哪些是专门"为自己而做的"。并且,无论顾客自己利用与否,功能服务都存在着。即便是新开发的服务项目,在刚开发时,客人尚有感谢之情,可随着时间的推移,客人会很快习以为常,并认为是理所当然的;如果这种服务项目被取消或没做好,人们便会更强烈地表达不满,比当时的感谢要强烈百倍。

(2) 心理服务。人是具有七情六欲和独具个性的复杂人。心理服务是通过态度、动作、表情、言谈等交往方式,使人在心理上得到接纳、尊重、理解,从而产生满足感。因人而异、因境而异的情绪差异性使人在不同时间、不同情境下的心情不一样,导致对服务的"好"与"不好"的评价得以产生,当然这种差异感局限于个人情况,在提供服务、享受服务时总要具体地落实到某一个人。心理服务创造了服务个性,创造了服务特色。因此,心理服务主要靠员工,靠员工的服务意识、服务态度、服务艺术与服务技能。心理服务的关键是要使客人产生亲切感与自豪感,这就要求服务人员提供富有人情味的服务,做到"和蔼可亲、您重要"。

2. 双因素理论

衡量服务质量的好差高低,要从客人内心满意——不满意上来分析。根据心理学家赫茨伯格"双因素理论"的观点,可把心理服务分为两类因素。

(1) 必要因素。必要因素是"避免客人不满意"的心理因素,是"少了它就不行"的基本因素,是"人家有,我也要有"的共性因素。服务的必要因素是底线、高压线,是决不能违背触犯的,否则客人会不满意,甚至是投诉。如果服务产品缺乏必要因素,"别人做得到,你做不到",客人就会说"没有见过像你这么不好的服务",客人肯定不满意,甚至会导致投诉。从服务角度来分析,一视同仁是心理服务的必要因素。要坚持"平等待客,一视同仁"的原则,"来者都是客",来的每一位都是客人。人首先需要被公正平等地对待,任何人的任何行为,都能够被同一规则要求和约束,大家所享受的自由和约束应该是一样的,因为每个人的生命、权利和需求是一样的有限和宝贵。每一位客人首先要求得到一视同仁的服务,而不被亏待、被轻视、被蔑视,甚至被敌视。从服务管理来分析,平等待客、一视同仁就要做到"三化服务":即标准化、规范化、程序化的服务。

(2)魅力因素。魅力因素是"使客人感到特别满意"的心理因素,是"有了它更好"的升华因素,是"人家没有,我有"的个性因素。服务的魅力因素是境界,是升华与深化。一个产品缺乏魅力因素,必然不能畅销;而具有魅力因素"别人做不到,我能做到",顾客就会说"还没有见过像你这样好的服务"。特别关照是心理服务的魅力因素。"特别关照"就是"特别的爱"给每一位"特别的你"。客人作为一个人,他和谁都不一样,具有独特的需要与个性,他就是他,希望能把他与其他客人区分开来。只有提供"针对个人"并"突出个人"的服务时,人才会感到被重视,没被亏待而感到被优待。因此,从服务管理来分析,要做到新的"三化服务":即个性化、亲情化与细微化的服务。

实践操作

一、餐饮服务创新的途径

1. 服务形象

服务人员的长相打扮、仪表仪容、精神面貌是在餐饮服务中首先映入客人眼帘的第一印象。形象悦人,印象深刻,一靠三分长相,二靠七分打扮,三靠言行举止。员工五官端正,身材高挑,仪表端庄,衣冠整洁,言行举止宛如"淑女、绅士",符合国际礼仪(图8-3)。

图8-3 2014年"丝路盛宴"亚信峰会国宴的员工形象

2. 服务态度

"心中有人,眼里有活"。细心观察客人表情及示意动作,"想客人之所想,想客人之专想,想客人之未想",脚快手勤,"时刻准备着"为客人提供主动的超前服务、超常服务与超值服务。不仅为客人提供功能服务,更要提供富有人情味的心理服务;不仅要为客人提供一视同仁的标准化服务,避免客人的不满意,更要提供让客人"满意加惊喜甚至是感动"的个性化服务,事事、时时、处处、人人使客人感到"和蔼可亲、您重要!"使客人在生理上产生安全感、舒适感和方便感,在心理上产生亲切感、自豪感和新鲜感。

3. 服务技艺

服务人员应熟悉本岗位的业务知识,掌握服务操作规程,善于把握顾客心理,熟悉各地各民族顾客的风俗习惯,具备较强的应变能力。如向客人详细介绍菜单知识;上菜、斟酒时注意选择时机及方法,尤其在客人致词、相互敬酒时不宜上菜、分菜;分菜的动作要正确麻利,分配均匀;要善于察言观色,揣摩顾客的心理活动,及时为他们提供优质服务。

4. 服务方式

根据不同地区、不同客人的风俗习惯,不同的餐饮档次及服务对象,采取不同的服务方式。如有些顾客斟酒水不需要服务员服务,而喜欢自己相互斟酒水,体现主人的热情友好;有的喜欢服务人员帮助他们斟酒水,显示出自己有身份、有档次;有的顾客要求上菜速度要快,最好把所有菜肴一次性全部上桌,显得丰富;有的顾客要求上菜速度要慢,吃完一个菜,再上一个菜,用餐时间要长一些;还有自助餐会、酒会、西餐宴会与中餐宴会的服务方式也完全不一样,所有这些都要求服务人员能最大限度地满足客人对餐饮的各种物质需求和精神需求。

5. 服务效率

工作效率高、服务速度快,表现在出菜的速度、斟倒酒水的及时程度、对客人需求的反应速度等。只有快速有效地为客人提供优质服务,不断地提高服务标准及工作效率,才能得到客人的认可。餐饮要求提供即时服务,如时间过长、热菜变凉、凉菜变温都会影响餐饮产品的消费感受。同样,无形服务产品也有使用的有效时间。客人希望在一定的时间段内得到应有的服务,要求缩短取得服务的时间,如寻找时间、等候时间、上菜时间、结账时间等。许多酒店规定的限时服务满足了客人的时间要求,如冷菜3分钟必须上桌,第一道热菜上桌不得超过15分钟,客人无特殊要求整个零点菜点50分钟内必须上齐。

6. 服务过程

消费不同的产品,客人会获得不同的效用,以不同的消费过程来消费同一种产品,客人也可以获得不同的满足程度。既然消费过程的不同会影响客人消费的价值获取量,那么,餐厅有责任也有必要改善客人的消费过程,并以此作为服务创新的重要内容。实施服务过程创新,首先要认识客人消费过程,即对组成餐饮消费过程的各项消费活动(如订座、引位、点菜、桌边服务、结账等)予以鉴别;其次是要对消费过程进行系统分析,即不仅要对每项消费活动发生的地点、时间、人员构成和活动现状进行分析,而且还要深入理解客人是否具有改变活动现状的需求和改变活动现状的趋向;最后要通过积极调整餐厅内部的价值活动,帮助客人改善消费活动,使其在时间、地点、价格和方式等方面更为适合客人的需要。

二、应用餐饮服务创新技巧

1. 突破常规

在餐饮服务中要始终保持清醒的头脑,提高服务的质量,为客人增添更多的便利服务,避免发生任何对客户不利的意外。

2. 善于向他人学习

餐饮经营固然要向同行学习,要跟同行交流,因为大家面临的市场问题、消费者问题都是一样的；同时也不妨跟经营时装的人多学习，学习他们的一些理念，学习他们捕捉流行色的方式和方法。

3. 尽量为顾客提供最便捷的服务

要想为顾客提供最便捷的服务，就不能怕麻烦，顾客满意了自然会有很多回头客。

4. 打造精细服务

打造精细服务可以让顾客获得意外的收获。打造精细服务可以通过个性化、定制化、人性化的服务达到让客户满意的目的。使餐厅的服务超出顾客的期望，满足顾客的潜在需求，满足顾客的心理需求，才会让客人感到惊喜。所以，个性化服务的定位是：满意＋精细的服务，立足在惊喜上做文章。

【例8-4】

夫子庙历来为古都南京的商业、文化繁盛之地，这一带的餐饮"老字号"盛极一时，但如今多半经营不容乐观。今天，南京正在打造全省现代服务业中心，建设创新型城市，南京这些传统服务业的"老字号"如何突围，创新服务，重振品牌？秦淮人家的"涅槃"，在大胆迈出实践步伐的同时，也引发了对"老字号"的创新思考。

4月30日，夫子庙餐饮"老字号"秦淮人家以崭新的面貌开业迎宾。这个看似平常的酒店开业，却引起了社会各界的关注。因为，这背后蕴藏着"老字号"重塑品牌价值的积极探索，蕴藏着传统餐饮文化发扬光大的深层思考……

工作任务三　餐饮氛围创新

基础知识

一、餐饮体验场境

餐饮场境是客人就餐时餐厅的外部环境和内部厅房场地的陈设布置而形成的氛围情景，给人造成强烈的身心感受。随着体验经济、感性消费时代的到来，餐饮场境氛围对客人就餐心情、对员工工作心境以及酒店企业形象等方面越来越显示出特有的作用。

1. 餐饮场境构成

（1）周边环境。环境与美食结合能够引起极大的味觉审美愉悦，饮食环境美是人们心灵美在物质环境上的表现，是人和集体的精神状态、文明水平和创造能力的反映。酒店周边环境有宏观环境与微观环境、有自然环境和人文环境、有酒店外部环境和酒店内部环境之分。周边环境是自然天成的，要靠人去合理地选择和利用，这就是"借景"。名山胜水的景观、古风犹存的市肆、车水马龙的街景、别具一格的建筑群等，都可成为"借用"的宴饮环境。

（2）建筑风格。酒店建筑风格有宫殿式、园林式、民族式、现代式、乡村式、西洋古典式、特殊式等等。建筑风格要有特色。

（3）餐饮场地。一是餐厅空间面积大小、形状和虚实，天顶、墙壁、地板与餐厅整体色彩，场地布置格局，室内家具陈设，灯具和灯光，工艺品装饰等固定部分；二是由室内清洁卫生、空气质量、温度高低、灯光明暗、艺术品与移动绿化的布置，以及根据宴会主题进行的临时布置等部分构成。

（4）餐厅气氛。一是有形气氛，人的感官能感受到的宴会厅各种硬件条件，如餐厅的位置、外观、景色、厅房构造、空间布局、内部装潢，以及光线、色彩、温度、湿度、气味、音响、家具、艺术品等多种因素。二是无形气氛，由员工的服务形象、服务态度、服务语言、服务礼仪、服务技能、服务效率与服务程序等构成了动态的餐厅人际环境和文化环境，使客人的心情愉悦、满意、温馨。

2. 场境设计原则

（1）突出主题。要根据客人的设宴意图、宴会主题这根主线来展开。如婚宴场境设计，要求佳偶天成、吉庆祥和、热烈隆重，环境布置要喜庆、热闹，色彩以中国红为主色，通过大红"囍"字、龙凤呈祥雕刻、鸳鸯戏水图等布置来起到画龙点睛、渲染气氛、强化主题意境的作用。

（2）风格鲜明。掌握不同民族文化的思维模式和审美情趣，场境设计要突出异国情调、民族风情与乡土风格，充分渲染地方文化精髓，弘扬乡土文化特色，还要突出本店个性文化，通过与众不同的鲜明风格来显示独特的魅力和吸引力，营造出一种巧夺天工、自然天成、幽静雅致的用餐环境。

（3）安全清洁。安全的进餐环境能保证客人与员工的人身财产安全、消防安全、建筑装饰及场地安全等，使客人在身体感官上感到舒适、惬意、快感与美感。

（4）舒适愉悦。力求创造安静轻松、舒适愉快的环境氛围，给人舒适惬意感，以颐养性情、松弛神经、消除疲劳、增进食欲。

（5）便捷合理。环境布置不仅要注重外表美观新颖，更要保证实用性与功能性。如餐桌之间的距离要适当，桌、椅的间距要合理，以方便客人进餐、敬酒和员工穿行服务。如一厅之中有多场宴会，要让每一家相对独立，以屏风或活动门相隔，避免相互干扰或增添不必要的麻烦。绝对不能在同一包房里安排两个不同单位（或客人）共同设宴。

（6）统一协调。整体空间设计与布局规划要做到统筹兼顾，合理安排，注意全局与部分之间的和谐、均匀、对称，体现出浓郁的风格情调。

（7）艺术雅致。从环境布置、色彩搭配、灯光配置、饰品摆设等方面营造出一种自然天成、优雅别致的用餐环境，体现餐饮文化的主题和内涵，树立酒店经营形象。

（8）经济可靠。用较少的投资获取最大的收益。

二、餐饮体验项目

1. 音乐佐餐

音乐佐餐是餐厅的神韵之一。音乐对人有着刺激、调节、镇静等作用，能调整心理情绪、舒缓精神压力、解除身心疲劳、恢复精力体力。在餐厅中布置山水小景，山石滴泉叮咚声响使人如同漫步泉边溪畔，能使客人心情愉快，增强食欲；轻柔美妙的背景乐曲还可掩盖一些噪声。音乐佐餐从表现形式上大致有背景音乐和乐师、小乐队表演等，从内容上可分为轻音乐、古典音乐、爵士乐、摇滚乐、流行乐等。

2. 观赏表演

（1）歌舞表演。歌舞表演有现代舞和民族舞两种形式，重在增添文化气息，渲染餐厅气氛。大型宴会一般观赏大型歌舞表演。要挖掘当地具有独特文化魅力的精品来吸引客人，如西安的唐朝歌舞、拉萨的藏族歌舞、云南的少数民族文艺表演等。

(2) 曲艺表演。桌边魔术、木偶戏、皮影戏、小型杂技、武艺、驯兽表演、相声、说书、鼓书、滑稽戏的曲艺杂艺，以及传统民间艺人，如吹糖人、捏面人、刻图章、剪人头像等民俗活动，内容健康活泼，短小幽默，富有吸引力，形式采取古今结合、传统与现代相结合的形式，都能使现场气氛浓烈高涨。

(3) 其他途径。如举办主题晚会，举行各类能让客人参与的比赛活动，鼓励宾客担任角色，饕餮之余，能够欣赏、参与表演，绝对是一件惬意的事。

3. 自娱自乐

(1) 唱歌。唱歌是我国民间宴饮助兴最常见的一种方式，尤其在一些少数民族地区更是不可或缺的一项内容。现代都市宴会包间有的设置卡拉OK，让客人酒足饭饱以后自娱自乐一番，身心得以放松，口福与心福同时得到满足。

(2) 跳舞。民间宴饮时，与宴者在就餐过程中或即兴歌唱，或即兴跳舞，或边歌边舞。跳舞场地不需要很大，但对丰富宴饮活动内容，渲染宴饮热闹气氛，起着重要的作用。

(3) 酒令。酒令孕育于春秋，演化在魏汉，是民间宴会增添情趣、活跃气氛、促进宾主情感交流的一种佐饮侑酒的助兴游戏，小说《红楼梦》里有详尽而生动的描述。

4. 厨艺展演

一些餐厅创造条件，把菜点的现场制作、技能展示与挂牌献艺作为餐厅创新表演项目，从偏重菜式的传统观念发展到菜式与体验结合起来的方式，把烹制过程与客前表演结合起来融为一体，满足客人既要品尝美食又要欣赏烹饪表演的双重需求，走出一条中餐表演服务的新路子。客前烹调表演是由传统的中餐服务糅合典型的西餐法式"桌边表演服务"而来。上海、北京等大城市的有些餐厅兴起"明炉明档"、"透明餐厅"的风潮。餐厅配有厨房，厨房与餐桌仅用一堵玻璃墙隔开，客人可观看厨师和服务员的绝技绝活表演，厨师当着客人的面将鲜活的山珍海味烹饪出来，客人在候餐的同时，也可一饱眼福，欣赏厨师的烹饪技艺，或许还能学上几招。烹调从后台走向前台，使菜肴后台制作的部分过程前台化，如北京的"抻龙须面"、山西的"刀削面"、广州的"铁板烧"和"醉虾"烹饪表演。

实践操作

一、主题宴会设计

1. 主题宴会创新要求

(1) 突出主题，重在文化，深挖文化艺术底蕴。主题宴会的特点是主题的单一性，每一个主题都由文化铸就，突出一种文化特色。所以主题宴会摆台创新的基础，也是其最重要的一点就是对宴会主题文化的理解和所蕴含意义的创新性解读。如地方特色餐饮的地方文化渲染，不同地区有不同的地域文化和民俗特色。如以某一类原料为主题的餐饮活动，应有某一类原料的个性特点，从原料的使用知识的介绍到食品的装饰、菜品烹制等，这是一种"原料"文化的展示。所以只有深挖文化艺术底蕴，才能使摆台做到真正的创新。

(2) 融入艺术，呈现美感。摆台艺术突出的一个特点，就是一个"美"字。摆台创新首先必须具备一定的美学知识;其次,要具备对图案造型、色彩搭配的技巧,台面要体现形式美。色彩要鲜艳醒目,色调和谐,体现色彩美。图案造型要结合主题特点,新颖独特,体现意境美。同时,注意和谐统一的效果,从台面的装饰、饰品的摆放、口布折花的设计、整体的色泽搭配等,都要围绕宴会的主题,以自然、大方为宗旨。

(3) 尝试创新性色彩搭配。大胆的色彩搭配会产生不同的效果,所以色彩创新就成为摆台创新非常重要的一个方面。色彩的创新就是根据特定的主题,选择与之相配的色彩。协调的色彩既能让参加宴会的客人赏心悦目,又能突出宴会的主题,最重要的是能够体现出作品的理念和内涵。

宴会台面的色彩搭配分为两大类:一类是对比色搭配,即近似色,能够产生个性鲜明的特征。例如鲜艳的绿色和纯洁的白色组合,它象征着生机勃勃的生命,呈现一种文雅而又不失活力的美。另一类是强色对比和互补色相配。比如说黑白色,非常对立而又有共性,能够表达富有哲理性的东西,令人印象深刻,如图 8-4。

图 8-4 黑白色太极图形装饰台

2. 主题宴会台面创新内容

台面设计的创新是以宴会主题为主线,根据时代风尚、消费导向、地方风格、客源需求、社会热点、时令季节、人文风貌、菜品特色等因素,在保持实用性、美观性、安全性、特色性的基础上,对台面的用品、台面布置方式、台面装饰等方面做出创新。

(1) 餐具的选择和搭配。根据宴会主题和酒店实际状况选用适当的餐具,高档宴会和名贵菜应配用较高级的餐具,以烘托宴会的气氛、突出名菜的身价。

(2) 餐巾折花创新。中餐主题宴会餐巾花的创新首要符合主题宴会的特色,其次根据台布的颜色及餐具的质地、形状、色泽等进行设计,使之同台面融为一体,体现美感。餐巾花的创新主要体现在颜色的创新和花式的创新上。餐巾应与宴会设计的其他要素色调和谐一致,突出主题,渲染气氛。大型宴会采用简单、快捷、挺括的花型,小型的可选择较为复杂的花型。花型要整齐美观、便于识别、卫生方便,同时不要出现赴宴者忌讳的花型,如图8-5。

图 8-5 台布与台裙的装饰

(3)台布和台裙的装饰。台布、台裙的颜色、款式的选择要根据宴会的主题和主题色调来确定。台裙常选择制作好的成品台裙,也可以根据实际需要,选择丝织或其他材料现场制作。

(4)餐垫、筷套、台号、席位卡的布置。设计者必须根据宴会的主题风格、花台的造型、餐具的档次、宴会的规格、宾客的要求精心策划与制作。

(5)餐椅装饰创新。可采用改变椅套的方法使其色调与风格创新。

(6)菜单创新。菜单对宴会台面不仅有装饰、推销的作用,而且是主题宴会的重要标志,可突出宴会的特色。菜单的创新可以从风格、色彩、主题体现等方面统一设计,使菜单中主题宴会台面上起到画龙点睛的作用。菜单的创新性越强,越能符合主题,更能吸引人眼球,起到画龙点睛的效果,如图8-6。

图 8-6 竹简菜单

(7) 插花创新。根据不同类型的宴会,设计出不同的花型,既美化环境又增加宴会的和谐美好的气氛。布置花台要根据主题立意,选择花材,设计造型。一个成功的花台设计,就像一件艺术品,它通过巧妙的排列构成的以花卉的自然美和人工的修饰美相结合的艺术造型,令人赏心悦目,给宴会创造出了隆重、热烈、和谐、欢快的氛围,因此花台制作已成为高档宴会中一种不可缺少的环境布置。我们可以对插花进行创新,可依据季节变化摆设不同的花,也可根据主题选择与之相符的花。现在更是出现使用其他富有象征意义的物品来替代插花的表现形式。由于鲜花费用较高,不环保,甚至有污染食品的危险,现在很多酒店采用了谷物和其他物品设计花台的构思,也收到了不错的效果,如图8-7。

图8-7 "竹林七贤"主题花台

二、餐饮娱乐项目开发

1. 分析市场需求和竞争态势

改革开放后餐饮企业如雨后春笋般地发展了起来,餐饮企业的竞争进入到了白热化的阶段。为了适应客人个性化特色的市场需求,餐饮服务文化大量吸收了西方的服务方式,服务方式多姿多彩,体现出不同的竞争个性。如亲情服务、爱心服务、无干扰服务、贴身服务、超前服务、宫廷式服务等等。

2. 综合考虑企业的具体情况

大多数餐饮企业在经营餐饮与娱乐的同时,都会有着自身的一些特点。企业根据自身情况来选择餐饮娱乐的经营方式。绝大多数餐饮企业都有自己的娱乐团队,有的饭店是专门请有名的娱乐公司来表演。但是也有的餐饮企业根据民族特色,选择一些说唱的流动娱乐。比如在丽江的小餐馆,当客人就餐的时候,就会有类似于流浪歌手一样的娱乐人员,请客人点歌。

3. 搭配和组合餐饮与娱乐产品

餐饮的经营和娱乐产品的结合不是随意搭配的,而是会找出它们之间的某种紧密相连的关系,然后把两者结合起来。比如在常熟沙家浜的很多茶馆,将《红灯记》关于阿庆嫂的经典唱段放在店内表演,既推销了茶品,还可以销售店内相关的小吃。

4. 规划设计餐饮娱乐项目

(1) 餐饮主营、娱乐副营的项目规划设计。如表8-2所示。

表8-2 餐饮主营、娱乐副营的项目规划设计

中餐厅、多功能厅		酒 吧		茶艺馆	
餐饮设施	娱乐设施	餐饮设施	娱乐设施	餐饮设施	娱乐设施
餐座区	舞台	吧台区	小乐队	柜台 (展示厅 配茶食品、 收银台)	公共茶座区
柜台区 (收银台、 柜台)		餐台 取菜台	钢琴酒吧		
			网吧		
			陶吧卡拉OK		
			飞镖		
陈列区 (海鲜、 特色菜、 精致糕点)	音响 (一对音箱、 一个功放、 一个均衡器、 一台DVD、 一台投影仪)	餐座区	轮盘赌	餐座区	包厢
内工作区 (取菜台、 更衣室、 储藏室、 准备间)		内工作区 (洗涤区、 食品制作区、 库房、 更衣室)	台球		
				表演区	

(2) 娱乐康乐主营、餐饮副营的项目规划设计。如表8-3所示。

表8-3 娱乐康乐主营、餐饮副营的项目规划设计

健身房		游泳池		保龄球		高尔夫		夜总会	
康乐	餐饮	康乐	餐饮	康乐	餐饮	康乐	餐饮	康乐	餐饮
健身房	吧台	标准 泳池	酒吧	标准 球道	水吧	高尔夫 球场	酒吧	舞台	吧台
	背景 音乐				餐厅	健身			
伸展区 (心肺、 体能、 哑铃 训练)	接待室	休闲 泳池	沙滩 茶几 躺椅	桑拿 按摩 KTV 包厢	咖啡厅	桑拿 棋牌	餐厅		

项目小结

理念创新:是指开展能够比以前更好地适应餐饮内外部环境变化的并能更有效地利用资源的新概念、新看法或新构想的活动。

餐饮产品创新:是指创造与原有产品在功能、结构、技术、符号、规格以及服务等方面都有显著差异的产品的过程。

餐饮服务创新:是指餐饮企业在运行过程中所进行的服务理念、服务方式、服务内容、服务语言、服务技能等方面的改进和创新。如顾客亲自挑选原料,厨房生产加工过程透

明化。

餐饮制度创新:餐饮根据内外环境要求、变化和自身发展壮大的需要,对餐饮的运行方式、原则、规定等进行的调整和变革。

知识创新:指通过科学研究,包括基础研究和应用研究,获得新的基础科学和技术科学知识的过程。

品牌:是指组织及其提供的产品或服务的有形和无形的综合表现,其目的是借以辨认组织产品或服务,并使之同竞争对手的产品或服务区别开来。

核心竞争力:是指企业独具的长期形成的并融入企业内质中的支撑企业竞争优势,使企业能在竞争中取得可持续生存与发展的核心性竞争力。

检 测

一、案例分析

为欢迎出席亚洲相互协作与信任措施会议第四次峰会的贵宾,习近平主席和夫人彭丽媛举行欢迎宴会。

地点:上海国际会议中心

时间:2014年5月20日晚6时

亚信欢迎宴会菜单

冷盘:青豆泥、辣白菜、小银鱼、橄榄仁、甜扁豆、葱油双笋、素烧鸭、秘制南瓜

汤:松茸炖花胶

热菜:双味生虾球、煎焖雪花牛、夏果炒鲜带、豉香比目鱼、丝瓜青豆瓣

点心:印糕、葛粉卷、四喜素饺

水果拼盘

甜品

亚洲相互协作与信任措施会议(简称"亚信")第四次峰会于2014年5月20~21日在上海举行。有46个国家和国际组织领导人、负责人或代表参加亚信峰会。

国家主席习近平和夫人彭丽媛举行欢迎晚宴,欢迎来沪参加亚信峰会的300多位各国嘉宾。国宴围绕着亚信峰会"一带一路"文化主题来设计,体现了丝绸之路文化特色。饭后,观看了"团结和谐的亚洲——携手向明天"文艺晚会。

主厨:上海国际会议中心东方滨江大酒店行政总厨苏德兴(也是2001年APEC会议国宴的总厨)。在半年前接受任务,按照外交部五菜一汤的要求进行菜单设计。从第一份菜单出炉到最终确认,期间经历了上百条意见修改。其中当然少不了"食神"针对创新和细节的争论研究。

食材:都是中国最常见的食材,尤其是江南的时令食材。绝对没有"高大上"的燕鲍翅,几乎难见"山珍海味",都是百姓家中常见的食材,如芋头、丝瓜、扁豆。不能有忌讳的食品,如鸡爪、内脏、猪肉、羊肉(英国人忌讳)。因此一般选用中性食材,如牛肉、深海鱼类、菌类等。一道素菜丝瓜青豆瓣的食材丝瓜、蚕豆在种植过程中不需要喷洒农药,是立夏后最好的时令蔬菜。丝瓜也是上海的本地丝瓜,保证口感糯滑细腻。食量做了调研,一个人的分

量为 1.5 斤,吃到这个量基本饱了,也不会有很多剩下。于是,每一道菜都会进行量化。比如汤是 4 两,厨师使用汤勺以及汤盅都是有刻度的,不需要厨师自己掂量。

菜品:十道。是寻常百姓家餐桌上常见常吃的菜品,尤其是三道点心都是上海本地的特色点心。菜品以少油、清淡为主。为适应各国贵宾口味,一些菜式烹调手法中西结合。如煎焖雪花牛,选用大连牛肉,前半段采用中式焖制,后半段采用西式的黑胡椒、白兰地煎烹。考虑此次宾客大都来自亚洲地区,亚洲人偏好微辣带甜的口味,一道双味生虾球,既有干烧微辣又有荠菜鲜炒。考虑到有些贵宾来自伊斯兰国家,熬汤食材特地选择了以清真食材为主。虽是家常菜品,但作为最高规格的国宴,烹饪中尽显大厨的功力。国宴的特别之处在于简单食材烹饪中的技术含量。如煎焖雪花牛要入口即化,同时从营养角度配了秋葵、酸黄瓜和草莓三种蔬菜水果。普通的糯米糕要绝不粘牙。鱼要去骨,还要保持鱼的形状。油温掌握恰到好处,芡粉不能太薄也不能太厚,调味一气呵成。如有个别客人"重口味",宴会餐台上配有各种调料,如盐、胡椒粉,客人可以根据自己口味调节。

烹法创新:如豉香比目鱼正常做法是清蒸,我们是先蒸后上色。牛排是中西合璧,先焖后煎。如丝瓜翻炒后可能发黑,反复琢磨发现先放少许盐,腌制 10 分钟后清水漂尽,最终呈现完美的色彩。

餐具:除中餐具外,还摆上了刀叉。公筷、公勺还配有筷、勺座,其中一套摆放在主人面前。

摆台与盘饰:过去流行萝卜雕花等手工艺展示,如今逐渐淡化,而讲究创意摆盘。夏果炒鲜带,取自成语"筑巢迎凤",将鲜带摆在土豆丝做成的"雀巢"上;三款中式点心用小蒸笼盛上,古色古香。其中印糕上刻有亚信峰会的 LOGO;水果盘上圆形冰雕寓意团团圆圆;盛汤的"丝路宝船汤盅"设计灵感来源于海上丝绸之路的古船造型,汤盅的盖揪设计为一艘扬帆远航的古船帆。汤盅的整体造型既是一艘古船,也是一个金元宝的造型,寓意着"海上丝绸之路"的建设必将推动沿途经济更好的发展。

主桌上的装饰点缀品争奇斗艳。餐桌中央,铺有一条长达 34 米、印有骆驼图案的黄沙色云锦桌旗,上面摆放着鲜花,寓意为丝绸之路上鲜花盛开。在餐桌主位的前方,有面泥捏成的和平鸽,有糖艺荷花,还有一段约 1.2 米长、30 cm 高用芋头雕刻的"长城",令各国元首啧啧称奇。

服务:规定用餐时间 75 分钟,一分钟都不得耽误,因为餐后要赶赴上海大剧院看演出。每一道菜都是现场制作,宾客在吃前一道菜时,何时烹第二道,时间一定要严控,既不能早上,也不能延迟上。在规定时间内,把所有的凉菜、热菜都上齐,时间很紧凑,菜与菜之间的间隔也很短,但为了保持所上菜的温度就不能提前太早烧菜,因此上菜要精确到秒来计算。为必须保证菜"热乎乎"上桌,菜盆事先加温。还特地在厨房及上菜的通道装了 188 个可升降的吊灯来保温。

前一天,厨房用替代品进行了 2 次演练。330 位嘉宾,每人十道菜,共 3 000 多盘,62 名厨师掌勺厨师 9 位。当年 APEC 宴会虽然人数比这次多,但只有主桌是菜品人均一份。而这次是主副桌都是个吃,上菜的压力前所未有。

分析:通过亚信国宴分析宴会菜单、出品、摆台、服务创新的原理与方法。

二、小组讨论

1. 风味餐厅、主题餐厅、西餐厅、中餐厅应该开展什么样的餐饮娱乐活动?

2. 通过餐饮创新,如何培育和管理其核心竞争力?

三、课内实训

1. 分组设计一次班级"集体生日"的餐饮娱乐活动,不同的分组进行展示和讨论,最终选出最优方案。
2. 以节日为主题,分组设计中餐台面。

四、课外拓展

1. 调查本地某一老字号餐饮企业,分析其品牌价值、经营现状,讨论餐饮品牌如何运营和管理。
2. 调查本城市餐饮娱乐活动的开展情况,并对具体的调查情况进行分析评价。

参 考 网 站

1. 迈点网 http://www.meadin.com/
2. 职业餐饮网 http://www.canyin168.com
3. 先之酒店业教育培训网 http://www.9first.com/

参 考 书 目

1. 叶伯平.宴会设计与管理.北京:清华大学出版社,2014.
2. 汪焰.餐饮服务与管理.上海:华东师范大学出版社,2008.
3. 赵庆梅.餐饮服务与管理.上海:复旦大学出版社,2012.
4. 邓英,马丽涛.餐饮服务实训——项目课程教材.北京:电子工业出版社,2009.
5. 李勇平.餐饮服务与管理.大连:东北财经大学出版社,2010.
6. 中国就业培训技术指导中心组织.餐厅服务员.北京:中国劳动社会保障出版社,2010.
7. 张树坤.酒店餐饮服务与管理.重庆:重庆大学出版社,2008.
8. 周妙林.菜单与宴席设计.北京:旅游教育出版社,2009.
9. 邵万宽.现代餐饮经营创新.沈阳:辽宁科技出版社,2004.
10. 刘晓萍,崔春芳.酒店服务新概念.北京:企业管理出版社,2012.
11. 滕宝红,刘慧明.星级酒店培训指南:餐饮·娱乐管理问答一本通.广州:广东经济出版社,2006.
12. 何丽芳.酒店服务与管理案例分析.广州:广东经济出版社,2006.
13. 杨铁锋.餐饮创富11堂课.北京:人民邮电出版社,2011.
14. 陈金标.宴会设计.北京:中国轻工业出版社,2006.
15. 丁应林.宴会设计与餐饮管理.北京:中国纺织出版社,2008.
16. 刘阚江,郑月红.主题宴会设计.北京:中国商业出版社,2009.
17. 叶伯平.宴会概论.北京:清华大学出版社,2014.
18. 桂佳,吴升.餐饮服务与管理.北京:对外经济贸易大学出版社,2013.
19. 马开良.酒店餐饮管理.北京:清华大学出版社,2013.
20. 叶伯平.旅游心理学.北京:清华大学出版社,2013.
21. 李勇平.餐饮企业流程管理.北京:高等教育出版社,2010.
22. 苏北春.餐饮服务与管理.北京:人民邮电出版社,2006.